湖北方言調查報告（四）

趙元任等　著

汪國勝　整理

荆楚文庫編纂出版委員會

華中科技大學出版社

三九. 孝感（花園）

A. 發音人履歷

發音人	39a	39b
年齡	20 歲	18 歲
原籍	孝感花園	孝感三义鋪
職業	學生	學生
教育程度	高中	高中
幼時語言環境	在本鄉讀書	在本鄉讀書
教師方言	本地話	本地話
住過的地方	武昌六年	武昌一年
曾否學國語	未	未
能否説別處話	不會	不會

二十五年五月六日吳宗濟記音

　　據發音人云，孝感有"城音"與"山音"的分別。他們兩人都不是城裏人，而口音又有不同，似乎"山音"中也有分岐。下述取 39a 爲主，因爲大部分的音檔是由他灌音的。

B. 聲韵調表

1. 聲母

p	把步	p‘	派朋	m	萌	f	法
t	地東	t‘	條吞	n	牢奴理娘		
ts	坐臻	ts‘	粗崇			s	數嵩
tʂ	周鄭棧局	tʂ‘	成遲炒羣			ʂ	身沙勛 z̩ 辱
tɕ	節件	tɕ‘	千窮			ɕ	些幸
k	告跪	k‘	肯狂	ŋ	奧岸	x	火灰
○	而嚴未聞						

2. 韵母

ï	此實;ɚ貳	a	八拿雜叉下	o	婆多左桌闊	ɛ	麥得則蛇格
i	披的集隨聚	ia	霞佳	io	略學	iɛ	滅爹且
u	普木虎物	ua	花刮			uɛ	國
ɥ	女許					ɥɛ	靴缺

ai	埋太再柴開	ei	悲肺	au	跑倒糟昭高	ɐu	否杜奏熟侯
				iau	表了巧	iɐu	丟囚
uai	塊		uei	桂未			
ɥai	帥		ɥei	垂			

an	辦談餐衫寒			ən	門能存沉更	
		ien	片店諫險			in 貧陵京音
uan	慣			uən	坤橫	
ɥan	船			ɥən	純	

aŋ　旁桑黨長巷　　oŋ　風同從中弘

iaŋ　兩講　　　　　ioŋ　兄用

uaŋ　況黄

ʮaŋ　牀撞

3. 聲調

陰平	陽平	上	陰去	陽去	入
˦	˨	˥˩	˧	˦˧	˦˥
初	時石	丑五	菜	倍謝岸	竹合矗

C. 聲韵調描寫

1. 聲母

上表二十二聲母可依發音部位分爲 p, t, ts, tʂ, tɕ, k, ○七組。

p 組 p, pʻ, m, f。p 是硬性的。

t 組 t, tʻ, n。n 是個變值音位，大致在洪音之前讀 n 或 l 不定，在細音之前都讀 n。

ts 組 ts, tsʻ, s。讀法與北平音同。

tʂ 組 tʂ, tʂʻ, ʂ, ʐ。tʂ, tʂʻ, ʂ 在開口音前部位靠前，有時舌尖差不多抵到上牙牀，所以很容易與 ts 等相混。在合口韵前部位就靠後些。ʐ 只與開口韵配，可是不偏前。

tɕ 組 tɕ, tɕʻ, ɕ。部位平均。

k 組 k, kʻ, ŋ, x。ŋ 極穩定。x 比 k 等偏後。

○包括純元音 o, ə, i, u, ʮ 起首的音。

2. 韵母

ï 在 ts 組聲母後讀 ɿ, tʂ 組後讀 ʅ。ʅ 比北平的 ʅ 靠前。ɚ 讀得很開，有點近乎

ɐr。

　　i在p,t兩組聲母後讀得較開,在tɕ組後或無聲母時較緊。單就tɕ組説,tɕ‘後的i似乎又帶點摩擦性。(也許是送氣的影響。)

　　u近於標準元音u,只是嘴唇不够那麼圓。

　　ʮ相當於ɿ的圓唇,但舌尖較向後。

　　a,ia,ua。a是後ɑ。

　　o,io。o開,音色介乎標準元音o與ɔ之間。

　　ɛ,iɛ,uɛ,ʮɛ。ɛ在舒声韵中只是像蘇州音的ᴇ,在i後更關一點;在入聲中才讀得像標準元音ɛ。

　　ai,uai,ʮai。ai的"動程"比北平音長,約自æ到ɪ。

　　ei,uei,ʮei。e部位偏央,在uei與ʮei中更很短。

　　au,iau。au的"動程"在去聲中比在平上聲中長,在平上聲中是ɑo,在去聲中則是ɑʊ。

　　əu,iəu。ə部位偏前,有些地方就很像e。在iəu中,ə總是很短,而且音色也不大顯著。

　　an,uan,ʮan。a通常都讀爲前a,只有直接與k組聲母相拼時也受影響而偏後些,大約到平均ʌ的程度。

　　ien。e開。n尾比在an韵中短。

　　ən,uən,ʮən。ə的部位也偏前,在uən與ʮən中,他失去主要元音的地位,只作由u或ʮ到n中間的過渡音。

　　in。i跟純i韵一樣。

　　aŋ,iaŋ,uaŋ,ʮaŋ。a同a,ia,ua韵。

　　oŋ,ioŋ。o同o,io韵。

3. 聲調

　　陰平由"中"升至"半高"(34),寬式用中升調號(ˊ24)。

　　陽平由"半低"降至"低"(21),寬式用低降調號(ˋ31)。

　　上聲由"高"降至"半低"(52),寬式用高降調號(ˋ53)。

　　陰去由"半低"升至"高"(25),寬式用高升調號(ˊ35)。

陽去是中平調（˧33）。

入聲是由"半低"降至"低"再升至"中"（213），寬式用低升調號（˩13）。

D. 與古音比較

1. 聲母

古聲母分清濁及發音方法及影響條件 古聲組及影響條件	全清塞	次清塞	全濁塞 平	全濁塞 仄	次濁	清擦	濁擦 平	濁擦 仄
幫組	幫:p	滂:pʻ	並:pʻ	並:p	明:m			
非組					微:u	非敷:f	奉:f	奉:f
端組泥 一二等/三四等	端:t	透:tʻ	定:tʻ	定:t	泥:n 來:n			
精組 洪	ts	tsʻ	從 tsʻ	從 ts		心 s	邪	邪 s
精組 細	tɕ	tɕʻ	tɕʻ	tɕ		ɕ	? tɕʻ,ɕ	ɕ
莊組(照二) 內轉	ts	初(穿二) tsʻ;tʂʻ[1]	崇(牀二) tsʻ;ʂ	崇(牀二) ts;s		生(審二) s;ʂ[2]		
莊組(照二) 外轉	tʂ	tʂʻ	tʂʻ	tʂ		ʂ;ʂ[3]		
知組 梗二等韻其他	ts	徹 tsʻ	澄 tʂʻ	澄 tʂ				
知組	tɕ	tɕʻ	tɕʻ	tɕ				
章組(照三) 今開/今合	章(照三) tɕ	昌(穿三) tɕʻ	船(牀三) ɕ	船(牀三) tɕʻ;ɕ		書(審三) ɕ	禪:tɕʻ,ʂ	禪:ʂ
章組 今開/今合			ɕ					

古聲組及影響條件 / 發音方法及影響條件 / 古母分讀

古聲組	古母分讀及影響條件	全清塞	次清塞	全濁塞 平	全濁塞 仄	次濁	清擦	濁擦 平	濁擦 仄
日母	今開 止(附質)					○			
	今開 其他					ʐ̩			
	今合					ʮ			
見組曉	開 一等	k	kʻ			ŋ,i	x		x
(見·溪·羣·疑·曉·匣)	開 二等	k,tɕ	kʻ,tɕʻ	tɕʻ	tɕ	ŋ	x,ɕ		x,ɕ
	開 三四等	tɕ	tɕʻ	*	*	n,i	ɕ		ɕ
	合 一二等	k	kʻ	kʻ	k	u;○	x	匣	x
	合 蟹止合	k	kʻ	tɕʻ	k	u	x		x
	合 通舒	k	kʻ			ʔ	ɕ		*
	合 其他	tʂ	tʂʻ	tʂʻ	tʂ	ʮ	ʂ;ɕ[4]		ʂ
影組	開 一等	ŋ				i			
(影·喻)	開 二等	ŋ,i				*			
	開 三四等	i				u			
	合 一二等	u;○				i;ʐ̩[5]			
	合 蟹止合	u				ʮ			
	合 通 三四等	i							
	其他	ʮ							

2. 韵母

第 一 表

開（開口呼）

攝\聲母（等）	一 幫系	一 端系	一 見系	二 幫系	二 泥組	二 知莊組	二 見系	三四 幫系	三四 端系	三四 莊組	三四 知章組	三四 日母	三四 見系
果	*	o	o	a	a	a	a,ia	*	ɛ	*	ɜ	ɤɛ	iɛ
（遇）		*				*				*	*	*	
蟹	*	ai	ai	ai	ai	ai	ai,ia	i	i	*	ï	*	i
止	*	*				*		i,ei	i;ï	ï	ï	ɚ	i
效	au	au	au	au	au	au	au,iau	iau	iau	*	au	au	iau
流	ne	ne	ne	ne	*	ne		n,ieu,ne	neu	ne	ne	ne	nei
咸	*	an	an	an		an	an,ien	ien	ien	*	an	yɑn	ien
山	*	an	an	aŋ	*	an	an,ien	ien	ien	*	an	yɑn	ien
岩	aŋ	aŋ	aŋ		*	yɑŋ	aŋ,iaŋ	*	iaŋ	yɑŋ	aŋ	aŋ	iaŋ

攝＼聲母	一 幫系	一 端系	一 見系	二 幫系	二 泥組	二 知組莊	二 見系	三四 幫系	三四 端系	三四 莊組	三四 知組章	三四 日母	三四 見系
深		*				*		in	in	ən	ən	ən	in
臻	*	ən	ən			*		in	in	ən	ən	ən	in
曾	ɔn,ən	ən	ən		ən	*		in	in	*	ən	ən	in
梗		*		ɔn,ən	ən	ən	ən,in	in	in	*	ən	*	in
（通）													
咸入	*	a	o	a	*	a	a,ia	*	iɛ	*	ɜ	*	iɛ
山入	*	a	o	a	*	a	i,ia	iɛ	iɛ	*	ɜ	ʯ	iɛ
宕入	o	o	o	o	*	o	o,io	*	io	*	o	o	io
深入		*						*	i	ɜ	ï	ʅ	i
臻入		*						i	i	ɜ	ï	ɛ	i
曾入	ɜ	ɜ	ɜ	ɜ	*	*	*	i	i	ɜ	ï	*	i
梗入	ɜ	*	ɜ	ɜ	*	ɜ	ɜ	i	i	*	ï	*	i
（通入）		*				*		*	*	*	*	*	i

第 二 表

攝列 ＼ 聲母	合												
	三四							二			一		
	見系	日母	知章	莊組	精組	泥組	幫系	見系	莊組	幫系	見系	端系	幫系
果	ɜʅ				*			ua	*		o	o	o
遇	ʮ	ʮ	ʮ	ne	i	ʮ‘i	n		*		n	ne	n
蟹	uei	*	ʮei	*	i	*	ei	uai,ua	*	*	uei,uai	i	i
止	uei	*	ʮei	ʮai	i	i	i,ei;uei		*	*		*	*
(效)				*					*	*		*	*
(流)				*					*	*		*	*
咸			*		ien	ien	an		an				an
山	ʮan	ʮan	ʮan	*	ien	ien	an;uan	uan	*	*	uan	an	an
宕	uaŋ	ʮan		*			aŋ;uaŋ				uaŋ		*

三九·孝感 | 1575

攝＼聲母（合口呼）	三四 見系	日母	知組章	莊組	精組	泥組	幫系	二 見系	莊組	幫系	一 見系	端系	幫系
(深)	(1)neĩ;ʔn.	ne	ne	ne	ne	ne	n	*	*	*	n	*	n
臻	h.	*	h.	*	*	*	*	ʒn	*	*	ʒn	*	n
曾	h.	*	*	*	*	*	*	*	*	*	n	*	*
梗	ʒh.	*	ʒh.	*	ɜɪ	ɜɪ	a	ua	a	*	o	o	o
通	ʃioi,ʃio	ʃio	ʃio	ʃio	ʃio	ʃio	ʃio	ʃio;uen	ʃio	*	ʃio	ʃio	ʃio
咸入	h.	*	*	*	i	i	a;ua	ua	*	*	o	o	o
山入	h.	h.	ʒh.	ʒh.	ɜɪ	ɜɪ	ua;ue	ua	*	*	uei	*	*
宕入	ʃioi,ʃio;ueʔ.	*	*	*	*	o	o	*	*	*	o	o	o
(深入)	n	*	*	*	i	i	n	*	*	*	n	*	n
臻入	ueʔ.	ueʔ.	ueʔ.	*	ui	ue	uen;ue	an	ʒn	*	uen	ue	ue
曾入	h.	h.	h.	*	*	*	*	*	*	*	ʒn	*	*
梗入	h.	*	h.	*	*	*	*	*	*	*	*	*	*
通入	ne	ne	ne	ne	ne	ne	n	n	*	n	ne	n	n

3. 聲調

古類＼今類＼今值＼影響條件		陰平	陽平	上	陰去	陽去	入
平	清	ˊ					
平	濁		ˋ				
上	清			ˋ			
上	次濁			ˋ			
上	全濁					⊣	
去	清				ˊ		
去	濁					⊣	
入	清						ˊ
入	次濁						ˊ
入	全濁		ˋ				ˊ

附注：

聲母：—

(1)止合讀tʂ‘，其他ts‘。

(2)止合讀ʂ，其他s。

(3)山合讀s，其他ʂ。

(4)通入讀ɕ，其他ʂ。

(5)舒聲陽平調讀z̩，其他i。

韵母：—

(1)見組讀ʮ，曉影兩組iəu。

E. 同音字表

今調	陰平ㄣ	陽平ㄥ	上ㄥ	陰去ㄱ	陽去ㄴ	入ㄥ
今韵	ï；ʅ（〇後）					
廣韵	祭‖脂；之；支‖緝‖質‖職‖昔					
p pʻ m f						
t tʻ n						
ts tsʻ s	師；思；斯		子 此 死；使	次；刺，賜心 四；伺	自；字 似，士、事	
tʂ tʂʻ ʂ	之；知，支 枝‖隻入 施	值直植， 殖₁禪 遲 時‖十‖石	紙 恥 矢；始	致，至；志； 翅審 滯澄 勢‖示牀；試， 市禪‖式飾入	 是	執‖姪，質‖職 織，殖₂禪‖擲 秩澄‖敕；赤尺 實，失‖食蝕，識
ʐ						
tɕ tɕʻ ɕ						
k kʻ ŋ x						
〇		而	爾		貳	日

今調	陰平ㄟ	陽平ㄥ	上ㄟ	陰去ㄟ	陽去ㄥ	入ㄟ
今韵	i					
廣韵	魚;虞‖灰;泰;祭;齊‖脂;之;支;微‖緝;質;迄;術‖職‖昔;陌三;錫					
p			比;彼	閉;背;貝‖臂	倍、佩;敝‖備;被	必筆‖逼‖碧;壁
pʻ	披		鄙幫,丕平	配		匹,弼並‖僻,闢並
m		梅‖靡上	米			秘泌幫去‖密
f						
t			底	帝;對;兌定	第‖地	的,笛
tʻ		堤提	體	替		立‖栗;律;力‖逆;歷
n		泥‖梨;疑;離,宜	履去‖禮‖履;你,里理裏,擬		例;隸;内‖利;類;累	
tɕ			己;幾	祭;計繼;最‖寄;醉;季合	聚‖罪‖忌;技妓	緝清,楫集,急級,及吸曉‖吉;即,極‖積;激
tɕʻ	妻,棲心,溪‖期羣	齊‖其;奇	起	趣娶‖脆‖器;氣;悴從粹心		七;乞,迄曉‖戚,喫
ɕ	須‖西,兮匣;攜匣合‖希	徐‖奚‖隨	洗‖徙璽支心	歲‖戲	序‖系‖遂	戌恤‖息‖惜,席
○	衣依	夷;移;遺合	以,矣;椅		藝‖義議,易	噎屑‖邑‖一,逸‖抑憶‖亦譯

今調	陰平ㄧ	陽平ㄥ	上ㄱ	陰去ㄱ	陽去ㄧ	入ㄣ
今韵	u					
廣韵	模;虞‖尤‖没;物‖屋;沃					
p					步	不
p'			譜幫,普	鋪		勃並‖卜幫,撲,僕瀑曝並
m						没‖木;目
f		扶	甫府,腐奉	付,附奉‖婦負奉	父	福,服
k	孤		古	故		骨‖酷溪
k'						哭
ŋ						
x		狐乎胡	虎		户護	忽
○	烏		五伍;武		務‖戊候明	物‖屋

今韵	ㄩ					
廣韵	魚;虞‖緝‖術;物‖職‖昔‖屋三;燭					
t						
t'						
n			女			
tʂ	猪,諸;拘摳,區	除	主	著;注,句	巨;柱,住	橘‖菊;局
tʂ'	書,虛;殊禪		鼠,暑,許		樹	出;屈‖曲
ʂ						
○	於₂	如,魚,於₁影,余餘;儒,愚	吕來,與;羽			入‖鬱‖域‖役疫‖玉

今調	陰平˩	陽平˥	上˦	陰去˥	陽去˦	入˥
今韻	a					
廣韻	麻二‖合;盍;洽;狎;乏‖曷;鎋;黠;月					
p	巴		把			八,拔
p'				怕		
m	[媽]	麻	馬			
f						法‖髮
t			打庚		大泰	答搭‖達
t'	他					塔
n	拉入	拿	[哪]		[那]	納;臘‖辣
ts						雜
ts'						
s			撒入‖[啥]			刷
tʂ				乍牀		閘‖札
tʂ'	差			詫‖[叉]		插‖察
ʂ	沙					殺;刹穿
k						
k'						
ŋ		[伢]				
x					下	

今調	陰平˧	陽平˨	上˥	陰去˨	陽去˦	入
今韵	ia					
廣韵	麻二‖佳‖洽;狎‖鎋;黠(均開口)					
tɕ	家;嗟麻三‖佳		假			甲
tɕʻ						恰
ɕ		霞			下	狹;匣‖挾帖‖瞎
○	鴉	牙				鴨壓‖軋

今韵	ua					
廣韵	麻二‖佳;夬‖鎋;黠(均合口)					
k	瓜			掛見		刮
kʻ						
ŋ						
x	花	華‖滑		化	畫;話	
○	蛙		瓦			挖

今調	陰平 ˧˩	陽平 ˩˧	上 ˥˧	陰去 ˥˧	陽去 ˧˩	入 ˩˧
今韵	o					
廣韵	歌;戈一‖合;盍‖曷;末‖鐸;覺;藥					
p	波,玻滂					剥;縛奉
pʻ	坡	婆	剖侯			
m			麼(‖事)			末‖莫
f						
t	多				舵	
tʻ			妥			脱‖託
n		羅;騾			那(剃‖)	洛落
ts			左,佐去		坐	作;捉
tsʻ				錯		
s			所魚			
tʂ						桌;酌,濁
tʂʻ						
ʂ						
ʐ̩						若
k	歌哥;鍋₁		果	個;過		鴿‖割‖各;角(銅元日‖子);郭
kʻ						閣
ŋ		鵝	我			惡;握‖沃沃
x		何河‖活	火伙		禍	合;盍‖喝‖鶴;霍
○	鍋₂見,窩				臥	

今調	陰平˧	陽平˨˩	上˦	陰去˥	陽去˦	入˨
今韵	io					
廣韵	覺;藥(均開口)					
t t' n						略
tɕ tɕ' ɕ						角(紙幣曰┤子)覺;爵,嚼,脚 確;雀精 學;削
○						藥,虐,約

今調	陰平 ˥	陽平 ˩	上 ˥	陰去 ˥	陽去 ˩	入 ˥
今韵	ε					
廣韵	麻三‖葉‖緝‖薛‖質‖德;職‖陌;麥					
p pʻ m f	[□](父也)					北‖百伯,白 泊鐸並‖迫幫,拍 麥
t tʻ n						得德 忒,特定 勒
ts tsʻ s						則‖責 側照,測‖澤擇宅澄 澀‖瑟‖色
tʂ tʂʻ ʂ	[□](=們)	蛇‖舌			社	[這] 徹,澈澄 聶₂,涉‖設
k kʻ ŋ x						格;革 刻 額;厄 黑‖赫

今調	陰平˥	陽平˩	上˥	陰去˦	陽去˨	入˥
今韵	iɛ					
廣韵	麻三‖葉;業;帖‖薛;月;屑					
p pʻ m f						撒 滅
t tʻ n	[爹]					帖‖鐵 列;孽;劣
tɕ tɕʻ ɕ	些	茄 邪	且 寫		謝	接;劫‖傑;竭;節,結;絕 切 脅;協‖薛;歇
○			也野		夜	聶₁,葉;業;竭

今韵	uɛ					
廣韵	德‖麥					
k kʻ ŋ x						國 或‖獲

今調	陰平ㄑ	陽平↘	上ㄟ	陰去ㄱ	陽去⊣	入ㄟ
今韵				ɥɛ		
廣韵				戈三;麻三‖薛;月;屑(均合口)		
tʂ tʂʻ ʂ						綴,拙;厥;決 缺 説;穴
						靴
○			惹			熱;閲;月,越曰

今調	陰平ㄑ	陽平↘	上ㄟ	陰去ㄱ	陽去⊣
今韵			ai		
廣韵			咍;泰;皆;佳;夬(均開口)		
p pʻ m f		埋	買	拜 派	敗
t tʻ n		臺 來	乃;奶	帶 泰太	待、代 賴
ts tsʻ s		才		再 菜;蔡	在
tʂ tʂʻ ʂ	齋	柴			寨
k kʻ ŋ x	該;皆 開 哀;挨 諧;鞋‖還(|有)删合		改;解 矮 蟹匣	蓋;界介戒,械匣 概見,懈 愛	 艾 亥;害

今調	陰平˥	陽平˩	上˥	陰去˥	陽去˧
今韵	uai				
廣韵	泰;皆;佳;夬(均合口)				
k k' ŋ x		懷	拐(不好也) 塊去	怪 會(‖計)見;快	
○	歪曉				外

今韵	ʮai				
廣韵	脂;支(均合口)				
tʂ tʂ' ʂ			揣	帥	

今韵	ei				
廣韵	廢‖脂;支;微				
p p' m f	卑;悲;碑 飛	肥	匪	廢,肺	

今調	陰平˦	陽平˨	上˦	陰去˥	陽去˦
今韻	uei				
廣韻	灰;祭;齊‖脂;支;微(均合口)				
k k‘ ŋ	龜;歸			桂	
x	灰	回		諱,彙喻	會;慧喻;惠
○	威	維惟;危,爲;微,圍	委;尾	畏	衛;位;爲;未

今韻	ɥei				
廣韻	祭‖脂;支(均合口)				
tʂ tʂ‘ ʂ	追,錐	垂		稅	睡瑞
○				鋭喻	

今調	陰平˥	陽平˩	上˨	陰去˥	陽去˦
今韵	au				
廣韵	豪;肴;宵				
p p' m f	包	袍;跑 貓	保	[□](|蚣,虫名)	帽;貌‖[冒](＝没有)
t t' n		桃逃 牢	倒 老‖[□](攪也)	到	道 鬧
ts ts' s	糟	草 掃		造糙	造₂
tʂ tʂ' ʂ	昭	炒 少		照	趙 紹
ʐ̩		饒			
k k' ŋ x	高糕	毫	攪 好	告 奥	

今調	陰平ㄟ	陽平ㄟ	上ㄟ	陰去ㄟ	陽去ㄟ
今韵	iau				
廣韵	肴;宵;蕭				
p p' m f			表		
t t' n		條 燎;聊,堯	了	釣 跳	
tɕ tɕ' ɕ	交 消,囂;蕭	喬 肴淆	剿;繳 巧 小;曉	教;叫 孝	校効
○	妖		舀	要	

今調	陰平˦	陽平˨	上˦	陰去˥	陽去˦	入˦
今韻	əu					
廣韻	模;魚;虞‖侯;尤‖没‖屋;沃;燭					
p p' m f		謀	某畝 否			
t t' n	都	讀 頭 奴	肚賭‖斗 土 努	鬥	杜‖豆 怒,路‖漏	篤 突‖禿 鹿;陸六;禄
ts ts' s	粗;初	鋤‖愁	組‖走 楚	做‖奏 素;數	助‖就尤從	卒‖足 族從;促 肅,縮;俗續
tʂ tʂ' ʂ	周		丑 手	獸		竹;燭囑,觸穿 熟
ʐ		柔				肉;辱
k k' ŋ x	歐	侯	偶		候後	

今調	陰平˧	陽平˨	上˥	陰去˩	陽去˦	入˧
今韵	iəu					
廣韵	尤;幽‖屋三;燭					
p pʻ m f					謬	
t tʻ n	［丟］	牛	紐			
tɕ tɕʻ ɕ	糾上 秋 休	因,求	九		就,舅	［□］(替也) 畜
○		由猶	有	幼‖育入		玉獄,欲

今調	陰平˧	陽平˨	上˦	陰去˥	陽去˦
今韵	an				
廣韵	覃;談;咸;銜;鹽;凡‖寒;山;删;仙;桓;元				
p pʻ m f		 凡	板 反	扮;半 盼,判,叛並 	辦 慢 范‖飯
t tʻ n	端 貪 	 談‖團 南;藍‖難	短 暖	旦 歎 	斷 難;亂
ts tsʻ s	 餐 三‖删審;閂		 惨 	 散;算	暫
tʂ tʂʻ ʂ	沾 衫‖山	 蟬	斬‖展 剗,産審 陝	站 扇	棧
k kʻ ŋ x	干;間 安 	 含;鹹‖寒	感;敢 	 暗 漢	 岸

今調	陰平ㄟ	陽平ㄣ	上ㄟ	陰去ㄱ	陽去ㄐ
今韵	uan				
廣韵	桓;山;删;元				
k kʻ ŋ x	官觀;鰥		皖匣 緩匣	貫;慣 喚	 換
○	彎	玩去,完丸匣;頑	碗;晚		院仙合喻;萬

今韵	ɿuan				
廣韵	仙;元;先				
tʂ tʂʻ ʂ	專	 船 弦開;玄			篆;倦
○		然;緣鉛;元,圜	染‖軟;阮,遠		

今調	陰平ㄧ	陽平ㄥ	上ㄥ	陰去ㄟ	陽去ㄣ
今韵	ien				
廣韵	咸;銜;鹽;嚴;添‖山;刪;仙;元;仙				
p p' m f	邊		貶	變 徧幫,片	辨、便;辮
t t' n	天 研疑平	廉‖連聯;年	點‖典 撺;研平	店	驗;念‖硯;戀
tç tç' ç	間 謙‖千 仙鮮;軒掀; 先;宣	鉗‖錢;全 銜;鹹;嫌‖閑; 弦	減‖簡;剪;繭 險‖癬	監‖諫;建;見 憲	漸‖件 陷‖限;現;縣
○	煙	嚴‖延;言,沿合	眼;演	厭‖晏	

今調	陰平˧˩	陽平˩˧	上˩	陰去˧˩	陽去˧
今韵	ən				
廣韵	侵‖痕;臻;真;魂;諄;文‖登;蒸‖庚;耕;清				
p	崩				
p'		彭			
m		門			
f	分		粉	奮	
t			等	頓	
t'	吞				
n		倫‖能	冷		論
ts	尊‖增‖爭				
ts'	撐	存			
s	森‖生				
tʂ	真‖徵‖貞,偵徹			正政	陣‖鄭
tʂ'		沉‖陳,臣‖成誠		趁	
ʂ	深‖身申	晨‖繩	審		盛
ʐ		壬‖人‖仍			認
k	跟‖耕		亙去	更	
k'			肯		
ŋ	恩				硬
x		恒	很匣		恨

今調	陰平ㄧ	陽平ㄟ	上ㄥ	陰去ㄟ	陽去ㄐ
今韻	uən				
廣韻	魂;文‖庚二(均合口)				
k kʻ ŋ x	坤 昏	 橫		困 混	
○	温	文聞	穩		問

今韻	ʯən				
廣韻	諄;文‖清;庚三;青				
tʂ tʂʻ ʂ	均;軍 椿,春 動	 羣‖瓊 唇,純			
○		云雲‖榮;螢匣	忍開;允‖永	閏	運‖孕蒸開

今調	陰平˦	陽平˩	上˧	陰去˦	陽去˨
今韵	in				
廣韵	侵‖真;欣;諄‖蒸‖庚;耕;清;青				
p	兵		稟	並并	
pʻ		貧‖平;瓶	品		
m		民‖萌;名	敏		命
f					
t	丁		頂		
tʻ				聽	
n		林‖鄰,銀₂‖陵,凝‖靈			令
tɕ	侵清,今‖津,巾;斤‖精;京荊‖經			進晉‖勁	近‖靜
tɕʻ	欽‖輕	秦	請;傾平合、頃合		
ɕ	心‖新;星腥	尋‖旬‖行;形		信‖性姓	杏;幸
○	音陰‖因‖鶯;英	銀₁‖盈;營	引;隱;尹合‖影	印‖應	

今調	陰平˦	陽平˩	上˥	陰去˥	陽去˨
今韵	aŋ				
廣韵	唐;江;陽				
p	幫;邦				
p‘		旁			
m		忙			
f	方	防房		放	
t			黨	當	蕩
t‘		唐			
n		郎	朗		
ts	椿知				
ts‘	倉				
s	桑				
tʂ	張,章		長	帳	
tʂ‘	猖	長,常₂		唱	
ʂ	商	常₁			上尚
ʐ					讓
k	綱剛		岡平		
k‘				亢	
ŋ					
x					項、巷

今调	陰平˧	陽平˨˩	上˥˧	陰去˥	陽去˧˩
今韵	iaŋ				
廣韵	江;陽(均合口)				
t	丁青				
t'					
n		娘,良	兩		
tɕ			講		
tɕ'	槍	詳祥	搶		
ɕ	相,香鄉			向,像象邪	
○		陽	仰		樣

今韵	uaŋ				
廣韵	唐;陽				
k	光				
k'		狂		曠;況曉	
ŋ					
x	慌	黃			
○	汪	王	往		望,旺

今韵	ʮaŋ				
廣韵	江;陽				
tʂ	莊裝				
tʂ'	窗	牀		撞澄	
ʂ					
○					讓

今調	陰平 ˧	陽平 ˩	上 ˦	陰去 ˥	陽去 ˧
今韵	oŋ				
廣韵	登‖庚二;耕‖東;冬;鍾				
p p' m f	 風;封	朋			 孟‖夢 奉
t t' n	東 通 	 同 農;隆;龍	 桶;統去 攏		洞 弄
ts ts' s	 鬆;嵩;松	 崇;從 	總 	 送;宋	 誦
tʂ tʂ' ʂ	中;鐘鍾 充 		 寵 	眾 	
ʐ̩		絨,融;茸,容			
k k' ŋ x	公蚣功;弓;恭 空 翁 	 弘‖宏‖紅	 恐 		共

今韵	ioŋ				
廣韵	庚三‖東三;鍾(均合口)				
tɕ tɕ' ɕ	 兄‖胸	窮 雄熊喻			
○					用

F. 音韵特點

1. 聲母

(1)分ts與tʂ，精組洪音讀ts等，如‘思’sï，‘餐’tsʻan；章組讀tʂ等，如‘沾’tʂan，‘施’ʂï。

(2)莊組內轉字除止攝合口音讀tʂ等（如‘揣’tʂʻuai），其他全讀ts等，如‘師’sï，‘愁’tsʻəu，‘崇’tsʻoŋ；外轉字除山攝合口音讀ts等外（如‘閂’san），其他全讀tʂ等，‘齋’tʂai，‘窗’tʂʻuaŋ。

(3)知組字在梗攝二等韵中歸ts等，如‘撐’tsʻən，‘宅’tsʻɛ；其他全歸tʂ等，如‘恥’tʂʻï，‘展’tʂan。

(4)不分尖團，精組細音與見系細音開口混，全讀tɕ等，如‘祭’＝‘計’tɕi，‘旬’＝‘形’ɕin。

(5)見系細音合口讀tʂ等，如‘缺’tʂʻʮɛ，‘許’ʂʮ。

(6)通三入見組字讀tʂ等，如‘菊’tʂʮ，‘曲’tʂʻʮ；曉組則讀ɕ，如‘畜’ɕiəu。

(7)見系二等開口音在蟹攝與梗攝入聲中不顎化，如‘矮’ŋai，‘格’kɛ；其他不定，如‘攬’kau；‘巧’tɕʻiau，‘鹹’xan；‘限’ɕien。

(8)泥來兩母洪細音全混，如‘南’＝‘藍’nan，‘年’＝‘連’nien。

(9)疑影兩母開口洪音全讀ŋ等，如‘我’ŋo；‘惡’ŋo。

(10)疑母三四等開口音讀n或i不定，如‘驗’nien；‘嚴’ien。

(11)喻母在通攝平聲讀zʅ，如‘融’zoŋ。

2. 開合

(1)端系一等古合口字讀開，如‘內’ni，‘算’san，‘頓’tən。

(2)精組三四等古合口字也全讀開，如‘聚’tɕi，‘隨’ɕi，‘全’tɕʻien，‘戌’ɕi。

(3)來母三四等古合口字除在遇攝有一部保持合口外，其他全讀開，如‘累’ni，‘劣’nie，‘倫’nən。

(4)山合莊組字讀開，如‘閂’san，‘刷’sa。

（5）通入知系字讀開，如'竹'tʂəu，'屬'ʂəu。

3. 韵母

（1）模韵端系與魚虞兩韵的莊組字讀əu，與流攝字混，如'怒'＝'漏'nəu，'鋤'＝'愁'tsʻəu。（入聲没，屋，沃，燭諸韵同。）

（2）魚虞兩韵的知見系字混，如'柱'＝'巨'tʂʅ，'儒'＝'魚'ʅ。（入聲術韵同）。

（3）蟹攝一三等合口的幫組端系與止攝合口的端系都讀i，如'倍'pi，'最'tɕi，'歲'ɕi，'累'ni。

（4）山咸兩攝舒聲的主要元音在介音i後讀e，如'陷'ɕien，'天'tʻien。

（5）深臻曾梗舒聲全收n尾，如'審'ʂən；'身'ʂən；'繩'ʂən；'鄭'tʂən。

（6）通三入見系字，見組讀ʅ，如'曲'tʂʻʅ，'玉'ʅ；曉影兩組讀iəu，如'畜'ɕiəu，'欲'iəu。

4. 聲調

（1）分陰陽去，如'帝'tiꜛ≠'第'tiꜛ。

（2）入聲獨立，但全濁一部分歸陽平，如'急，及'tɕiↄ，但'滑'ᵉxua，'食'ᵉʂï。

G. 會話

39 a：tɕʻinꜜ tɕiauꜙ?
　　請　　教?

39 b：ɕinꜙ tʂəuꜙ。
　　姓　　<u>周</u>。

　 a：tʻaiꜜ fuꜜ niꜙ?
　　台　甫　呢?

　 b：əꜙ, kuɛꜜ kʻuənꜙ。
　　呃，<u>國　坌</u>。

　 a：ɕienꜙ tsaiꜙ tʂʅꜙ ʂənꜜ moↄ ɕioↄ ɕiauꜙ aↄ?
　　現　在　住　什　麼　學　校　阿?

b：tʂoŋ˧ xua˩ ta˧ ɕio˩。
中　華　大　學。

a：tɕi˥ nien˩ tɕi˧ a˩˩?
幾　年　級　阿?

b：i˧ nien˩ tɕi˧。
一　年　級。

a：ɕien˧ tsai˧ ɕiaŋ˧ ni˩˩ tʰəu˩ fei˥ nau˧ tɛ˩˩ xən˥ pa˩˩?
現　在　鄉　裏　土　匪　鬧　得　很　吧?

b：ɕien˧ tsai˧ ɕiaŋ˧ ni˩˩ ti˩˩ tʰəu˥ fei˥ nau˧ nau˩˩ tɛ˩ xən˥。
現　在　鄉　裏　的　土　匪　鬧　鬧　得　很。

a：ʂo˩ tsai˧ ɕi˧ iaŋ˥ kaŋ˥ kən˧ tɕʰien˩ pu˩˩?
說　在　西陽岡　跟　前　不?

b：e˩, tsai˧ ɕi˧ iaŋ˩ kaŋ˥ kən˧ tɕʰien˩。
誒,　在　西陽岡　跟　前。

a：iəu˥ xən˥ to˧ tʰəu˥ fei˥ pa˩˩?
有　很　多　土　匪　吧?

b：˩iəu˥ tɕi˥ tɕʰien˧ zən˩。
有　幾　千　人。

a：iəu˥ tʂʯən˥ tei˧ tɕiau˧ tʰəu˥ fei˥ pu˩˩?
有　軍　隊　勦　土　匪　不?

b：tsai˧ tɕiau˩。ɕiaŋ˧ ɕia˧ xoŋ˩ tɕʰiaŋ˧ xuei˧, ɕiaŋ˧ tʰan˩。
在　勦。　鄉　下　紅　槍　會,　鄉　團。

a：iəu˥ to˧ ʂau˥ zən˩ ni˩˩?
有　多　少　人　呢?

b：ɕiaŋ˧ tʰan˩ iəu˥ tɕi˥ uan˧ zən˩。
鄉　團　有　幾　萬　人。

a：iəu˥ tɕi˥ uan˧ zən˩ a˩˩?
有　幾　萬　人　阿?

b：eˉ。
　　誒。

a：ɕienˉ tsaiˉ taˉ ɕiauˇ mɛˊ tɕiaŋˇ moˇ iaŋˉ niˉ·?
　　現　在　大　小　麥　講　麼　樣　呢?

b：taˉ ɕiauˇ mɛˊ，tʂɛˉ· koˉ·，ɕienˉ tsaiˉ paˇ tʂɛˉ· koˉ· pauˉ koŋˉ
　　大　小　麥，這　個，　現　在　把　這　個　豹(?)　蚣

　　noŋˉ tɛˉ· puˉ xauˇ。
　　弄　得　不　好。

a：oˉ，tʂənˉ tsauˉ kauˉ。tʂɛˉ· iaŋˉ tʂʰaŋˇ ɕiaˉ tɕʰiˇ，tʂənˉ iauˇ
　　哦，真　糟　糕。這　樣　長　下　去，　真　要

　　mauˉ tɛˉ· panˉ faˇ，ŋoˇ mənˉ·。
　　冒　得　辦　法，我　們。

b：eˉ，niˇ mənˉ· naˉ tɕiauˉ tʰoŋˉ┌ puˇ faŋˉ pienˉ。
　　誒，你　們　那　交　通　不　方　便。

a：ŋoˇ mənˉ· tsaiˉ naˉ ʂanˉ kənˉ tɕʰienˊ，tʰuˇ feiˇ zoŋˇ iˉ· tsaiˉ
　　我　們　在　那　山　跟　前，　土　匪　容　易　在

　　naˉ ʂïˇ tʂʰaŋˇ tʂʰɿˇ muˇ uˇ ʂaŋˇ。
　　那　時　常　出　没　無　常。

b：ŋoˇ mənˉ· naˉ niˉ iəuˇ teiˉ uˇ ɕiauˉ miɛˊ tʰaˉ，tʰaˉ tɕiəuˉ
　　我　們　那　裏　有　隊　伍　消　滅　他，他　就

　　puˇ kanˇ tauˉ ŋoˇ mənˉ· naˉ kʰuaiˇ。
　　不　敢　到　我　們　那　塊。

a：inˉ ueiˉ· tɕiauˉ tʰoŋˉ pienˉ niˉ?
　　因　爲　交　通　便　利?

b：eˉ，tɕiauˉ tʰoŋˉ pienˉ niˉ。
　　誒，交　通　便　利。

a：ŋoˇ mənˉ· naˉ tʰaiˉ piˇ sɛˉ· nəˉ·。tʰaiˉ ʮˇ ʂanˉ ɕiaŋˉ tɕinˉ
　　我　們　那　太　閉　塞　了。太　與　山　相　近

niau˩˙, tʰa˧ tsai˧ na˧ ʂan˧ ni˩ pien˧ tʂʻʮ˩ nai˩, zən˥ tɕia˩˙
了， 他 在 那 山 裏 邊 出 來， 人 家

tɕien˩ tʂï˩ pu˧ ɕiau˩ ʂən˩ mo˩˙ ti˧ faŋ˧ nai˩ ti˩˙。
簡 直 不 曉 什 麼 地 方 來 的。

b: ŋo˥ mən˩˙ na˧ so˥ i˩ tʰa˧ pu˩ kan˥ tɕʻy˩(?)， tsəu˧ ʂï˧ in˧
我 們 那 所 以 他 不 敢 去， 就 是 因

uei˧ tʰiɛ˩ tau˧ pien˧ taŋ˩˙， ŋo˥ mən˩˙ iəu˩ pu˩ tsai˧ ʂan˧
爲 鐵 道 便 當， 我 們 又 不 在 山

pien˧， tʰa˧ tau˧ ŋo˥ mən˩˙ na˧ xən˥ kʻuən˩ nan˧， so˥ i˩ tʰa˧
邊， 他 到 我 們 那 很 困 難， 所 以 他

pu˩ kan˥ tau˧ ŋo˥ na˧ kʻuai˩。
不 敢 到 我 那 塊。

a: san˧ tʂʻa˧ pʻu˩ pu˩ tɕʻiaŋ˥ ko˩˙ niau˩˙ mo˩˙?
三 汊 鋪 不 搶 過 了 麼?

b: san˧ tʂʻa˧ pʻu˩， tʰa˧ tɕʻiaŋ˥ xau˥ tɕi˩ tsʻï˧， me(i)˩ iəu˥ tɕʻiaŋ˥
三 汊 鋪， 他 搶 好 幾 次， 沒 有 搶

tɕin˧， tɕʻiaŋ˥ tɕi˩ tsʻï˧ təu˧ pa˥ tʰa˧ tso˧ tau˧ xau˥ ɕie˧ zən˩。
進， 搶 幾 次 都 把 他 捉 到 好 些 人。

a: ɕien˧ tsai˧ pu˩ kan˥ nai˩ nə˩˙?
現 在 不 敢 來 了?

b: ɕien˧ tsai˧ pu˩ kan˥ nai˩， tsʻoŋ˩ tɕʻien˩ ʂï˩ tʂʻaŋ˩ nai˩。
現 在 不 敢 來， 從 前 時 常 來。

a: ɕien˧ tsai˧ ʂï˩， tʰəu˥ fei˥ ti˩˙ ʂï˩ ni˩ iəu˥ to˧ ʂau˥ ni˩˙?
現 在 是， 土 匪 的 勢 力 有 多 少 呢?

b: tʰin˧ tau˩˙ tʰəu˥ fei˥ ʂï˩ ni˩ iəu˥ tɕi˩ tɕʻien˧ zən˩ ni˩˙， iəu˥
聽 到 土 匪 勢 力 有 幾 千 人 呢， 有

tɕi˩ tɕʻien˧ tʂï˩ tɕʻiaŋ˧。
幾 千 枝 槍。

a：çien˥ tsai˥ iau˥ xuei˩ çio˩ tçiau˥ nə˩˙, pu˩ tsau˩ nə˩˙, ŋo˩
　　現　　在　　要　　回　　學　　校　　了，　不　　早　　了，　我

　　mən˩˙ tsai˥ tçien˥ pa˩˙！
　　們　　再　　見　　罷！

b：tsai˥ xuei˥。
　　再　　會。

四〇. 禮山(三里城)①

A. 發音人履歷

	40a	40b
發音人	40a	40b
年齡	22 歲	49 歲
原籍	禮山三里城何家灣	禮山蔡店
職業	學生	大學教務長
教育程度	中學	
幼時語言環境	在本鄉讀書	在本鄉讀書
教師方言	本地話	本地話
住過的地方	武昌五年	漢陽五年 武昌十餘年
曾否學國語	未	未
能否說別處話	不會	不會

二十五年五月六日丁聲樹記音

按：兩人語音的分別很大，因 40a 的調類較多，取以爲準　40b 跟他不同的仍一一附入。

――――――――――

① 發音人在會話中稱爲"三里渠"。

B. 聲韵調表

1. 聲母

p 八部	pʻ 派朋	m 馬	f 扶灰
t 帶蕩	tʻ 桃體	n 李乃臘	
ts 左助	tsʻ 餐愁	s 三森	
tʂ 齋昭鄭倦	tʂʻ 差揣沉羣	ʂ 山手玄　ʐ 柔讓	
tɕ 漸結減	tɕʻ 千鉗	ɕ 心脅銜	
k 剛跪	kʻ 口狂	ŋ 哀岸	x 好禍紅鞋
○ 貳也年外軟			

2. 韵母

ï 子失；ɚ 爾　a 麻答雜沙下話　o 末妥左酌果　e 白特賁蛇刻或
i 貝里罪序　ia 佳瞎　　io 略學　　ie 滅爹結
u 普勃古忽　ua 瓜刮　　　　　　ue 國
ʮ 女句役　　　　　　　　　　ʮe 靴説

ai 派代再柴介　ei 佩匯惠　au 帽桃草趙毫　əu 某杜走竹後
　　　　　　　　　　iau 孝表釣　　iəu 丟囚幼

uai 懷　　　　uei 桂畏未
ʮai 帥　　　　ʮei 税

an 盼談三陝漢換　　　　ən 本頓爭審肯昏
　　　ien 貶天謙言　　　　　　in 兵林新凝幸
uan 管萬　　　　uən 困問
ʮan 玄染元　　　　ʮən 春瓊

aŋ 邦桑唱巷　oŋ 孟同嵩衆

iaŋ 兩講　　　　ioŋ 窮兄

uaŋ 光往

ɥaŋ 牀窗

3. 聲調

陰平	陽平	上	陰去	陽去	入
˥	˧˩	˧˥	˧˩˧	˥˩	˧˥
丁	陳白	古五	對	柱謝閏	竹局矗

C. 聲韵調描寫

1. 聲母

　　上表二十一個聲母是按音位定的。茲分p, t, ts, tʂ, tɕ, k, ○七組述之。

　　p組p, pʻ, m, f。f是個變值音位,讀f或x(u)-不定。同是一字,也可以這次讀f-那次讀x(u)-。

　　t組t, tʻ, n。n是個變值音位,讀n或l不定。

　　ts組ts, tsʻ, s。讀法與北平音同。

　　tʂ, tʂʻ, ʂ, ʐ。部位比北平的tʂ等靠前。ʐ的摩擦性很小。

　　tɕ組tɕ, tɕʻ, ɕ。部位平均。

　　k組k, kʻ, ŋ, x。x只與開口韵配。

　　○包括捲舌元音ɚ與高元音i, u, ɥ。u有時讀成唇齒輕接的ʋ。

2. 韵母

　　ï在ts組聲母後是ɿ,tʂ組聲母後是ʅ。ʅ是靠前些的。ɚ偏前而開,很像ær。

　　i近標準元音i。

　　u很關,嘴唇不十分圓。

　　ɥ相當於ɿ的圓唇。

a,ia,ua。a是後ɑ,在i後略偏前。

o,io。o很開;在k組聲母後變得開唇些。

e,ie,ue,ʮe。除去在i的後面,e總比較開;在入聲中部位更偏後些,音色近乎ɛ。

ai,uai,ʮai。ai的起頭差不多是前a的位置,收尾只比e略關。

ei,uei,ʮei。e部位偏央。有介音u,ʮ時音程短。

au,iau。a與a,ia韻同。u極鬆;有時(多半在去聲中)略緊一點才到ʋ的程度。

ɤu,iɤu。u很不圓唇,但還不到ɯ或ɤ那樣開唇。

an,uan,ʮan。a近標準元音a。

ien。e與ie韻同。

ən,uən,ʮən。ə部位偏前,在uən與ʮən中又變得很短。

in。i在p,t兩組聲後讀得鬆些,在k組後或無聲母時讀得較緊。

aŋ,iaŋ,uaŋ,ʮaŋ。a同a,ia,ua韻的a。

oŋ,ioŋ。o比o,io韻的o關。

3. 聲調

陰平是中平調(33),有時或由"半低"升至"中"(23),寬式一律用中平調號(˧33)。

陽平是中降調(˩42)。

上聲是高降調(˩53)。

陰去由"半低"升至"高",寬式用高升調號(˦35)。

陽去是高平調(˥55)。

入聲是低降升調(˩313)。

D. 與古音比較

1. 聲母

古聲母組及影響條件	影響條件	全清塞	次清塞	全濁塞（平）	全濁塞（仄）	次濁	清擦	濁擦（平）	濁擦（仄）
幫組		幫：p	滂：pʻ	並：pʻ	並：p	明：m			
非組				奉：f	奉：f	微：u（n／i）	非敷：f		
端組泥		端：t	透：tʻ	定：tʻ	定：t	泥 n／i ；來：n			
精組	洪（一二四等）	精：ts	清：tsʻ	從：tsʻ	從：ts		心：s	邪：s	邪：s
精組	細（三四等）	精：tɕ	清：tɕʻ	從：tɕʻ	從：tɕ		心：ɕ	邪：？	邪：tɕʻ,ɕ／ɕ
莊組	內轉（照二）	莊：ts	初（穿二）：tsʻ;tʂʻ[(1)]	崇（牀二）：tsʻ;tʂʻ	崇（牀二）：ts;s／tʂ;s		生（審二）：s;ʂ[(2)] ／ ʂ;s		
莊組	外轉	莊（照二）：ts／tʂ;tʂ[(3)]							
知組		知：tʂ	徹：tʂʻ	澄：tʂʻ	澄：tʂ				
章組	梗二等韵其他／今開／今合	章（照三）：tʂ	昌（穿三）：tʂʻ	船（牀三）：tʂʻ,ʂ	船（牀三）：ʂ		書（審三）：ʂ	禪：tʂ,ʂ	禪：ʂ;ʂ

（左上角表頭：古母今讀／發音方法及影響條件）

古母分聲及影響條件 / 古聲組及影響條件 / 發音方法及影響條件			全清塞	次清塞	全濁塞（平）	全濁塞（仄）	次濁	清擦	濁擦（平）	濁擦（仄）
日母	今止（附辭質藥）今開						○			
		今合					z̩			
	其他						ʐ			
							（日）			
見組曉	開	一等	k	kʻ	kʻ	k	ŋ	x		x
		二等	k, tɕ	kʻ, tɕʻ	*	*	ŋ, i	x, ɕ		x, ɕ
		三四等	tɕ	tɕʻ	tɕʻ	tɕ	i	ɕ		ɕ
	合	一二等	k	kʻ	kʻ	k	u; ○	f; x[4]		f; x[4]
		蟹止若通舒 三四等	k	kʻ	kʻ	k	?	f		x
		其他	tʂ	tʂʻ	tʂʻ	tʂ	ʐ	s; ɕ[5]		s
			（見）	（溪）	（羣）	（羣）	（疑）	（曉）	（匣）	（匣）
影組	開	一等	ŋ				i			
		二等	ŋ, i; ○[6]				*			
		三四等	i				u			
	合	一二等	u; ○				z̩; i[7]			
		蟹止若通 三四等	?				ʐ			
		其他	ʐ							
			（影）				（喻）			

2. 韵母

第 一 表

（呼：開）

攝	一 幫系	一 端系	一 見系	二 幫系	二 泥組	二 知組莊	二 見系	三 幫系	三 端系	三 莊組	三 知章組	三 日母	四 見系
果	*	o	o	a	a	a	a,ia	*	ie	*	e	ɥɛ	ie
（遇）										*			
蟹	*	ai	ai	ai	ai	ai	ai,ia	i	i	*	ï	*	i
止	*	*			*	*		i,ei	i;ï	ï	ï	ɚ	i
効	au	au	au	au	au	au	au,iau	iau	iau	*	au	au	iau
流	nɘ	nɘ	nɘ		*	*		u,ieu,nɘ	ieu	nɘ	nɘ	nɘ	nɘi
咸	*	an	an	an	*	an	an,ien	ien	ien	*	an	ɥaŋ	ien
山	*	an	an	aŋ	*	an	an,ien	ien	ien	*	an	ɥaŋ	ien
宕	aŋ	aŋ	aŋ		*	ɥaŋ	aŋ,iaŋ	*	iaŋ	ɥaŋ	aŋ	aŋ	iaŋ

攝·列	開 一 幫系	開 一 端系	開 一 見系	開 二 幫系	開 二 泥組	開 二 知莊組	開 二 見系	開 三四 幫系	開 三四 端系	開 三四 莊組	開 三四 知章組	開 三四 日母	開 三四 見系
深	*	*	ue			*		in	in	en	en	en	in
臻	*	en	ue			*		in	in	en	en	en	in
曾	oŋ,uoŋ	ue				*		in	in	*	en	en	in
梗		*		uoŋ,oŋ	*	ue	eŋ,in	in	in	*	en	*	in
(通)		*				*				*			
咸入	*	a	o	a	*	a	a,ia	*	ie	*	e	*	ie
山入	*	a	o	o	*	a	a,ia	ie	ie	*	e	ɥe	ie
宕入	o	o	o	o		o	o,io	*		*			
深入		*				*		*	i	e	ï	ʅ	i
臻入		e				*		i	i	e	ï	e	i
曾入	e	e	e	e	*	*	e	i	i	e	ï	*	i
梗入	e	*	e	e	e	e	e	i	i	*	ï	*	i
(通入)		*				*					*		

第 二 表

攝＼等·聲母	一 幫系	一 端系	一 見系	二 幫系	二 莊組	二 見系	三四 幫系	三四 泥組	三四 精組	三四 莊組	三四 知章組	三四 日母	三四 見系
果	o	o	o	*	*	ua；a⁽¹⁾			*				ɣɛ
遇	n	ne	n	an		*	n	h‚ʻi	i	ne	h	h	h
蟹	i	i	uai，uei；ei⁽¹⁾		*	*	ei	*	i	*	ʐei	*	uei；ei⁽¹⁾
止	*	*	*			*	i，ei；uei	i	i	ʐai	ʐei	*	uei；ei
（效）	*	*	*			*				*			
（流）	*	*	*			*				*			
咸	an	an	*	an		*	an				*		
山	an	an	uan；an	*		uan；an	an；uan	ien	ien	*	ɣan	ɣan	ɣan
宕	*	*	uaŋ；aŋ			uaŋ；aŋ	aŋ；uaŋ	ien	ien	*	ɣan	ɣan	uan

（合）

攝列＼聲母	合 三四 見系	日母	知章組	莊組	精組	泥組	幫系	合 二 見系	莊組	幫系	合 一 見系	端系	幫系
臻(深)	(2)nei?ɦ	ne	ne	ne	ne	ne	n	n			n	ne	n
臻	ɦ	*	h	*	*	i	n	e	*	*	n	ne	n
曾	ɦ	*	*	*	i	i	n	ue;e	*	*	ue;e	*	*
梗	əɦ	əɦ	əɦ	*	ie	ie	o	o	a	*	o	o	o
通	ɦ	ɦo	ɦo	ɦo	ɦo	ɦo	ɦo				ɦo	ɦo	ɦo
咸入							a	ua;a	a	*	o	o	o
山入	ɦoi·ɦo	ɦo	ɦo	*	ɦo	ɦo	a;ua						
宕入(深入)	ɦoi·uɦ	uɦ	uɦ	*	ui	ue	uen;ue	ɦoi;ue	*	*	ue;uen	ue	ue
臻入	əɦ	əɦ	əɦ	*	ie	ie	o				ɦo	ɦo	ɦo
曾入	h	*	h	*	*	i	n	e	*	*	n	ne	n
梗入	h	*	*	*	*	i	n	ue;e	*	*	ue;e	*	*
通入	nei?ɦ	ne	ne	ne	ne	ne	n				n	ne	n

3. 聲調

古類＼今類 影響條件	今值	陰平	陽平	上	陰去	陽去	入
平	清	˧					
平	濁		˨				
上	清			˥			
上	次濁			˥			
上	全濁					˩	
去	清				˦		
去	濁					˩	
入	清						˧˩
入	次濁						˧˩
入	全濁		˨				˧˩

附注：

聲母：——

(1)止合讀tʂʻ，其他tsʻ。

(2)止合讀ʂ，其他s。

(3)莊組外轉山咸舒聲讀ts等，其他讀tʂ等。

(4)今o，oŋ韵讀x，其他f。

(5)通入讀ɕ，其他ʂ。

(6)宕入○，其他ŋ，i不定。

(7)舒聲z̩，入聲i。

韵母：——

(1)曉組無介音u，其他有。本系聲母下有開合之分者同。

(2)見組ʮ，曉影兩組iəu。

附 40b(蔡店)與 40a(三里城)的異點

1. 聲母

(1)精組細音 40a 讀 tɕ 等，但 40b 讀 ts 等(不顎化)。

(2)泥疑兩母三四等開口音 40a 讀 i-，但 40b 讀 n̩。因此 40b 的聲母系統中，ɕ組就多一個 n̩母。

2. 韵母

40b 的韵母系統與 40a 同，但音值有三點顯著的不同。

(1)o韵 40b 比 40a 讀得關。

(2)e韵 40b 讀得開到 æ。

(3)ɚ韵 40b 讀得不偏前。

3. 聲调

(1)40b 沒有陽去調，40a 讀陽去的他都歸入陰平。

(2)各調的值多不一樣，茲列出如下：

	陰平	陽平	上	陰去	陽去	入
40a	˧ 33	˥˨ 42	˥˧ 53	˧˥ 35	˥ 55	˧˩˧ 313
40b	˦ 44	˩ 11	˥˧ 53	˦˨˦ 424(去)		˧˩˧ 313

E. 同音字表

今調	陰平ㄐ{ㄐ}(1)	陽平ㄟ{ㄩ}	上ㄟ	陰去ㄐ{ㄐ}	陽去(2)ㄱ	入ㄐ
今韵	ï;ɚ(○後)					
廣韵	祭‖脂;支;之‖緝‖質‖職‖昔(均開口)					
t tʻ n						
ts			子		自;字	
tsʻ			此	次;刺,賜心		
s	師;思;斯		死;使	四;伺	似,士、事	
tʂ	之;知,支‖隻入		紙	致,至;痔、植值澄,志;翅審‖殖禪入		執‖姪,質‖直,職‖擲
tʂʻ ʂ	{示;市};施‖{食入‖石入}	遲時‖十	耻,矢;始	滯澄,世‖示牀‖試,市禪‖式飾入	是	秩澄‖勅赤尺,實,失‖食蝕,識‖石
ʐ						
tɕ tɕʻ {ȵ} ɕ						
○		而	爾		貳	日

(1)禮山蔡店音跟三里城多不同,此表以三里城音爲主,凡蔡店獨有的音以{}爲記。

(2)三里城分陰陽去,蔡店没有陽去,陽去歸陰平。陽去欄内的字除少數特別讀法另列外(如'婦'字陽去,蔡店不讀陰平,而讀去聲),依蔡店讀都應當移入陰平欄;"陰去"自然也要改稱"去聲"。

今調	陰平ㄱ{ㄱ}	陽平ㄥ{ㄴ}	上ㄱ	陰去ㄱ{ㄱ}	陽去ㄱ	入ㄴ
今韵	i					
廣韵	魚;虞‖灰;泰;祭;齊‖脂;支;之;微;緝;質;迄;術‖職;昔;陌三;錫					
p	〔背幫去〕		比;彼	背;貝‖臂	倍;敝‖備;被	必筆‖逼‖碧;壁
p'	披	陂	鄙幫,丕平	〔臂幫〕		匹,弼並‖僻,闢並
m		梅‖靡上	米		秘泌幫	
f						
t			底	帝;對;兑	第‖地	的,笛
t'		題提堤	體			
n		梨;離	屢去‖禮‖履;你,李里理裏		例;内‖類‖累	立‖栗;律‖力‖歷
〔ts〕	〔聚‖罪〕			〔祭;最‖醉〕		〔集〕
〔ts'〕						〔戚〕
〔s〕	〔序‖西‖遂〕	〔徐‖隨〕		〔歲〕		〔息〕
tɕ	鷄		己;幾	祭;計繼;最‖醉,季見合	聚‖罪‖忌;技妓	緝清,集,急給級,及‖吉‖即‖積;激
tɕ'	妻,棲心‖期羣	齊‖其;奇	起	趣娶‖脆‖器;氣;悴從,粹心		七;乞,迄曉‖戚
〔ɲ〕	〔藝〕	〔泥‖疑;宜〕	〔擬〕			〔逆〕
ɕ	須‖西,溪溪,奚兮匣;攜匣合‖希	徐‖隨	洗‖璽;徙支心	歲‖戲	序‖系‖遂	吸‖息‖惜,席
〇	衣依	夷;疑;宜;移;遺合	擬;已以,矣;椅		藝‖義議	噎屑‖邑‖一,逸‖憶‖亦譯;逆

今調	陰平ㄟ(ㄓ)	陽平ㄟ(ㄥ)	上ㄟ	陰去ㄱ(ㄑ)	陽去ㄱ	入ㄩ
今韵	u					
廣韵	模;虞||尤||没;物||藥||屋;沃					
p p' m f		狐乎胡湖;扶	諸幫,普 / 虎;府,腐	付,附奉||負奉{婦奉}	部、步 / 户;父||婦	不 / 勃並||卜幫,撲,僕曝瀑並木;目 / 縛||忽||福,服伏
k k' ŋ x	孤		古 / 苦	故		骨||酷溪哭;{酷}
○	烏	吾;無	五;武		務||戊侯明	物||屋

今韵	ㄩ					
廣韵	魚;虞||緝||術;物||職||昔||屋三;燭					
t t' n			女			
tʂ tʂ' ʂ	猪,諸 / 樞,區 / 書,虚;殊禪,拘見	除,渠	主 / 暑鼠,許	著;注,句 / 戍	巨;柱,住 / 樹	橘||菊;局 出;屈||曲
○		如,魚,於影,餘余,于;儒,愚	呂來,與;羽		預	入||鬱||域||疫役

今調	陰平˧{ㄱ}	陽平˩˧{ㄩ}	上˧˩	陰去˥˧{ㄨ}	陽去˥	入˩
今韻	a					
廣韻	麻二‖佳;夬‖合;盍;洽;乏‖曷;鎋;黠;月					
p	巴	拔				八
pʻ				怕		
m		麻	馬‖[媽]			
f		華‖滑		化	畫劃;話	法‖髮
t			打庚		大泰	答搭‖達
tʻ	他歌					踏;塔
n	拉入	拿	[哪]		[那]	納;臘‖辣
ts		雜		乍牀		閘‖扎,軋影
tsʻ						
s						{撒};刷
tʂ				{乍牀}		
tʂʻ	差			{詫}		插‖察
ʂ	沙‖{衫咸}					殺
k						
kʻ						
ŋ		[伢]				
x					下	

今調	陰平 ˧˩{ㄱ}	陽平 ˥{ㄴ}	上 ˥	陰去 ˩{ㄴ}	陽去 ˩	入 ˩
今韵	ia					
廣韵	麻三;戈三‖佳‖洽;狎‖鎋(均開口)					
tɕ / tɕ' / ɕ	家加珈‖佳	霞	假		下	甲 / 恰 / 狹‖瞎
○	鴉	牙				鴨

今韵	ua					
廣韵	麻二‖佳‖鎋;點(均合口)					
k / k' / ŋ / x	瓜			掛		刮
○	蛙					〔挖〕

今調	陰平˧{˥}	陽平˦˨{˩}	上˧˩˧	陰去˥˦{˧˨˦}	陽去˥	入˨˦
今韵	o					
廣韵	歌;戈一‖合;盍‖曷;末‖鐸;覺;藥					
p	波,玻滂					剥
p'	坡	婆	剖侯			
m			麽(丨事)			末‖莫
f						
t	多				舵	
t'			妥			脱‖託
n		羅;騾				洛落珞
ts			左	佐	坐座	作;捉
ts'						
s			所魚			
tʂ						桌;着,酌
tʂ'						
ʂ						
ʐ						若
k	歌;鍋		果	個;過		鴿‖割‖各;郭
k'			可	課		闊
ŋ		鵝	我			遏‖鄂,惡;{握}
x	{活入}	何河‖活			禍	合;盍‖喝‖鶴;霍;{縛奉}‖獲麥
○	窩					握‖沃沃

今調	陰平˧˩{˧}	陽平˨˩{˩}	上˥	陰去˧˩{˩}	陽去˨	入˨
今韵	io					
廣韵	覺;藥					
t tʻ n						略
tɕ tɕʻ {ȵ} ɕ		{學}				覺角;爵,嚼;脚 確;雀精,卻 {虐} 學;削
○						虐,藥;約

今調	陰平㇐{㇀}	陽平㇏{㇊}	上㇀	陰去㇐{㇉}	陽去㇘	入㇙
今韵	e					
廣韵	麻三‖葉‖薛‖緝‖櫛‖德;職‖陌二;麥					
p pʻ m f						北‖百伯 泊鐸並‖迫幫,拍 麥 或
t tʻ n						得德 忒,特定 勒
ts tsʻ s						則;側‖澤宅;責 測‖擇澄 澀‖瑟‖色
tʂ tʂʻ ʂ	〔舌入〕	蛇‖舌	扯		社	〔這〕 徹,澈澄 涉‖設
k kʻ ŋ x						格;革 刻 額;厄 黑‖赫

今調	陰平 ㄐ{ㄐ}	陽平 ㄟ{ㄴ}	上 ㄚ	陰去 ㄱ{ㄐ}	陽去 ㄱ	入 ㄩ
今韵	ie					
廣韵	麻三‖葉;業;帖‖薛;月;屑					
p						
p'						撇
m						滅
f						
t	[爹]					
t'						帖‖鐵
n						列;劣
{ts}	{嗟}					{接‖節;絶}
{ts'}						
{s}		{邪}	{寫}		{謝}	{薛}
tç	嗟	{傑}				接揲‖傑;{竭};節,結;絶
tç'		茄				切見‖竭見;切 {聶‖孽}
{ȵ}						
ç	些	邪	寫			脅;協‖薛;歇
○			也野			聶,葉;業‖孽;枭

今調	陰平 ˥{˩}	陽平 ˥{˩}	上 ˥	陰去 ˥{˩}	陽去 ˥	入 ˩
今韵	ue					
廣韵	德(合)					
k kʻ ŋ x						國

今韵	ɥe					
廣韵	戈三;麻三‖薛;月;屑(均合口)					
tʂ tʂʻ ʂ	靴‖{穴入}	穴				綴,拙;掘;決 説
○			惹			熱;閱;月,越曰

今調	陰平ㄐ{ㄱ}	陽平ㄥ{ㄴ}	上ㄚ	陰去ㄱ{ㄨ}	陽去ㄱ
今韵	ai				
廣韵	咍;泰;皆;佳;夬				
p pʻ p m f		埋 懷	買	拜 派	敗
t tʻ n		乃;奶		帶 泰太	待、代 賴
ts tsʻ s		才;柴穿		再 菜;蔡 寨牀	在
tʂ tʂʻ ʂ	齋				
k kʻ ŋ x	該;皆 開 哀	偕見諧;鞋‖還(ǀ有)刪合	改;解 矮	蓋;介界戒,械匣 概見,懈 愛 {蟹匣}	艾 亥;害

今韵			uai		
廣韵			泰;皆;佳;夬(均合口)		
k kʻ ŋ x			塊去	怪 會(ǀ計)見;快	
○	歪曉		舀宵		外

今調	陰平 ┥{┐}	陽平 ╲{˩}	上 ╲	陰去 ┓{╲}	陽去 ┓
今韵	ʮai				
廣韵	脂;支(均合口)				
tʂ					
tʂʻ			揣		
ʂ				帥	

今韵	ei				
廣韵	灰;泰;廢;齊‖脂;支;微(均合口)				
p	{卑};悲;碑				
pʻ				佩並	
m					
f	灰;{惠}‖飛	回‖肥	毀;匪	廢;肺;惠匣;諱;彙喻	會

今調	陰平 ㄧ{ㄱ}	陽平 ㄟ{ㄥ}	上 ㄟ	陰去 ㄧ{ㄨ}	陽去 ㄱ
今韵	uei				
廣韵	祭;齊‖脂;支;微(均合口)				
k kʻ ŋ x	龜;歸			桂	
○	威	惟維;危,爲;微圍	委;尾	畏	衛‖位;爲;未

今韵	ʮei				
廣韵	祭‖脂;支(均合口)				
tʂ tʂʻ ʂ	追,錐	垂		税	瑞睡
○					鋭喻

今調	陰平˥{˥}	陽平˥˩{˩}	上˥	陰去˥{˥}	陽去˥
今韵	au				
廣韵	豪;肴;宵				
p p' m f	包	袍;跑	保		帽;貌‖[冒](無,未)
t t' n		桃 牢	老	到	道 鬧
ts ts' s		草 掃		糙造	
tʂ tʂ' ʂ	昭 超 燒		炒	照 少	趙 紹
ʐ		饒	擾		
k k' ŋ x	高 □□(毀也)	 毫	稿;攪 考 襖 好	 奥	

今調	陰平ㄱ{ㄱ}	陽平ㄥ{ㄴ}	上ㄣ	陰去ㄱ{ㄨ}	陽去ㄱ
今韵	iau				
廣韵	肴;宵;蕭				
p p' m f	貓明平		表		
t t' n		條 燎;聊	了		
{ts} {ts'} {s}	{蕭}				
tɕ tɕ' {ȵ} ɕ	消,囂;蕭	喬 {堯} 肴淆	曉		校効
○	妖	謡;堯		要	

今調	陰平ㄱ{ㄱ}	陽平ㄴ{ㄥ}	上ㄣ	陰去ㄱ{ㄨ}	陽去ㄱ	入ㄣ
今韵			əu			
廣韵			模;魚;虞‖侯;尤‖没‖屋;沃;燭			
p p' m f		謀	某畝 否			
t t' n	都	讀 頭 奴	肚賭‖斗 土	鬥	杜 漏	篤 突‖禿 鹿;陸六
ts ts' s	粗;初	鋤‖愁‖ 族從入	走 楚	做‖奏 素;數	助‖就尤從	卒‖足 ⟨族從⟩;促 肅宿,縮;俗 續
tʂ tʂ' ʂ	周 收	⟨熟⟩	丑 手	獸		竹;燭囑 觸 屬
ẓ		柔				肉;辱
k k' ŋ x	歐	侯	口 偶		後候	

今調	陰平 ㄐ{ㄱ}	陽平 ㄟ{ㄥ}	上 ㄚ	陰去 ㄍ{ㄨ}	陽去 ㄈ	入 ㄩ
今韵	iəu					
廣韵	尤;幽‖屋三;燭					
p p' m f						謬
t t' n	[丟]					
tɕ tɕ' {ȵ} ɕ	究去;糾上 秋 {謬明} 休	囚;求 {牛}	久九		就,舅	畜
○		由猶	紐,有	幼		育;玉,欲

今調	陰平 ˦{˥}	陽平 ˨{˩}	上 ˦	陰去 ˥{˥}	陽去 ˩
今韵	an				
廣韵	覃;談;咸;銜;凡‖寒;山;删;仙;桓;元				
p			板	扮;半	〈扮幫〉,辦
pʻ				盼;判,叛並	
m					慢
f	〈換匣去〉	凡‖桓完丸	緩匣;反	喚	范‖換;飯
t	單;〈端〉		短		旦端;斷
tʻ	貪	談‖團		歎	
n		南;藍‖難	暖		亂
ts	〈棧牀二〉		斬		暫
tsʻ	餐		慘‖剷,産審		
s	三;衫‖山;删;閂			算	
tʂ	沾		展		
tʂʻ		蟬			
ʂ	〈山〉		〈陝〉	扇	
k	干;間		感敢		
kʻ					
ŋ	安			暗	岸
x		含;鹹‖寒		漢	〈陷‖限〉

今調	陰平˧{˥}	陽平˩{˩˥}	上˥	陰去˧{˩˩}	陽去˩
今韵	uan				
廣韵	桓;山;删;元(均合口)				
k	官觀;⟨鰥⟩		管;皖匣	貫;慣	
k'					
ŋ					
x					
○	彎灣	玩去;頑	碗;晚		萬

今韵	ɥan				
廣韵	鹽‖仙;元;先				
tʂ	專				篆,捲
tʂ'		船			
ʂ	宣心合	玄			
○		然;鉛緣;元,圓	染‖軟;阮,遠		院

今調	陰平ㄓ{ㄱ}	陽平ㄥ{ㄴ}	上ㄑ	陰去ㄱ{ㄨ}	陽去ㄱ
今韻	ien				
廣韻	咸;銜;鹽;嚴;添‖山;刪;仙;元;先				
p	邊		貶	變	辨;辯
p‘	偏			徧幫,片	
m					
f					
t			點‖典	店	
t‘	天				
n		廉;連聯			戀
{ts}					
{ts‘}		{全}			
{s}					
tç	間		減‖剪;繭	監‖諫;建,健臺;見	漸‖件
tç‘	謙‖千	{鉗};錢;全 {嚴‖年}			{驗;念‖硯}
{ȵ}					
ç	仙鮮;軒掀;先	銜;嫌‖閑;賢弦	險	憲	陷‖限;現;縣
○	研疑平,煙	嚴‖延;言;年;沿合	眼;演	厭‖晏	驗;念‖硯

今調	陰平 ㄧ{ㄧ}	陽平 ㄟ{ㄥ}	上 ㄧ	陰去 ㄱ{ㄧ}	陽去 ㄱ
今韵	in				
廣韵	侵‖真;欣;諄‖蒸‖庚;耕;清;青				
p	兵		稟	並並	
p'		貧‖平;瓶	品		
m		民‖萌	敏憫		命
f					
t	丁				
t'				聽	
n		林‖鄰‖陵‖靈			令
{ts}					
{ts'}					
{s}	〈心‖新〉				
tɕ	侵清,今‖津,巾;斤‖〈精〉;京荆;經		警	晉進;俊	近‖静
tɕ'	欽‖清;輕;傾頃溪合	秦	〈頃溪合〉		
{ɲ}					
ɕ	心‖新‖星腥	尋‖旬‖行;形		信‖性	幸;杏
○	音‖因‖英	銀‖凝‖盈;螢合	引;隱;尹合‖影	印‖應	

今調	陰平┤{┐}	陽平ㄔ{ㄥ}	上ㄏ	陰去┐{ㄟ}	陽去ㄱ
今韵	ən				
廣韵	侵‖痕;臻;真;魂;諄;文‖登;蒸‖庚;耕;清				
p	崩		本		
p'		彭			
m		門			
f	昏;分₁	橫	粉	奮	分₂
t			等	頓	
t'	吞				
n		倫‖能	冷		論
ts	{臻};尊‖增‖爭				
ts'	{撑}	存			
s	森‖生				
tʂ	徵‖貞,偵徹			政正	陣‖鄭
tʂ'		沉‖陳,臣‖成誠		趁	
ʂ	深‖身申	晨‖繩	審		盛
ʐ	{閏合}	壬‖人‖仍	忍		認
k	跟‖更₁			{亙}‖更₂	
k'	坑		肯		
ŋ	恩				
x	亨	恒	很匣		

今調	陰平⊣〈˥〉	陽平⟍〈˩〉	上⟍	陰去˥〈˥〉	陽去˥
今韵	uən				
廣韵	魂;文(均合口)				
k kʻ ŋ x	坤			困	
○	温	文聞	穩		問

今韵	ʮən				
廣韵	諄;文‖蒸‖清;庚三;青				
tʂ tʂʻ ʂ	均 椿,春 勳	羣‖瓊 唇純	〈迴匣〉		
○		云雲‖〈仍〉‖榮;螢匣	〈忍〉;允‖永		閏;運;孕開

今調	陰平˧˩{ㄱ}	陽平˥{ㄩ}	上˥	陰去˧{ㄨ}	陽去˥
今韵	aŋ				
廣韵	唐;江;陽				
p	{幫};邦				
p'		旁			
m		忙			
f	荒;方	黃;防房		放	
t	當				蕩
t'		唐堂		{趙}	
n		郎	朗		
ts	椿知				
ts'	倉				
s	桑				
tʂ	張,章		長	帳	
tʂ'	昌			唱	
ʂ	商	常			上尚
ʐ					釀娘,讓
k	綱剛				
k'				{亢}	
ŋ					
x					項、巷

今調	陰平˧˩{ㄐ}	陽平˧{ㄥ}	上˥	陰去˥˧{ㄒ}	陽去˧
今韵	iaŋ				
廣韵	江;陽(均開口)				
t t' n			兩		
tɕ tɕ' {ȵ} ç	江 香鄉	〈詳祥邪〉 〈娘〉 詳祥	講 〈仰〉 響	 像象邪	
○		娘,陽	仰		

今韵	uaŋ				
廣韵	唐;陽(均合口)				
k k' ŋ x	光	狂		曠;況曉	
○	汪	王	往		望,旺

今韵	ʮaŋ				
廣韵	江;陽				
tʂ tʂ' ʂ	莊 〈撞澄上〉,窗	牀	撞澄		

今調	陰平㇀〔┐〕	陽平㇏〔凵〕	上㇏	陰去㇀〔ㇼ〕	陽去┐
今韵	oŋ				
廣韵	登‖庚二;耕‖東;冬;鍾				
p pʻ m f	 風;封	朋 〔萌〕 			 孟‖夢 奉
t tʻ n	東 通 	 同 農;隆;龍	 桶;統去 努模‖攏		洞 怒模‖弄
ts tsʻ s	宗 嵩;鬆;松	 〔崇〕 	總 	 送;宋	 誦
tʂ tʂʻ ʂ	中;鍾鐘 充 		種 寵 	衆 	
ʐ	絨,融;茸				用
k kʻ ŋ x	公功;弓;恭 空 翁 弘‖宏‖紅洪	 恐 			共

今韵	ioŋ				
廣韵	庚三‖東;鍾(均合口)				
tɕ tɕʻ 〔n̠〕 ɕ	 兄‖胸	 窮 雄熊喻			
○	牛尤				

F. 音韵特點

1. 聲母

（1）分ts與tʂ：精組洪音讀ts等，如'增'tsən；章組讀tʂ等，如'身'ʂən。

（2）莊組內轉在止攝合口中讀tʂ等，如'揣'tʂʻʯai；其他全讀ts等，如'師'sï，'助'tsəu。外轉在山咸兩攝舒聲中讀ts等，如'斬'tsan，'山'san；其他讀tʂ等，如'炒'tʂʻau，'察'tʂʻa。

（3）知組梗攝二等韵字歸ts等，如'撐'tsʻən，'澤'tsʻe；其他全歸tʂ等，如'徵'tʂən，'沾'tʂan。

（4）不分尖團，精組細音與見系細音開口混，全讀tɕ等，如'節'＝'結'tɕie。

（5）見系合口細音讀tʂ等，如'玄'ʂʯan，'巨'tʂʻʯ。

（6）通三入見系字，見組讀tʂ等，如'曲'tʂʻʯ，'菊'tʂʯ；曉組讀ɕ，如'畜'ɕiəu。

（7）見系二等開口音在蟹攝與梗攝入聲中顎化，如'介'kai，'厄'ŋe；其他不定，如'講'tɕiaŋ，'巷'xaŋ，'陷'ɕien，xan。

（8）曉匣今合口洪音與非組字混，如'虎'＝'府'fu，'回'＝'肥'fei。

（9）泥母洪音與來混，如'能'＝'倫'nən，細音讀i-與疑母三四等開口音混，如'年'＝'嚴'ien。

（10）疑影兩母開口洪音讀ŋ，如'岸'ŋan，'暗'ŋan。

（11）喻母在通攝舒聲中全讀z，如'融'zoŋ，'用'zoŋ。

2. 開合

（1）端系一等古合口字讀開，如'對'ti，'暖'nan，'存'tsʻən。

（2）精組三四等古合口字讀開，如'徐'ɕi，'歲'ɕi，'醉'tɕi，'劣'nie，'旬'ɕin。

（3）來母三四等古合口字除在遇攝有一部分保持合口外，其他全讀開，如'累'ni，'戀'nien，'律'ni，'六'nəu。

(4)山合莊組字讀開,如'閂'ṣan,'刷'ṣa。

(5)通入知系字讀開,如'辱'zəu,'竹'tṣəu。

3. 韵母

(1)模韵端系與魚虞兩韵的莊組字讀əu,與流攝字同韵,如'杜'təu,'路'nəu,'楚'tsʻəu。(入聲没,屋,沃,燭諸韵的端系莊組字同。)

(2)魚虞兩韵的知見系元音同,如'柱'tṣʅ,'句'tṣʅ,'如'ʅ,'餘'ʅ。(入聲術韵同)。

(3)蟹攝一三等合口的幫組端系與止攝合口的端系字全讀i,如'兑'ti,'歲'çi,'類'ni。

(4)山咸兩攝舒聲的主要元音在介音i後讀e,如'限'çien,'貶'pien。

(5)深臻曾梗舒聲全收n尾,如'沉'tṣʻən,'臣'tṣʻən,'徵'tṣən,'誠'tṣʻən。

(6)通三入見系字,見組讀ʅ,如'局'tṣʅ,'玉'ʅ;曉影兩組讀iəu,如'畜'çiəu,'欲'iəu。

4. 聲調

(1)分陰陽去,如'在'tsai² ≠'再'tsai˥,'著'tṣʅ² ≠'住'tṣʅ˥。

(2)入聲獨立,但全濁一部分歸陽平,如'十'='時'꜀ṣï。

G. 會話

40 b： xo˩ tçin˥ uən˩!
　　　何　俊　文！

40 a： mo˥ sï˩ a˥?
　　　廐　事　阿?

　 b： ni˥ ṣï˩ ni˥ ṣan˧ çien˧ zən˩ pa˥?
　　　你　是　禮　山　縣　人　吧?

　 a： ŋo˥ ṣï˩ ni˥ ṣan˧ çien˧ zəu˥。
　　　我　是　禮　山　縣　人。

　 b： ni˥ ṣï˩ ni˥ ṣan˧ na˥ i˥ çiaŋ˧ a˥?
　　　你　是　禮　山　哪　一　鄉　阿?

a：ŋoˇ şïˈ niˇ şan˧ peˇ çiaŋ˧。
我　是　禮山　北　鄉。

b：niˇ tçiau˩ moˇ sï˧ uan˧ tsïˈ tʂʅˇ tiˈ。
你　叫　麼　事　灣　子　住　的。

a：ŋoˇ tʂʅ˥ tiˈ san˧ niˇ tʂʅ˥ xoˇ tçia˧ uan˧。
我　住　的　三　里　渠　何　家　灣。

b：niˇ na˧ kʻuaiˇ ti˧ xai˩ tʻai˩ pʻin˩ paˈ?
你　那　塊　地　還　太　平　吧?

a：puˇ tʻai˧ pʻin˩ aˈ，in˧ ueiˇ tʻuˇ feiˇ xənˇ to˧。əʟ tʂeˇ iˇ
不　太　平　阿，因　爲　土　匪　很　多。呃　這　一

kʻuaiˇ xənˇ puˇ tʻai˧ pʻin˩。
塊　很　不　太　平。

b：oʟ，niˇ tai˩ na˧ niˈ tʂʅ˥ çio˥ tʻaŋ˩ aˈ?
哦，你　待　哪　裏　住　學　堂　阿?

a：ŋoˇ tai˧ tʂoŋ˧ xua˩ ta˥ çioˇ，tai˧ uˇ tʂʻaŋ˧ tʂoŋ˧ xuaˇ ta˥
我　待　中　華　大　學，待　武　昌　中　華　大

çioˇ。
學。

b：oʟ，tʂʅ˧ tiˈ naˇ iˇ nien˩ tçiˇ?
哦，住　的　哪　一　年　級?

a：ŋoˇ tʂʅ˥ tiˈ kau˧ tʂoŋ˧ san˧ çia˧。
我　住　的　高　中　三　下。

b：əʟ，niˇ，tʂʻʮən˧ tçiaˇ niˇ uan˩ teˈ xauˇ paˈ?
呃，你，春　假　你　玩　得　好　吧?

a：ŋoˇ tʂʻʮən˧ tçiaˇ uanˇ niauˇ iˇ xueiˇ tiˈ，puˇ ko˥ sïˈ tau˩
我　春　假　玩　了　一　回　的，不　過　是　到

tʂeˇ iˇ tʂoŋˇ，noˇ tçia˧ şan˧ aˈ，xoŋˇ şan˧ aˈ，tçʻiˇ uanˇ
這　一　種，珞　珈　山　阿，洪　山　阿，去　玩

niau˩ i˩ tʰaŋ˩·。
了　一　趟。

b: o˩, ni˩ ɕien˥ tsai˥ xai˩ ʂi˩ tɕi˩ səu˩ ʂaŋ˥ kʰo˧?
哦，你　現　在　還　是　繼　續　上　課?

a: tɕi˥ səu˩ tsai˥ ʂaŋ˥ kʰo˧。
繼　續　在　上　課。

b: ɣe˩ kʰau˩ kʰau˩ no˩· pa˩·?
月　考　考　了　吧?

a: ɣe˩ kʰau˩ i˩ tɕin˥ kʰau˩ ko˧。
月　考　已　經　考　過。

b: ni˩ faŋ˥ ʂʅ˩ tɕia˩ xuei˩ pu˩ xuei˩ tɕia˥ a˩·?
你　放　暑　假　回　不　回　家　阿?

a: ŋo˩ faŋ˥ ʂʅ˩ tɕia˩ xuei˩ tɕia˥·。pu˩ ko˧ ŋo˩ pu˩ nən˩ xuei˩
我　放　暑　假　回　家。不　過　我　不　能　回

tau˥ ŋo˩ mən˩· ni˩ ʂan˥，ŋo˩ mən˩· ni˩ ʂan˥ a˩·，tʰou˩ fei˩
到　我　們　禮　山，我　們　禮　山　阿，土　匪

xən˩ to˥·。ŋo˩ mən˩· ɕien˥ tsai˥ tsai˥ uai˩ tʰou˩ i˩ tɕin˥ tɕi˩
很　多。我　們　現　在　在　外　頭　已　經　寄

səu˩ iəu˩ nəu˩ tɕʰi˩ ien˩ niau˩·。ŋo˩ tɕi˩ səu˩ ti˩· ti˩ tien˩
宿　有　六　七　年　了。我　寄　宿　的　地　點

ni˩·，tsəu˥ ʂi˩ tɕi˩ koŋ˥ ʂan˥，ŋo˩ ʅ˩ pi˥ mə˩，ʂʅ˩ tɕia˩
呢，就　是　雞　公　山，我　預　備　嚘，暑　假

tau˥ tɕi˥ koŋ˥ ʂan˥ tɕʰi˩ uan˩ uan˩·。
到　雞　公　山　去　玩　玩。

b: na˥ xən˩ xau˩。ʂɣe˩ ŋo˩ mən˩· ni˩ ʂan˥ ɕien˥ a˩·，na˥ ko˩·
那　很　好。説　我　們　禮　山　縣　阿，那　個

tɕi˥ koŋ˥ ʂan˥ iəu˩ i˩ pu˩ fən˥ ʂi˩ ʂəu˩ ni˩ ʂan˥ ɕien˥
雞　公　山　有　一　部　分　是　屬　禮　山　縣

paˡ˙?
吧?

a：ʂi˥ tiˡ˙。tɕi˧ koŋ˧ ʂan˧ ʂi˥ xoˇ nanˇ xuˇ peˇ ta˧ tɕiai˥ tiˡ˙ ti˧
是 的。雞 公 山 是 河 南 湖 北 搭 界 的 地

tienˇ。t'a˧ tʂeˇ koˡ˙ ti˧ tienˇ iəuˇ kuei˧ san˧ ɕien˥ kuanˇ，
點。他 這 個 地 點 又 歸 三 縣 管，

tɕiəu˧ ʂi˥ ɕienˇ tsai˥ tiˡ˙ niˇ ʂan˧，tɕiˇ xoˇ nanˇ tiˡ˙ ɕin˧
就 是 現 在 的 禮 山，及 河 南 的 信

iaŋˇ，xaiˇ iəuˇ ŋoˇ mənˡ˙ xuˇ peˇ tiˡ˙ in˧ ʂan˧，tʂeˇ san˧
陽，還 有 我 們 湖 北 的 應 山，這 三

ɕien˥ kuanˇ。
縣 管。

b：uei˧ ʂənˇ moˡ˙ tʂən˧ tsan˧ niˇ iˊ koˡ˙ ɕin˧ ɕien˧ tɕiau˧ niˇ
爲 什 麼 正 暫 立 一 個 新 縣 叫 禮

ʂan˧ aˡ˙?
山 阿?

a：in˧ uei˧ aˡ˙，tʂeˇ koˡ˙ xuˇ peˇ tiˡ˙，k'au˧ ŋoˇ toŋ˧，ŋoˇ peˇ，
因 爲 阿，這 個 湖 北 的，靠 鄂 東，鄂 北，

t'a˧ tʂeˇ koˡ˙ ɕien˧ əɻ˙，ɕiau˧ kan˥ aˡ˙，iˊ tɕi˧ xuaŋˇ p'iˊ aˡ˙，
他 這 個 縣 呃，孝 感 阿，以 及 黃 陂 阿，

xuaŋˇ ŋan˧ aˡ˙，tsai˥ ta˧ xoˇ nanˇ tiˡ˙ noˇ ʂan˧ aˡ˙，xənˇ ta˧
黃 安 阿，再 搭 河 南 的 羅 山 阿，很 大

tiˡ˙ iˊ koˡ˙ ɕien˧ fən˧，tʂeˇ koˡ˙ ɕien˧ tʂ'ənˇ aˡ˙，kuanˇ t'a˧
的 一 個 縣 分，這 個 縣 城 阿，管 他

puˇ tau˧，soˇ iˊ tʂeˇ koˡ˙ t'uˇ fei˧ xənˇ to˧，t'a˧ ɥˊ ʂi˥
不 到，所 以 這 個 土 匪 很 多，他 於 是

xuˇ tsai˥ tʂeˇ k'uaiˇ ti˧ faŋˊ tan˧ ʂi˥ xua˧ tsəu˧ iˊ k'uaiˇ，
乎 在 這 塊 地 方 單 是 劃 做 一 塊，

tan˧ şï˥ xua˧ tʂʻʮ˥ i˥ ko˥˩ ɕin˧ ɕien˥ tʂʻʮ˥ nai˩, ie˩ ʮ˥ pi˥
單　是　劃　出　一　個　新　縣　出　來，也　預　備

xau˩ tɕʻin˧ ɕiaŋ˧。
好　清　鄉。

b：ni˩ tɕia˧ ni˥˩ tai˧, pu˥ xau˩ tsəu˧ xuei˩ nə˥˩?
你　家　裏　待，不　好　就　回　了?

a：e˥, ŋo˩ tɕia˧ ni˥˩ ŋo˩ i˥ tʻiəu˧ niau˥˩ nəu˩ tɕʻi˩ ien˩, tʂʻa˧
誒，我　家　裏　我　已　丟　了　六　七　年，差

pu˥ to˧ pu˥ nən˩ xuei˩ nə˥˩。
不　多　不　能　回　了。

b：ɕien˧ tsai˧ u˥ tɕia˧ kʻo˩ kuei˧ ha˩?
現　在　無　家　可　歸　哈?

a：e˥, ɕien˧ tsai˧ kau˩ tʂʻən˧ u˩ tɕia˧ kʻo˩ kuei˧。
誒，現　在　攬　成　無　家　可　歸。

b：ŋo˩ mən˥˩ tʂʻən˩ tsan˥˩ şï˥ tɕien˧ pu˥ tsau˩ nə˥˩。
我　們　正　暫　時　間　不　早　了。

a：e˥, pu˥ tsau˩ nə˥˩。
誒，不　早　了。

b：ŋo˩ mən˥˩ tɕiəu˧ iəu˩ iau˩ təu˧ tɕi˩ tien˩ tʂoŋ˧ şʮ˥ niau˥˩。
我　們　就　又　要　讀　幾　點　鐘　書　了。

ni˩ xuei˧ tɕʻi˥˩ şaŋ˧ tʻaŋ˧!
你　回　去　上　堂!

a：xau˩。
好。

b：ŋo˩ mən˥˩ tsai˩ tɕien˧ pa˥˩。
我　們　再　見　罷。

四一. 黄陂(祁家灣)

A. 發音人履歷

發音人	41a	41b
年齡	17 歲	16 歲
原籍	黃陂祁家灣	黃陂王家河
職業	學生	學生
教育程度	中學	中學
幼時語言環境	在本鄉讀書	同左
教師方言	本地話	同左
住過的地方	武昌三年	漢口二年
曾否學國語	未	未
能否説別處話	不會	不會

二十五年五月五日吳宗濟記音

B. 聲韵調表

1. 聲母

p 八辦	p' 派旁	m 買名	f 封肺奉
t 到但	t' 體同	n 離南郎	
ts 則爭棧鄭	ts' 草愁炒除		s 三森沙熟
tʂ 篆均	tʂ' 羣船		ʂ 稅玄蟬　ʐ 絨
tɕ 就見	tɕ' 秋鉗	ɲ 業年	ɕ 肴先
k 稿跪	k' 肯狂	ŋ 哀偶	x 好華
○ 二言未云軟認			

2. 韵母

ï 子是尺;ə而日	a 馬納札下	o 剥舵坐課	ɛ 北得蛇刻
i 倍地息	ia 佳匣	io 略虐	iɛ 滅爹接葉
u 步忽	ua 瓜話		uɛ 國
ʮ 拘樹			ʮɛ 決惹

ai 拜代才介	ei 佩兌隨	au 跑老少考	ou 某努手口
		iau 表了孝	iou 紐
uai 怪	uei 桂畏		
ʮai 帥	ʮei 垂税		

an 半斬敢岸		ən 本等沉更	
	ien 貶天晏		in 貧丁今應
uan 官晚		uən 坤橫	
ʮan 卷		ʮən 羣永	

aŋ 旁蕩常巷	oŋ 朋洞總共

iaŋ 兩想　　　　　ioŋ 兄窮

uaŋ 曠

ɥaŋ 牀

3. 聲調

陰平	陽平	上	陰去	陽去	入
˥	˩˥	˩˩	˥˩	˧	˩˥
知	平舌	比五	蓋	柱共用	急局納

C. 聲韵調描寫

1. 聲母

上表二十三個聲母是按音位定的，以下分組述其音值。

p組p，pʻ，m，f。p比北平音的p(ḇ)略强。

t組t，tʻ，n。n是個變值音位，讀n或l不定。

ts組ts，tsʻ，s。讀法與國音同。

tʂ組tʂ，tʂʻ，ʂ，ʐ。tʂ，tʂʻ，ʂ三者都是帶圓唇性的舌尖後音，後面總有個ʮ跟着。ʐ相反的，只跟開口韵配。

tɕ組tɕ，tɕʻ，ɲ，ɕ。部位平均。

k組k，kʻ，ŋ，x。x在合口韵前偶有變成f的。

〇包括ʔ及o，ə，i，u，ʮ等元音。ʔ只偶爾在o韵前出現。

2. 韵母

ï只有舌尖前音ɿ一值。ə部位略偏後。

i近於標準元音i；只在無聲母時，讀得更關一點，成爲ji。

u比標準元音u略開。

ʮ是圓唇的捲舌元音。在黃陂，他沒開唇的對偶。

a，ia，ua。a是後ɑ。

o，io。o是較開的，在k組聲母後更顯著。

ε及uε，ʮɛ的ε實際不是個單元音，因爲到讀音的末了，舌頭總是降低一些，又加了æ的音彩，這音就像複元音εæ了。iε的ε因受i的影響稍關一點。

ai的起頭很關，很像æ。uai，ʮai的ai同。

ei的起頭是偏央的e。在uei跟ʮei中，e更變得短而不大清楚了。

au起於後ɑ，止於開u的部位。在iau中ɑ又略靠前，大概到平均ᴀ的樣子。

ou的起首開到ɔ的樣子，收尾的u開而唇不甚圓。iou的ou同。

an的a是平均ᴀ，在k組聲母後，又要靠後些。uan及ʮan的a全不很靠後。

ien的e很像標準元音的e。

ən的讀法通常，在uən跟ʮən中ə是特別短的。

in的i在p，t兩組聲母後讀得開些，在tɕ組後讀得關一點。

aŋ的a是後ɑ。iaŋ，uaŋ，ʮaŋ的a均同。

oŋ的o關而唇圓，在k組聲母後，簡直就讀成ʊ。ioŋ的o同。

3. 聲調

陰平由"半低"升至"中"（23），有時由"中"降至"半低"再升至"中"（323），寬式用中平調號（˧33）。

陽平由"半低"降至"低"再升至"半低"（212），寬式用低降升調號（˩313）。除去讀單字的時候，不管在別的字前或後，陽平總是變成低平的（˩11）。

上聲是中降調（˦42）。

陰去由"半高"升至"高"，寬式用高升調號（˧35）。

陽去是半高平調（˦44）。

入聲由"半低"降至"低"再升至"半高"，寬式用中升調號（˧24）。

D. 與古音比較

1. 聲母

古母今讀 發音方法及影響條件 / 古聲組及影響條件	全清塞	次清塞	全濁塞 (平)	全濁塞 (仄)	次濁	清擦	濁擦 (平)	濁擦 (仄)
幫組 組	幫:p	滂:p'	並:p'	並:p	明:m			
非組					微:u	非敷}f	奉:f	
端組泥 一二等(洪)	端:t	透:t'	定:t'	定:t	泥{n / n. 來:n			
端組泥 三四等(細)								
精組 洪	ts	ts'	ts'	ts		s	?	s
精組 細	tɕ	tɕ'	tɕ'	tɕ		ɕ	tɕ',ɕ	ɕ
莊組 今開	ts (莊照二)	ts' (初穿二)	ts' (崇牀二)	ts;s (崇牀二)		s (生審二)		
莊組 今合	tʂ	tʂ'	tʂ'	tʂ		ʂ		
知組 梗二等韻 今開 其他	ts (知)	ts' (徹)	ts' (澄)	ts (澄)				
知組 今合	tʂ	tʂ'	tʂ'	tʂ				
章組 開	ts (章照三)	ts' (昌穿三)	ts',s (船牀三)	s (船牀三)		s (書審三)	ts',s (禪)	s (禪)
章組 合	tʂ	tʂ'	tʂ',ʂ	ʂ		ʂ	tʂ',ʂ	ʂ

古聲母及影響條件	古母分讀（今讀開／合·條件）	全清塞	次清塞	全濁塞·平	全濁塞·反	次濁	清擦	濁擦·平	濁擦·反
日母	止（附質）					z̩			
日	其他					ʐ			
日	（○）					○			
見組曉（見 / 溪 / 羣 / 疑 / 曉 / 匣）	開 一等	k	kʻ			ŋ	x		x
	開 二等	k, tɕ	kʻ, tɕʻ	tɕʻ	tɕ	ŋ, i	x, ɕ		x, ɕ
	開 三四等	tɕ	tɕʻ	*	*	n̢	ɕ		ɕ
	合 一二等	k	kʻ	kʻ	k	u; ○	x		x
	合 蟹止若三四等	k	kʻ	tɕʻ	k	u	x		x
	通舒					ʔ	x		*
	其他	tʂ	tʂʻ	tʂʻ	tʂ	ʅ	ɕ		ɕ
古母		見	溪	羣	羣	疑 / 日	曉	匣	匣
影組（影 / 喻）	開 一等	ŋ				喻：i			
	開 二等	ŋ, i; ○ [1]				*			
	開 三四等	i				u			
	合 一二等	u; ○				i; z̩ [2]			
	合 蟹止若三四等	u				ʅ			
	合 通	i							
	合 其他	ʅ							
古母		影				喻			

2. 韵母

第 一 表

開

攝 \ 等·聲母	一 帮系	一 端系	一 见系	二 帮系	二 泥組	二 知組庄	二 见系	三四 帮系	三四 端系	三四 庄組	三四 知章	三四 日母	三四 见系
果	*	o	o	a	a	a	a,ia	*	iɛ	*	ɛ	ʮɛ	iɛ
（遇）										*			
蟹	*	ai	ai	ai	ai	ai	ai,ia	i	i	*	ï	*	i
止		*				*		i,ei	i;ï	ï	ï	e	i
效	au	au	au	au	au	au	au,iau	iau	iau	*	au	au	iau
流	ou	ou	ou			*		ou,u	iou	ou	ou	ou	iou
咸	*	an	an	an	*	an	an,ien	ien	ien	*	an	ʮan,an	ien
山	*	an	an	aŋ	*	an	an,ien	ien	ien	*	an	ʮan,an	ien
宕	aŋ	aŋ	aŋ	aŋ	*	ʮan	aŋ,iaŋ	*	iaŋ	ʮan	aŋ	ʮaŋ	iaŋ

攝\列 (呼: 開)	三四 見系	三四 日母	三四 知章組	三四 莊組	三四 端系	三四 幫系	二 見系	二 知組莊	二 泥組	二 幫系	一 見系	一 端系	一 幫系
深	in	uẽ,	ue	ue	in	in		*				*	
臻	in	ue·uẽ,	ue	ue	in	in		*			ue	ue	*
曾	in	uẽ,	ue	*	in	in		*			ue	ue	io·ue
梗	in	uẽ,	ue	*	in	in	in·ue	ue	ue	io·ue		*	
(通)	*		*	*			*	*	*			*	
咸入	iɛ	*	ɜ	*	iɛ	*	a、ia	a		*	o	a	*
山入	iɛ	ɤ	ɜ	*	iɛ	iɛ	ia	a	*	a	o	a	*
宕入	io	o	o	*	io	*	o、io	o	*	o	o	o	o
深入	i	ʮ	ːi	ɜ	i	*		*				*	
臻入	i	e	ːi	ɜ	i	i		*			ɜ	ɜ	ɜ
曾入	i	*	ːi	ɜ	i	i		*			ɜ	ɜ	
梗入	i	*	ːi	*	i	i	ɜ	ɜ		ɜ			
(通入)	ɛ	*	*	*		*		ɜ				*	

第 二 表

攝	一 幫系	一 端系	一 見系	二 幫系	二 莊組	二 見系	三四 幫系	三四 泥組	三四 精組	三四 莊組	三四 知章組	三四 日母	三四 見系
	合												
果	o	o	o	*	*	ua			*	ne	ㄟ	ㄟ	ʅ
遇	u	no	u	*	*	*	n	i,ʅ,ɿ	i	ne	ㄟ	ㄟ	ㄟ
蟹	i	i	uei,uai	*	*	uai,ua	ei	*	i	*	yɐi	*	uei
止	*	*	uei,uai	*	*	*	i,ei;uei	i	i	uai	yɐi	*	uei
(效)	*	*			*	*		*	*	*		*	
(流)	*	*			*	*				*			
咸	an	an	uan	*	yɐn	uan	an	i	*	*	*	*	
山	an	an	uan	*	yɐn	uan	an;uan	ien	ien	*	yɐn	yɐn	yɐn
宕	*		uaŋ	*	*	uaŋ	aŋ;uaŋ			*		yɐn	uaŋ

攝＼別	幫系（開一）	端系（開一）	見系（一）	幫系（合二）	莊組（二）	見系（合二）	幫系（合三四）	泥組	精組	莊組	知章組	日母	見系
（深）	*	*		*	*		uen;ue	ue	un	*	ueʔ	ueʔ	ɕyoi;ioŋ(2)
臻	ue	ue	uen	*	*	ɕɔiʔ·ueʔ							ui
曾		*	ɕɔŋ		*					*			
梗	ɕɔŋ	ɕɔŋ	ɕɔŋ	ɕɔŋ	*	ɕɔiʔ·uen	ɕɔŋ	ɕɔŋ	ɕɔŋ	ɕɔŋ	ɕɔŋ	ɕɔŋ	ɕɔi·ioŋ
通	ɕɔŋ	*	ɕɔŋ				ɕɔŋ	ɕɔŋ	ɕɔŋ	ɕɔŋ	ɕɔŋ	ɕɔŋ	ɕɔi·ioŋ
咸入	o	o	o	*	*	a	a;ua	iɛ	iɛ	*	ʒh	ʒh	ʒh
山入	o	o	o	*	a	ua	o	iɛ	iɛ	*	*	*	h
宕入	*	*	n	*	*	an	o	n	i	i	h	h	h
（深入）	n	*	ən	*	*	*	n	u	*	*	*	*	h
臻入	u	nou	ən	un	*	ən	u	nou	i	*	h	*	h
曾入	*	*	*	*	*	*			*	*	*	*	h
梗入	n	*		*	*	*		i	ɕɔ	ɕɔ	ɕɔ	ɕɔ	nou
通入	u;ioŋ(1)	nou	n	u	*	u;ioŋ(1)	nou	nou	nou	nou	nou	nou	nou

3. 聲調

今值 今類 古類 影響條件		陰 平	陽 平	上	陰 去	陽 去	入
平	清	˧					
	濁		˩				
上	清			˩			
	次 濁			˩			
	全 濁					˧	
去	清				˦		
	濁					˧	
入	清						˦
	次 濁						˦
	全 濁		˩				˦

附注：

聲母：—

(1)宕入無聲母〇，其他ŋ，i不定。

(2)舒聲陽平調z̩，其他i。

韵母：—

(1)明母oŋ，其他u。

(2)見組ʯ，曉影兩組iou。

E. 同音字表

今调	陰平˧	陽平˩	上˥	陰去˥	陽去˧	入˥
今韵	ï;ə(〇後)					
廣韵	祭‖脂;之;支‖缉‖質‖職‖昔(均開口)					
p pʻ m f						
t tʻ n						
ts	知	直值植,殖禪	子;紙	致,至;志;翅審	自;字,痔	執‖姪,質‖職‖擲
tsʻ		遲	耻;此	滯澄‖次;伺心;刺,賜心		秩澄‖勅,赤尺
s	師;思;斯,施	時‖十‖石	死,矢使,始	世‖四,示床;試;市禪‖式飾入	似,士、事;是‖食蝕入	實,失‖識
tʂ tʂʻ ʂ						
ʐ						
tɕ tɕʻ ɕ						
k kʻ ŋ x						
〇		而	爾		貳二	日

今調	陰平 ⌐	陽平 ⌐	上 ⌐	陰去 ⌐	陽去 ⌐	入 ⌐
今韵	i					
廣韵	魚;虞‖祭;齊;灰;泰‖脂;之;支;微‖緝‖質;迄;術‖職;昔;陌三;錫					
p			比;彼	背;貝‖秘;泌	倍、佩;敝‖備₁	必筆畢‖逼‖碧
pʻ	披		鄙幫,丕平幫	臂幫		匹,弼並‖僻,闢並
m		梅‖靡上	米			
f						
t		笛 堤提‖	底 體	帝;對;兌定	第,隸來‖地	的
tʻ		禿₂屋透 梨;離	屢去‖禮‖履;你泥,李里裏理		例;內‖類;累	立‖栗;律‖力‖歷
n						
tɕ			己;幾	祭;計繼‖紀上,寄;醉,粹心,季合	聚‖罪‖忌;妓技	緝清,楫,集,急級,吸曉‖吉‖即,極‖積‖激
tɕʻ	溪‖期羣	齊‖其;奇 疑;宜	取‖起 擬	娶‖脆;器;氣;悴從	藝‖議義	七‖戚 逆
ȵ						
ɕ	須‖西;奚兮匣;攜匣合‖希	徐‖隨‖席	洗‖喜;璽徙支心	歲‖戲	序‖系;遂	習,泣溪‖恤戌‖息‖惜
○	衣依	夷;移;遺合	以已,矣;椅	意‖憶入		噎屑‖邑‖一,逸‖亦譯;益

今調	陰平ㄧ	陽平ㄥ	上ㄟ	陰去ㄱ	陽去ㄱ	入ㄟ
今韵	u					
廣韵	模;虞‖尤‖没;物‖屋;沃					
p					步	不
p'			譜幫,普			勃並‖卜幫,撲,僕瀑曝並
m						
f		扶	府,腐奉	付,附奉‖婦負奉		福,服
k	孤		古	故		骨‖酷溪
k'						哭
ŋ						
x		狐乎	虎		户	忽
○	烏	吾;無	五午;武		務‖戊候明	物‖屋

今韵	ㄩ					
廣韵	魚;虞‖緝‖術;物‖職‖昔;屋三;燭					
tʂ	猪,諸;拘		主	著;注,句	巨;柱	橘‖菊;局
tʂ'	樞,區	除				出;屈‖曲
ʂ	書,虚;殊禪		鼠暑,許		樹	術
○		如,魚,於影,餘余;儒,愚	女泥,吕來,與;羽		預;遇‖玉入	入‖鬱‖域‖疫役

今調	陰平	陽平	上	陰去	陽去	入
今韵	a					
廣韵	麻二‖合;盍;洽;押;乏‖曷;鎋;黠;月					
p	巴	拔	把			八
p'				怕		
m	[媽]	麻	馬			
f						法‖髮
t			打庚		大泰	答搭‖達
t'	他歌					塔
n	拉入	拿	[哪]		[那]	納;臘‖辣
ts						雜;閘‖札
ts'	差			詫		插‖察
s	沙		撒入‖[啥]			刹穿;殺;刷
k						甲
k'						
ŋ		[伢]				
x					下	

今韵	ia					
廣韵	麻二‖佳‖洽;狎‖鎋;黠（均開口）					
tɕ	家‖佳		假			甲
tɕ'						恰
ȵ						
ɕ		霞			下	狹;匣;挾帖‖瞎
○	鴉	牙				鴨壓‖軋

今調	陰平┤	陽平˩	上˥	陰去˥	陽去┤	入˩
今韵	ua					
廣韵	麻二‖佳;夬‖鎋;黠(均合口)					
k	瓜					刮
k‘				掛見		
ŋ						
x		華‖滑		化	畫;話	
○			瓦			挖

今韵	o					
廣韵	歌;戈一‖合;盍‖曷;末‖鐸;覺;藥					
p	波,玻滂					剥;縛奉
p‘	坡	婆	剖侯			
m			麽(‖事)			末‖莫
f						
t	多				舵	
t‘			妥			脱‖託
n		羅;騾				洛
ts			左佐去		坐座	作;桌,捉;酌
ts‘						
s		所魚				
z̩						若
k	歌		果	個;過		鴿‖割|各;角;郭
k‘	科		可	課		闊
ŋ			我			惡
x		何河‖活			禍	合;盍‖喝‖鶴;霍
○	鍋見,窩	鵝疑				握‖沃沃

今調	陰平 ꜠	陽平 ꜝ	上 ꜞ	陰去 ꜙ	陽去 ꜟ	入 ꜝ
今韵	io					
廣韵	覺;藥					
t tʻ n						略
tɕ tɕʻ n̥ ɕ						嚼,脚 確;雀精,卻 虐 學;削
○						約,藥

今韵	ε					
廣韵	麻三‖葉‖薛‖緝‖櫛‖德;職‖陌二;麥(均開口)					
p pʻ m f		白				北‖百 泊鐸並‖麥
t tʻ n						得德 忒,特定 勒
ts tsʻ s		澤擇;摘知入,責照入 蛇‖舌			社	則;側 徹;澈澄‖測‖宅澄 涉‖設‖澀‖瑟‖色
k kʻ ŋ x						格;革 刻 額;厄 黑‖赫

今調	陰平⊣	陽平⊿	上⌐	陰去⌐	陽去⊣	入⊣
今韵	iɛ					
廣韵	麻三‖葉;業;帖‖薛;月;屑					
p p' m f						撇 滅
t t' n	[爹]					帖‖鐵 列;劣
tɕ tɕ' ɲ ç	嗟 些	傑;絕 茄 邪	 寫		 謝	接;切‖竭;節,結 切 聶;業‖孽 脅;協‖薛;歇
○			也野			葉

今韵	uɛ					
廣韵	德‖麥(均合口)					
k k' ŋ x						國 或‖獲

今調	陰平 ˥	陽平 ˩	上 ˩	陰去 ˥	陽去 ˥	入 ˩
今韵	ɥe					
廣韵	麻三;戈三‖薛三;月;屑(均合口)					
tʂ						綴;拙;掘;決
tʂʻ						缺
ʂ	靴				穴入	説
○			惹			熱;閱;月,越曰

今調	陰平 ˥	陽平 ˩	上 ˩	陰去 ˥	陽去 ˥
今韵	ai				
廣韵	咍;泰;皆;佳;夬(均開口)				
p				拜	敗
pʻ				派	
m		埋	買		
f					
t				帶	待、代
tʻ				泰	
n		來	乃;奶		賴
ts	災;齋				在
tsʻ		才;柴	採	菜;蔡	
s				寨床	
k	該;皆		改;解	蓋;介界戒,械匣	
kʻ	開			概見,愾	
ŋ	哀		矮	愛	
x		偕見,諧;鞋‖還(|有)删合	蟹匣	亥;害	艾

今調	陰平 ˥	陽平 ˧˥	上 ˥	陰去 ˥	陽去 ˥
今韵	uai				
廣韵	泰;皆;佳;夬(均合口)				
k kʻ ŋ x		塊去		怪 會(計)見;快	
○	歪曉				外

今韵	ʮai				
廣韵	脂;支(均合口)				
tʂ tʂʻ ʂ		揣		帥	

今調	陰平 ┤	陽平 ↙	上 ↘	陰去 ┐	陽去 ┐
今韵	ei				
廣韵	廢∥脂;支;微				
p	卑;悲;碑				備₂;被
p'					
m		[没]			
f	飛	肥	匪	廢,肺	
t				兌₂泰	
t'					
n					
ts				最泰	
ts'					
s		隨₂支邪			

今韵	uei				
廣韵	灰;泰;祭;齊∥脂;支;微(均合口)				
k	龜;歸			桂∥貴	
k'					
ŋ					
x	灰	回	毀	惠匣∥諱	會
○	威	惟;危,爲;微,圍	委;尾	畏	衛;位;爲;未,彙

今調	陰平 ˥	陽平 ˩	上 ˥	陰去 ˥	陽去 ˩
今韵	ꭎei				
廣韵	祭‖脂;支(均合口)				
tʂ	追;錐				
tʂ'		垂			
ʂ			水	税	瑞睡
○					鋭喻

今韵	au				
廣韵	豪;肴;宵				
p	包		保		
p'		袍;跑			
m	貓				帽;貌‖[□](無也)
f					
t			倒	到	
t'		桃			
n		牢	老		鬧
ts	朝,招昭			照	趙
ts'	超		草;炒	造糙	
s			掃;少		紹
ʐ		饒			
k	告		稿;攪		
k'			考		
ŋ			襖	奥	
x		毫	好		

今調	陰平˧	陽平˩	上˩	陰去˥	陽去˥
今韵	iau				
廣韵	肴;宵;蕭				
p p' m f		貓	表		謬幽
t t' n		條 燎;聊	了	釣 跳	
tɕ tɕ' ȵ ɕ	消,囂;蕭	喬 堯 肴浠	較去 小;曉	教;叫 巧 孝	校効
○			舀		

今調	陰平˧	陽平˩	上˥	陰去˥	陽去˥	入˧
今韵	ou					
廣韵	模;魚;虞‖侯;尤‖没‖屋;沃;燭					
p						
p'						
m		謀	某畝			
f			否			
t	都	讀	肚賭‖斗	鬥	杜	篤
t'		頭	土			突‖禿
n		奴	努		努,路‖漏	鹿,陸六;綠
ts	周		走	做‖奏	助	卒‖竹;足;燭
ts'	粗;初	鋤‖愁	楚‖丑			族從;促
s	收	熟	手	素;數‖獸		蕭,縮;續俗;屬
ʐ		柔				肉;辱
k				够		
k'			口			
ŋ	歐		偶			
x		侯			後候	

今調	陰平˧	陽平˨˩	上˦	陰去˧	陽去˦	入˧
今韵	iou					
廣韵	尤;幽‖屋三;燭					
t tʻ n	［丟］ 	 流				
tɕ tɕʻ ȵ ɕ	糾上 秋 休	 囚,求 牛 	九 紐 	究 	就,舅 	 畜
○		由猶	有	幼	又	育;欲

今調	陰平 ㄐ	陽平 ㄟ	上 ㄧ	陰去 ㄟ	陽去 ㄟ
今韻	an				
廣韻	覃;談;咸;銜;鹽;凡‖寒;山;刪;仙;桓;元				
p			板版	扮;半	辦
pʻ				盼;叛並	
m					慢
f		凡	反		范‖飯
t	單		短		旦端;斷
tʻ	貪	談		歎	
n		南;藍‖難	暖		亂
ts	沾		斬‖展		暫‖棧
tsʻ	餐	蟬	慘‖剗,產審		
s	三;衫‖山;刪		陝	扇;算	
ẓ		然1			
k	干		感;敢		
kʻ				看	
ŋ	安			暗	岸
x		含;鹹‖寒		漢	

今韻	uan				
廣韻	桓;山;刪;元(均合口)				
k	官觀;鰥			貫;慣	
kʻ			皖匣		
ŋ					
x	歡		緩匣	喚	換
○	彎	玩去,丸匣;頑	碗;晚		萬

今調	陰平 ˧	陽平 ˩˧	上 ˥	陰去 ˥˧	陽去 ˧˩
今韵	ʮan				
廣韵	鹽‖仙;元;先				
tʂ tʂʻ ʂ	專 軒掀開;閂	 船 玄		篆澄	倦卷
○		然₂;原元,園	染‖軟;阮,遠		院

今韵	ien				
廣韵	咸;銜;鹽;嚴;添‖山;删;仙;元;先				
p pʻ m f	編;邊		貶	變 偏幫,片	辨、便;辮
t tʻ n	 天 	 廉‖連聯	點‖典	店 	 練;戀
tɕ tɕʻ ȵ ç	間 謙‖千 仙鮮;先;宣	 鉗‖錢;全 嚴‖年,研 銜;嫌‖閑;賢弦	減‖剪;繭 險‖癬	監‖諫;建,健;見 憲	漸‖件 驗;念‖硯 陷‖限;現縣合
○	煙	延;言疑;沿鉛合	眼;演	厭‖晏	

今調	陰平˥	陽平˩˧	上˥	陰去˥	陽去˥
今韵	ən				
廣韵	侵‖痕;臻;真;魂;諄;文‖登;蒸‖庚;耕;清				
p	崩		本		
p'		彭			
m		門			
f	分		粉	奮	
t			等	頓	
t'	吞				
n		倫‖能	冷		論
ts	今見‖臻;尊‖增;徵‖争;貞,偵徹		［怎］	政正	陣‖鄭
ts'	撑	沉‖陣,臣;存‖成誠		趁	
s	森,深‖身申‖生	晨‖繩	審‖省		盛
ẓ		人			
k	跟‖耕			更	
k'			肯		
ŋ	恩				硬
x	亨	恒	很匣		恨

今韵	uən				
廣韵	魂;文‖庚二(均合口)				
k					
k'	坤				
ŋ					
x	昏	横			
○	温	文聞	穩		問

今調	陰平 ˦	陽平 ˩˧	上 ˥˧	陰去 ˦	陽去 ˧˩
今韵	uən				
廣韵	侵‖真;諄;文‖蒸‖清;庚三;青				
tʂ	均				
tʂʻ	椿,春	羣‖瓊			
ʂ	勳	脣‖純	迴匣		
○		壬‖云雲‖仍‖榮;螢匣	忍;允‖永		認;閏;運‖孕開

今韵	in				
廣韵	侵‖真;欣;諄‖蒸‖庚;耕;清;青				
p	兵		稟	並定	
pʻ		貧‖平;瓶	品		
m		民‖名	敏		
f					命
t	丁		頂		定
tʻ		庭		聽	
n		林‖鄰‖陵‖靈			令
tɕ	侵清,今‖津,巾;斤‖京荊;經			進晉‖勁	近‖靜
tɕʻ	欽‖輕;青;傾合	秦 凝	請;頃合		
n̠					
ɕ	心‖新‖星腥	尋‖旬‖行;形		信‖性姓	杏;幸
○	音‖因‖鶯;英	銀‖盈;營合	隱;尹合	印‖應	

今調	陰平⊣	陽平˩	上˥	陰去˥	陽去˥
今韵	aŋ				
廣韵	唐;江;陽				
p	邦				
pʻ		旁			
m		忙			
f	方	防房		放	
t	當				蕩
tʻ		堂唐			
n		郎	朗		
ts	張			帳	
tsʻ	倉;昌			唱	
s	桑;商	常			上尚
k	剛綱				
kʻ				亢	
ŋ					
x					項、巷

今調	陰平 ˧	陽平 ˨	上 ˩	陰去 ˥	陽去 ˦
今韵	iaŋ				
廣韵	江;陽（均開口）				
t	丁<u>青</u>				
t'					
n			兩		
tɕ	江;將		講		
tɕ'		祥詳			
n̠ʑ		娘	仰		
ɕ	香鄉		想	象像邪	
○		陽			樣

今韵	uaŋ				
廣韵	唐;陽（均合口）				
k	光				
k'		狂		曠;況曉	
ŋ					
x		黃			
○	汪	王	往		望,旺

今調	陰平˧	陽平˨˩	上˥	陰去˦	陽去˧	入˦
今韵	ꭓaŋ					
廣韵	江;陽					
tʂ tʂʻ ʂ	椿;莊 窗	床			撞;狀	
○			釀泥		讓	

今韵	oŋ					
廣韵	登‖庚二;耕‖東;冬;鍾‖屋					
p pʻ m f	風;封	明 萌			孟‖夢 奉	木;目
t tʻ n	東 通	同 農;隆;龍	桶;統去 攏		洞	
ts tsʻ s	中;鍾鐘 充 嵩;淞;鬆	崇	總 寵	衆 送;宋	重 誦	
ʐ		絨,融;茸				
k kʻ ŋ x	公功;弓;恭 空	弘‖宏‖紅洪	恐		共	
○	翁					

今調	陰平 ꜒	陽平 ꜕	上 ꜖	陰去 ꜔	陽去 ꜓	入 ꜒
今韵	ioŋ					
廣韵	庚三‖東；鍾（均合口）					
tɕ tɕʻ ȵ ɕ	 兄‖胸	窮 雄熊喻				
○					用	

F. 音韵特點

1. 聲母

（1）知系（除日母）今開口音全讀ts等，與精組洪音混，如'痔'＝'自'tsï，'柴'＝'才'tsʻai，'獸'＝'素'sou。今合口音則全讀tʂ等，如'書'ʂʮ，'篆'tʂʮan。

（2）不分尖團，精組細音與見系開口細音混，全讀tɕ等，如'消'＝'嚣'ɕiau，'全'＝'鉗'tɕʻien。

（3）見系合口細音讀tʂ等，與知系合口混，如'決'＝'綴'tʂʮɛ。

（4）通三入見組字讀tʂ等，如'曲'tʂʻʮ，'局'tʂʮ；曉組字讀ɕ，如'畜'ɕiou。

（5）見系二等開口字在蟹攝與梗攝入聲中不顎化，如'介'kai；'厄'ŋɛ；其他不定，如'講'tɕiaŋ，'巷'xaŋ，'下'ɕia，xa。

（6）泥母洪音與來混，如'納'＝'辣'na；但細音不混，如'聶'ȵiɛ≠'列'niɛ。

（7）疑影兩母開口洪音全讀ŋ，如'艾'ŋai，'哀'ŋai，'額'＝'厄'ŋɛ。

（8）疑母三四等開口讀ȵ，與泥混，如'嚴'＝'年'ȵien。

2. 開合

（1）端系一等古合口字全讀開，如'杜'tou，'罪'tɕi，'暖'nan。

(2)精組三四等古合口字全讀開,如'序'ɕi,'隨'ɕi,'全'tɕ'ien,'旬'ɕin。

(3)來母三四等古合口字除在遇攝有一部分保持合口外,全讀開,如'累'ni,'戀'nien,'劣'nie,'倫'nən。

(4)山入莊組字合讀開,如'刷'sa。

(5)通入知系字讀開,如'囑'tsou,'肉'z̦ou。

3. 韵母

(1)模韵端系與魚虞兩韵的莊組字讀ou,與流攝字混,如'路'='漏'nou,'楚'='丑'ts'ou。(入聲没,屋,沃,燭的端系莊組字同。)

(2)魚虞兩韵的知見系字混,如'豬'='拘'tʂʅ,'如'='魚'ʯ。(入聲術韵同。)

(3)蟹合一三等的幫組端系字與止合的端系字讀i,如'倍'pi,'梅'mi,'歲'ɕi,'累'ni。

(4)止攝日母字讀ɘ,不捲舌,如'二'ɘ。

(5)山咸兩攝舒聲的主要元音在介音i後讀e,如'減'tɕien,'典'tien。

(6)深臻曾梗舒聲全收n尾,如'森'sən,'生'sən,'鄰'nin,'陵'nin。

(7)通入明母字讀oŋ,如'木'moŋ。

(8)通三入見系字,見組讀ʯ,如'菊'tʂʅ,'玉'ʯ;陵影兩組讀iou,如'畜'ɕiou,'欲'iou。

4. 聲調

(1)分陰陽去,如'著'tʂʅ˭ ≠'柱住'tʂʅ˭。

(2)入聲獨立,但全濁一部分變陽平,如'席'꜕ɕi。

G. 會話

41 a：kuei˦ ɕin˦ aˑ?
　　　貴　姓　阿?

41 b：ɕin˦ tsou˧ n̩˩ nəˑ。
　　　姓　周　n̩˩ nəˑ。(你尊稱)

a：tɕiau˧ sə˩˙ mo˩˙ min˩ tsï˩˙?
　　叫　什　麼　名　字?

b：xoŋ˩ yen˩˥。
　　洪　　元　。

a：ni˩ tɕia˧ ti˧ ɕioŋ˧ tɕi˩ ko˩˙ a˩˙?
　　你　家　弟　兄　幾　個　阿?

b：niaŋ˩ ko˧。
　　兩　個。

a：tau˧ u˩ tsʻaŋ˧ nai˩ nə˩˙ to˧ sau˩ ȵien˩?
　　到　武　昌　來　了　多　少　年?

b：niaŋ˩ ȵien˩, i˩ iou˩。
　　兩　年, 已　有。

a：ɕien˧ tsai˧ tsai˧ tʂʯ˧ na˩ ɕio˩ tʻaŋ˩?
　　現　在　在　住　哪　學　堂?

b：tsoŋ˧ xua˩, fu˧ tsoŋ˧。
　　中　華, 附　中。

a：ni˩ mən˩˙ in˧ uən˩ pən˩ tsï˩˙ tsʻai˩ ioŋ˧ na˩ ko˩˙ pən˩ tsï˩˙?
　　你　們　英　文　本　子　採　用　哪　個　本　子?

b：in˧ uən˩ uən˩ fa˧ xo˧ pien˧。
　　英　文　文　法　合　編　。

a：ni˩ ɕi˩ xuan˧ na˩ mən˩ koŋ˧ kʻo˩ a˩˙?
　　你　喜　歡　哪　門　功　課　阿?

b：ŋo˩ xuan˧ ɕi˩ kuɛ˧ uən˩。
　　我　歡　喜　國　文。

a：ni˩ tɕiou˧ pi˩ ȵie˩ pa˩˙? tɕin˧ ȵien˩ tsï˩˙ kʻau˩ na˩ ko˩˙ ɕio˩
　　你　就　畢　業　吧? 今　年　子　考　哪　個　學

tʻaŋ˩ tɕʻi˩˙?
堂　去?

b：pu˧ i˧ tin˧。
不 一 定。

a：ni˨ tɕia˧ tʻin˨ ɕien˧ tsai˧ tʂʮ˨ xaŋ˧(＜xan˧) kʻou˨ a˩·?
你 家 庭 現 在 住 漢 口 阿?

b：tʂʮ˧ tsai˧ xan˧ kʻou˨。
住 在 漢 口。

a：ŋo˨ ni˨ pai˧ nou˨ ko˧ tɕiaŋ˧ tau˧ ni˨ tɕia˧ uan˧ tɕʻi˩· xau˨
我 禮 拜 六 過 江 到 你 家 玩 去 好

pa˩·?
吧?

b：xau˨, kʻo˨ i˨。ɕien˧ tsai˧ ni˨ na˨ ko˩· ni˨ pai˧ nou˧ kʻo˨ i˨
好, 可 以。現 在 你 哪 個 禮 拜 六 可 以

ko˧ tɕiaŋ˧ tɕʻi˩· a˩·?
過 江 去 阿?

a：tsə˩· ni˨ pai˧ nou˧。
這 禮 拜 六。

b：ko˧ tɕiaŋ˧ kʻoŋ˨ pa˧ ŋo˨ u˧ ni˩· pu˧ xau˨ tsau˧ tai˧, tɕʻin˨
過 江 恐 怕 我 屋 裏 不 好 招 待, 請

ni˨ ɥan˨ niaŋ˧!
你 原 諒!

a：ni˨ mau˧ xuei˨ tɕia˧ ma˩·?
你 冒(＝没有) 回 家 嗎?

b：tsoŋ˨ mei˨ iou˨。ɕien˧ tsai˧ iou˧ niaŋ˨ ȵien˨ nə˩· i˨ tɕin˧
總 没 有。現 在 有 兩 年 了 已 經

tʂʻʮ˧ nai˨ niaŋ˨ ȵien˨ nə˩·。ɕien˧ tsai˧ ɕiaŋ˧ ni˩· in˧ uei˧
出 來 兩 年 了。現 在 鄉 裏 因 爲

tʻou˨ fei˨ nau˧ a˩·, mo˨ ʂuei˨ tsai˧ iɛ˨ man˧ ne˩·, so˨ i˨
土 匪 鬧 阿, 麼 水 災 也 漫 呐, 所 以

ɕiaŋ˦ ni˪ sou˦ tsʻɣn˥ xɣn˥ pu˦ xau˥, tɕiou˦ mei˥ iou˥ xuei˥
鄉　裏　收　成　很　不　好，　就　没　有　回

ɕiaŋ˦ ɕia˦ tɕʻi˪。
鄉　下　去。

a：ɕien˦ tsai˦ tʻin˦ ʂɣɛ˦ ɕiaŋ˦ ɕia˦ xɣn˥ ŋan˦ tɕin˦，tsɣn˥ mo˪
　現　在　聽　説　鄉　下　很　安　静，　怎　麽

iaŋ˦ ni˪？
様　呢？

b：xai˥ tsʻa˦ pu˦ to˦，tʻa˦ mɣn˪ iou˥ sï˥ xou˥ nau˦ nɣ˪ iɛ˥ sï˦
　還　差　不　多，　他　們　有　時　候　鬧　了　也　是

pu˦ ŋan˦ tɕin˦。
不　安　静。

a：ni˥ ɕiaŋ˦ ɕia˦ ɕien˦ tsai˦ sï˥ na˥ ko˪ ɕio˥ tʻaŋ˦ tou˥ a˪？
　你　鄉　下　現　在　是　哪　個　學　堂　讀　阿？

b：ɕien˦ tsai˦ sï˥ tɕiou˥ tsoŋ˦。
　現　在　是　九　中。

a：tɕiou˥ tsoŋ˦，ni˥ ɕien˦ tsai˦ tou˥ ti˪ tɕi˥ ȵien˥ tɕi˪ a˪？
　九　中，　你　現　在　讀　的　幾　年　級　阿？

b：ə˦ ȵien˥ tɕi˪。
　二　年　級。

a：ə˦ ȵien˥ tɕi˪，ni˥ ʯ˥ pei˥ tɕiaŋ˦ nai˥ pi˥ ȵiɛ˥ tou˥ mo˥ sï˥
　二　年　級，　你　預　備　將　來　畢　業　讀　麽　事

ta˦ ɕio˥？
大　學？

b：tou˥ kau˦ tsoŋ˦。
　讀　高　中。

a：tou˥ kau˦ tsoŋ˦ tʻin˥ xau˥ a˪。xan˥ kʻou˥ iou˥ ko˪ sɣn˥ kau˦
　讀　高　中　挺　好　阿。　漢　口　有　個　省　高

t'in˅ xau˅。
挺　好。

b：k'oŋ˅ p'a˧ xən˅ nan˧ a˩·。
　恐　怕　很　難　阿。

a：sən˅ i˧ tsoŋ˧ iɛ˅ k'o˧ i˧ k'au˅ a˩·。
　<u>省　一　中</u>　也　可　以　考　阿。

b：na˧ pu˧ xau˅。
　那　不　好。

a：ni˅ ɕien˧ tsai˧ uaŋ˧ na˅ ni˩· tɕ'i˧ ne˩·?
　你　現　在　望　哪　裏　去　嘞?

b：ŋo˅ ɕien˧ tsai˧ xuei˅ ɕio˅ t'aŋ˅ tɕ'i˩·。
　我　現　在　回　學　堂　去。

a：ɕio˅ t'aŋ˅ ni˩· tɕin˧ tsau˧ iou˧ mau˧　tɛ˩· k'o˧ a˩·?
　學　堂　裏　今　朝　有　冒(=沒有)　得　課　阿?

b：tɕin˧ tsau˧ mau˧ tɛ˩· k'o˩·。
　今　朝　冒　得　課。

a：tɕin˧ tsau˧ faŋ˧ tɕia˅, i˧ nou˧ tɕ'i˧ uan˅ a˩·?
　今　朝　放　假,　一　路　去　玩　阿?

b：xau˅。
　好。

a：tau˧ na˅ ni˩· tɕ'i˩· ni˩·?
　到　哪　裏　去　呢?

b：sei(?)˩ pien˧, tau˧ koŋ˧ ɣan˅ uan˅ xa˩ tsï˩·。
　隨　便,　到　公　園　玩　下　子。

a：xau˅, tsou˅ a˩·。
　好,　走　阿。

四二. 黄安(桃花店)

A. 發音人履歷

發音人	42a	42b
年齡	20 歲	20 歲
原籍	黃安桃花店	黃安中和鎮
教育程度	中學	中學
幼時語言環境	在本鄉讀書	同左
教師方言	本地話和武昌話	同左
住過的地方	武漢七年	漢口八年
曾否學國語	未	同左
能否說別處話	能說漢口話	同左

二十五年五月七日趙元任記音

二人口音不同，今以 42a 爲準。

B. 聲韵調表

1. 聲母

p 保被　　　　pʻ 炮瓶　　　m 馬　　　f 化服

t 帝蕩　　　　tʻ 妥談　　　n 南例來

ts 暫齋爭　　　tsʻ 存柴鋤　　　　　　s 素沙生

tʂ 鄭周專　　　tʂʻ 陳充羣　　　　　　ʂ 身熟　　　ʐ 人融

tɕ 佳就　　　　tɕʻ 喬千　　　ȵ 牛年　ɕ 些幸

k 高跪　　　　kʻ 開狂　　　ŋ 安偶　x 好合

○ 而言碗軟

2. 韵母

ï 思施；ɚ 日　a 把打插詫家化　o 婆妥左酌過　e 北得則蛇厄獲

i 臂帝徐記　ia 家佳　　　　io 略虐　　　　ie 滅爹姐

u 步服哭　ua 瓜掛　　　　　　　　　　ue 國

ʮ 女局　　　　　　　　　　　　　ʮe 靴缺

ai 買乃再諧　əi 悲灰費　au 包到炒照告　əu 否都走竹後

　　　　　　　　　　　　　iau 表聊孝　　iəu 丟秋畜

uai 怪　　　uəi 桂未

ʮai 揣　　　ʮəi 追

an 辦南展感唤　　　　　　ən 彭吞省沉更昏

　　　　ien 便店全　　　　　　　in 名林晉幸

uan 貫萬　　　　　　uən 坤問

ʮan 船　　　　　　　ʮən 均瓊

aŋ 邦黨窗商巷　oŋ 洞從衆恐

iaŋ 兩槍　　　　ioŋ 兄胸

uaŋ 光

3.聲調

陰平	陽平	上	陰去	陽去	入
˧	˩	˥	˥	˧	˩
剛	陳	古五	蓋	柱害用石	各宅矗

C. 聲韵調描寫

1.聲母

　　黄安聲母,今依音位定爲二十三個;更按發音部位分爲p,t,ts,tʂ,tɕ,k,○七組。

　　p組p,pʻ,m,f。f是個變值音位,讀f或xu-不定。

　　t組t,tʻ,n。n是個變值音位,大致的傾向是在洪音之前讀n與l不定,或者讀成鼻化的l;在細音之前則全讀n,不過也偶有例外。

　　ts組ts,tsʻ,s。部位比t要靠前得多,舌尖差不多是觸着上齒,尤其是s很像英語裏的th音(θ)。

　　tʂ組tʂ,tʂʻ,ʂ,ʐ。tʂ,tʂʻ,ʂ三者在開口韵前舌頭捲得不很多;在合口韵前則舌面更有同時向上的傾向,於是就略帶tʃ,tʃʻ,ʃ的色彩。ʐ的摩擦性很小,并且常帶圓唇性。

　　tɕ組tɕ,tɕʻ,ɲ,ɕ。部位平均。

　　k組k,kʻ,ŋ三個是舌根音;x實際要算小舌音,有時甚至於讀成喉音。

　　○包括喉閉塞ʔ及元音起首的音。ʔ只在開口洪音之前出現。

2.韵母

　　ï在ts組聲母後讀ɿ,tʂ組(除ʐ)後讀ʅ。ə通常。

　　i近於標準元音i。

　　u在輔音聲母之後是比標準元音u略鬆點的。如果沒有聲母,他有時就略帶唇齒的作用。

ʮ相當於ɿ的圓唇。有時受聲母的影響,還略帶y的色彩。

a,ia,ua。a比平均ᴀ略後。

o,io。o通常讀得比標準元音o略開一點,在k組聲母後有時又更開而成爲ɔ與o之間的音。

e的音值是因聲調不同而變的。在平上去各聲中是開ɛ,在入聲則還要更開一些,像ɛ。ie的e是不變的。ue韵只有入聲字,所以實際就像uɛ。ʮe韵的e同純e韵。

ai的"動程"是較長的,約自a至ɪ。uai與ʮai的ai同。

əi的起頭是很清楚的央元音。在uəi與iəi中,就不一定,有時還是ə,有時就變爲前元音e。

au的起頭是後ɑ。iau的au同。

əu的ə部位略偏後。末尾的u有時鬆一點,有時緊一點。在iəu中,ə變得短些。

an,uan,ʮan的a都是前a。

ien的e是ɛ,有時更近乎ɛ。

ən韵的元音是偏前的央元音ə。在uən及ʮən中,ə變短而音色不很顯著。

in韵的元音短而韵尾長。

aŋ,iaŋ,uaŋ的a都是後ɑ。

oŋ,ioŋ的o比o,io兩韵的o都關得多。

3. 聲調

陰平由"半低"升至"中"(23),寬式用半低平調號(⌐22)。

陽平是低降調(↘31)。

上聲由"半高"升至"高"(45),寬式用高平調號(¬55)。

陰去是高升調(↗35)。

陽去是中平調(⊣33)。

入聲低升,或由"半低"降至"低"再升至"中"(213),寬式一律用低升調號(↗13)。

D. 與古音比較

1. 聲母

發音方法及影響條件 ＼ 古聲母分讀及影響條件		全清塞	次清塞	全濁塞		次濁	清擦	濁擦	
				平	仄			平	仄
幫組	幫組	幫：p	滂：pʻ	並：pʻ	並：p	明：m			
非組	非組					微：u	非 } 敷 f	奉：f	
端泥組	一二等 洪	端：t	透：tʻ	定：tʻ	定：t	泥 { n / n̩ }　來：n			
	三四等 細								
精組	洪	ts	tsʻ	tsʻ	ts		心 s	邪 { ? / tsʻ,ɕ }	邪 { s / ɕ }
	細	精 tɕ	清 tɕʻ	從 tɕʻ	從 tɕ		ɕ		
莊組	內轉	莊（照二）ts	初（穿二）tsʻ [①]	崇（牀二）tsʻ	崇 ts		生（審二）s		
	外轉								
知組	今梗二等其他	知 tʂ	徹 tʂʻ	澄 tʂʻ	澄 tʂ				
	今 { 開 / 合 }								
章組	今開 合開	章（照三）tʂ	昌（穿三）tʂʻ	船（牀三）{ s / tsʻ,ʂ }	船 ts		書（審三）ʂ	禪 { tsʻ,ʂ }	禪 { s / ʂ }　ʂ
	今合 合合								

古声母组及影响条件		古声母分读（发音方法及影响条件）	全清塞	次清塞	全浊塞 平	全浊塞 仄	次浊	清擦	浊擦 平	浊擦 仄
日母	今开	止(附質)	○				○			
		其他	i;ʐ[2]				i;ʐ[2]			
	今合		ʐ				ʐ			
见组晓	開	一等	k	kʻ			ŋ	x	x	x
		二等	k,tɕ	kʻ,tɕʻ			ŋ,i	x,ɕ	x,ɕ	x,ɕ
		三四等	tɕ	tɕʻ	tɕʻ	tɕ	ɲ	ɕ	ɕ	ɕ
	合	一二等	k	kʻ	*	*	u;○	f;x[3]	f;x[3]	f;x[3]
		蟹止合三四等	k	kʻ	kʻ	k	u	f	f	f
		通舒	k	kʻ	tɕʻ	k	ʔ	ɕ	*	*
		其他	tʂ	tʂʻ	tʂʻ	tʂ	ʐ	ʂ;ɕ[4]	ʂ	ʂ
影组	開	一等	ŋ				喻：i			
		二等	ŋ,i							
		三四等	i				*			
	合	一二等	u;○				u			
		蟹止合三四等	u							
		通	z̩				z̩			
		其他	ʐ				ʐ			

声母：見　溪　羣　疑（日）　曉　匣　影　喻

2. 韵母

第 一 表

攝＼聲母·等·呼	開 一 幫系	開 一 端系	開 一 見系	開 二 幫系	開 二 泥組	開 二 知莊組	開 二 見系	開 三四 幫系	開 三四 端系	開 三四 莊組	開 三四 知章	開 三四 日母	開 三四 見系
果	*	o	o	a	a	a	a,ia	*	ie	*	e	ᵘɛ	ie
(遇)		*				*					*	*	
蟹	*	ai	ai	ai	ai	ai	ai,ia	i	i	*	ï	*	i
止		*				*		i,əi	i;ï	ï	ï	ɘ˞	i
效	au	au	au	au	au	au	au,iau	iau	iau	*	au	au	iau
流	ne	ne	ne		*	*		n,ne	nei	ne	ne	ne	nei
咸	*	an	an	an	*	an	an,ien	ien	ien	*	an	uan	ien
山	*	an	an	an	*	an	an,ien	ien	ien	*	an	ᵘan	ien
宕	aŋ	aŋ	aŋ	aŋ	*	aŋ	aŋ,iaŋ	*	iaŋ	aŋ	aŋ	aŋ	iaŋ

開

攝別	一 幫系	一 端系	一 見系	二 幫系	二 泥組	二 知組莊	二 見系	三四 幫系	三四 端系	三四 莊組	三四 知組章	三四 日母	三四 見系
深	*	*				*		in	in	ue	ue	ue·ueh	in
臻	*	ue	ue			*		in	in	ue	ue	ue·ueh	in
宕	o	ue	ue		ue	*		in	in	*	ue	ue	in
梗		*		ɦo·ue	ue	ue	in·ue	in	in	*	ue	*	in
(通)	ɦo·ue	*			*	*				*	*		
咸入	*	a	o	a	*	a	ia	*	ie	*	e	*	ie
山入	*	a	o	a	*	a	ia	ie	ie	*	e	ųe	ie
宕入	o	o	o	o	*	o	o,io	*	io	*	o	io	io
深入	e	*				*		*	i	e	ï	ʮ	i
臻入	*	*	e			*		i	i	e	ï	e·	i
曾入	e	e	e		*	*	e	i	i	e	ï	*	i
梗入		*		e	e	*	e	i	i	*	ï	*	i
(通入)						*				*			

第二表

攝	合・三四　見系	日母	知章組	莊組	精組	泥組	幫系	二　見系	莊組	幫系	一　見系	端系	幫系
果	ɥe	h	h	ne	*	h‘i	n	ua;a (1)	*	*	o	o	o
遇	h	h	h	ne	i	*	n		*	*	n	ne	n
蟹	(1)ie;ien	*	ieh	*	i	i	ie	ua;a、uai;ai	*	*	uai・uan、ie;ien (1)	i	i
止	ie;ien	*	ieh	iah、ai	i	i	ien;ie‘i		*		*	*	*
(效)				*				*	*		*	*	*
(流)				*				*	*		*	*	*
咸			*	*	ien	ien	an	an	an	*	*	an	an
山	ɥan	ɥan	ɥan	*	ien	ien	an;uan	uan;an	an	*	uan;an	an	an
宕	ɥan	ɥan	ɥan	*			aŋ;uaŋ	uaŋ;aŋ	*	*	uaŋ;aŋ	*	*

攝別 \ 呼·等·聲母	合 三四 見系	日母	知章	莊組	精組	泥組	幫系	合 二 見系	莊組	幫系	合 一 見系	端系	幫系
(深)臻	ŋẹi,ɦ[3]	ne	ne	ne	ne	ne	ne	*	*	*	n	ne	n
曾	ne	*	ɦ	*	ɦ	i	i	e	*	*	ɔ;e	ne	n
梗	ne	*	ɦ	*	ie	ie	a;ua	ua;a	a	*	o	ne	n
通	ɕio,ɕio	ɕio	ɕio	ɕio	ɕio	ɕio	ɕio	ɕio;ue	*	*	ɕio	ɕio	ɕio
咸入	ɕio,ɕio	ɕio	*	*	ɕio	ɕio	a	ua;a	a	*	ɕio	ɕio	ɕio
山入	ɕio,uẹh	ɕio	ɕẹ	*	ie	ie	a;ua	a	a	ɕio;ue	o	o	o
宕入	ɕie	ɕẹ	ɕẹ	*	ie	ie	o	o	*	*	o	o	o
(深入)臻入	i	*	h	*	i	i	n	*	*	*	ue;uen	*	n
曾入	ɕie,n[2]	*	h	*	*	*	*	e	*	*	ə;e	ne	n
梗入	ne	*	*	*	*	*	*	*	*	*	n	*	n
通入	ŋẹi,ɦ[3]	ne	ne	ne	ne	ne	ɕio;n[2]	n	*	n	n	ne	ɕio;n[2]

3. 聲調

古類 \ 今影響條件 \ 今值類		陰平	陽平	上	陰去	陽去	入
平	清	˩					
	濁		˩				
上	清			˥			
	次濁			˥			
	全濁					˧	
去	清				˥		
	濁					˧	
入	清						˧
	次濁						˧
	全濁					˧	˧

附注：

聲母：—

(1)止合'揣'字讀tʂʻɥai，但依'帥'(sai)字'閂'(san)字例似當讀tsʻai。

(2)宕入讀i；其他z̩。

(3)今o，oŋ韵讀x，其他f。

(4)通入讀ɕ，其他ʂ。

韵母：—

(1)曉組字無介音u，其他有。本系聲母下有開合之分者同。

(2)明母讀oŋ，其他u。

(3)見組讀ʮ，其他iəu。

E. 同音字表

今調	陰平 ˩	陽平 ˪	上 ˥	陰去 ˥	陽去 ˨	入 ˪
今韵	ï;ɚ(〇後)					
廣韵	祭‖脂;之;支‖緝‖質‖職‖昔（均開口）					
p p' m f						
t t' n						
ts ts' s	師;思;斯		子 此 死;使	次;刺,賜心 四	自,字 伺心,似,痔澄, 士、事	
tʂ tʂ' ʂ	之;知,支 ‖隻入 施	遲 時	恥 矢;始	致,至;志; 翅審 滯澄 世‖試‖式入	示;市;是‖十‖ 食蝕‖石	執‖姪,質‖直植 值,殖禪‖擲 秩澄‖赤 實
ʐ						
tɕ tɕ' ɲ ɕ						
k k' ŋ x						
〇		而	爾		貳二	日

今調	陰平┤	陽平↙	上┐	陰去⌐	陽去┤	入↗
今韵	i					
廣韵	魚;虞‖灰;泰;祭;齊‖脂;之;支;微‖緝‖質;迄‖職‖昔;陌三;錫					
p	卑		比;彼	貝‖臂	倍,佩;敝‖備;被	必畢‖逼‖碧;壁
pʻ	披					弼並‖闢並
m		梅‖靡上	鄙幫,丕平 米			秘泌幫去‖密
f						
t			底	帝;對,隊定;兌定	第‖地	的,笛
tʻ		堤提				
n		梨;離	屢去‖禮‖履,你李里理裡		例;内‖類;累	隸去‖立‖栗;律‖力‖歷
tɕ			己;幾	祭;計繼;最‖寄;季合	聚‖罪‖忌;妓技	楫‖集,急給,及,吸曉‖吉‖極‖積;激擊
tɕʻ	期臺	齊‖其;奇	起	趣要‖脆‖器;氣;悴從,粹心		緝‖七;乞,迄曉‖戚,吃
ȵ		疑;宜₁			藝‖議義	逆
ɕ	須‖西,溪溪,奚兮匣‖希	徐‖攜合‖隨	洗‖璽支心	歲;戲	序‖系‖遂‖席	泣溪‖恤戌‖息媳
○	衣依	夷;宜₂疑,移;遺合	以,矣	意‖憶入		噎屑‖邑‖一,逸‖亦

今調	陰平˥	陽平˦	上˧	陰去˨	陽去˩	入˦
今韵	u					
廣韵	模;虞‖尤‖没;物‖屋;沃					
p p' m f		狐乎胡	譜幫,普 虎;府,腐奉	附奉‖婦負奉	部、步 勃並 户‖父	不 卜幫,撲,僕曝瀑並 忽‖服
k k' n x	孤		股 苦	故		骨 哭;酷
○	烏	吾;無	五;武		務‖戊侯明	物‖握覺‖屋;沃

今韵	ʮ					
廣韵	魚;虞‖緝‖術;物‖職‖昔‖屋三;燭					
t t' n			女			
tʂ tʂ' ʂ	猪,諸 樞,區 書,虚;殊禪	除	主 鼠暑,許	著;句	巨;住、柱 樹	拘平‖橘‖菊;局 出;屈‖曲
○		如,魚,於影, 餘余;儒,愚	吕來,與; 羽雨		預	入‖鬱‖域‖疫役 ‖玉

今調	陰平˧	陽平˩	上˥	陰去˥	陽去˧	入˩
今韵	a					
廣韵	麻二‖佳;夬‖合;盍;洽;狎;乏‖曷;鎋;黠;月					
p p' m f	巴 [媽]		把 馬	怕 化	 畫;話	八,拔 法‖滑;髮
t t' n	 他歌 拉入	 拿	打 [哪]		大泰 踏透入	答搭‖達 塔 納;臘‖辣
ts ts' s	 沙		 撒入			雜;䪴知‖扎 插‖察 刹穿;殺;刷
tʂ tʂ' ʂ				詫		
k k' ŋ x	家 軋入					 下

今調	陰平 ˩	陽平 ˦	上 ˥	陰去 ˨	陽去 ˩	入 ˩
今韵	ia					
廣韵	麻二‖佳‖洽;狎‖鎋;黠(均開口)					
tɕ	家‖佳		假			甲
tɕʻ						恰
ȵ						
ç		霞			下夏	狹;匣‖瞎
○	鴉	牙				鴨

今韵	ua					
廣韵	麻二‖佳‖鎋;黠(均合口)					
k	瓜			掛		刮
kʻ						
ŋ						
x						
○	蛙‖挖入		瓦			

今調	陰平 ↓	陽平 ↙	上 ˥	陰去 ˥	陽去 ˧	入 ↗
今韵	o					
廣韵	歌;戈一‖合;盍‖曷;末‖鐸;覺;藥					
p p' m f	波,玻滂 坡	婆	剖侯 麼(事)			縛奉 末‖莫
t t' n	多	羅;騾	妥		舵	脱‖託 洛落
ts ts' s			左 所魚		坐	作;桌濁濯
tʂ tʂ' ʂ						酌
k k' ŋ x	歌	鵝 何;活	果 我	個;過 課	禍‖活	鴿‖割‖各;角;郭 闊‖確 合;盍‖喝‖鶴;霍
○	鍋見,窩					

今調	陰平 ⅃	陽平 ↘	上 ⌐	陰去 ⌐	陽去 ⊣	入 ⌐
今韵	io					
廣韵	覺;藥(均開口)					
t tʻ n						略
tɕ tɕʻ n̠ ɕ						覺;爵,嚼,脚 確;雀精 虐 學;削
○						若,約

今調	陰平˧	陽平˩	上˥	陰去˦	陽去˧	入˥
今韵	e					
廣韵	麻三‖葉‖薛‖緝‖櫛‖德；職；陌二；麥					
p pʻ m f					獲	北‖百伯白 泊鐸並‖拍 麥 或
t tʻ n						得德 忒，特定 勒
ts tsʻ s						則‖澤宅‖摘，責 側照，測 澀‖瑟‖色
tʂ tʂʻ ʂ		蛇		［這］ 徹入，澈˩ 澄入		涉‖舌，設
k kʻ ŋ x						格；革隔 刻‖客 厄 黑‖赫

今調	陰平˩	陽平˥	上˥	陰去˥	陽去˨	入˩
今韵	ie					
廣韵	麻三‖葉;業;帖‖薛;月;屑					
p pʻ m f						撇 滅
t tʻ n	[爹]					帖貼‖鐵 列;劣
tɕ tɕʻ ȵɕ ɕ	嗟 些	茄 邪	姐 寫		 謝	接‖傑;竭;節,結;絶 刮見‖切 聶;業‖孽;臬 脅;協挾‖薛
○			野也			葉

今韵	ue					
廣韵	德(合)					
k kʻ ŋ x						國

今調	陰平 ┤	陽平 ↘	上 ┐	陰去 ┐	陽去 ┤	入 ↗
今韵	ɿe					
廣韵	麻三;戈三‖薛;月;屑					
tʂ						綴,拙;掘
tʂʻ						缺
ʂ	靴				穴	説
○			惹			熱,閱;月,越曰

今調	陰平 ┤	陽平 ↘	上 ┐	陰去 ┐	陽去 ┤
今韵	ai				
廣韵	咍;泰;皆;佳;夬				
p				拜	敗
pʻ				派	
m		埋	買		
f		懷			
t				帶	待、代
tʻ				泰太	
n		來	乃;奶		賴
ts	災;齋			再	在;寨
tsʻ		柴		菜;蔡	
s				帥	
k	該;皆		改;解	蓋;介界戒,械匣	
kʻ	開			概見,愾	
ŋ	哀		矮	愛	艾
x		階見,諧;鞋‖還(丨有)刪			亥;害

今調	陰平⌐|	陽平⌐|	上⌐	陰去⌐|	陽去⌐|
今韵	uai				
廣韵	泰;皆;佳;夬(均合口)				
k kʻ ŋ x			塊去	怪 會(‖計)見;快	
○	歪				外

今韵	ʮai				
廣韵	支(合)				
tʂ tʂʻ ʂ		揣			

今韵	əi				
廣韵	灰;泰;廢;祭‖脂;支;微				
p pʻ m f	悲;碑 灰‖飛	肥	毀;匪	廢,肺;惠匣‖諱;費,彙喻	會;彗喻

今調	陰平┙	陽平╲	上┌	陰去┐	陽去┤
今韵	uəi				
廣韵	祭;齊‖脂;支;微(均合口)				
k kʻ ŋ x	龜;歸 虧			桂	
○	威	維惟;危,爲;微,圍	委	畏	衛‖位;爲;未

今韵	ʮəi				
廣韵	祭‖脂;支(均合口)				
tʂ tʂʻ ʂ	追;錐 吹	垂		税‖睡禪	瑞
○					鋭喻

今調	陰平˩	陽平˥	上˥	陰去˥	陽去˧
今韵	au				
廣韵	豪;肴;宵				
p pʻ m f	包 貓明平	袍;跑	保	炮	貌‖[冒](没有)
t tʻ n		桃 牢	倒 老	到	鬧
ts tsʻ s	糟		早 草;炒 掃		造皂
tʂ tʂʻ ʂ				照	趙 紹
ʐ		饒			
k kʻ ŋ x	高糕	 毫	稿;攪 考 好	告 奧	 號

今調	陰平˩˦	陽平˨˩	上˥˧	陰去˥˧	陽去˨˩
今韵	iau				
廣韵	肴;宵;蕭				
p p' m f			表		
t t' n		條 燎;聊	了	釣 跳	調
tɕ tɕ' ȵ ɕ	消,囂;蕭	喬 堯 肴涍	較去 巧 小;曉	教;叫 孝;笑	校効
○	妖			要	

今調	陰平˩	陽平˩	上˥	陰去˥	陽去˦	入˩
今韵	əu					
廣韵	模;魚;虞‖侯;尤‖没‖屋;沃;燭					
p p' m f		謀	某畝 否			
t t' n	都	頭 奴	肚賭‖斗 努	鬥	杜 路‖漏	讀;篤督 突‖禿 鹿;陸;綠
ts ts' s	初	鋤‖愁	走 楚	做‖奏 素;數	助‖就尤從	卒‖足 族從;畜徹;促 蕭;縮;續
tʂ tʂ' ʂ	周 受去		 丑	 獸	 受	竹;燭 觸 熟;屬
ʐ		柔				肉,育;辱,欲
k k' ŋ x	 歐	 侯	 偶		 後候	

今調	陰平˧	陽平˨	上˥	陰去˧	陽去˦	入˨
今韻	iəu					
廣韻	尤;幽‖屋三					
t / tʻ / n	［丟］					
tɕ / tɕʻ / ȵ / ç	秋 休	囚,求 牛	紐		就,舅 謬明	畜
○		由猶	有	幼		

今調	陰平ㄐ	陽平ㄥ	上ㄱ	陰去ㄱ	陽去ㄧ
今韵	an				
廣韵	覃;談;咸;銜;鹽;凡‖寒;山;删;仙;桓;元				
p			板	扮;半	辦
p'				盼;判,叛並	
m					慢
f		凡	緩匣;反	喚	范‖換
t	單		短		旦端
t'	貪	談‖團		歎	
n		南;藍‖難	暖		亂
ts			斬		暫‖棧
ts'	餐		慘‖剗,產審		
s	三;衫‖山;删;閂			算	
tʂ	沾		展		
tʂ'					
ʂ		蟬	陝	扇	
ʐ			軟合		
k	干;間		感;敢‖[趕]	幹	
k'				暗‖晏	
ŋ	安				
x		含;鹹‖寒		漢	陷‖限

今調	陰平 ˩	陽平 ˨	上 ˥	陰去 ˦	陽去 ˧
今韵	uan				
廣韵	桓;山;删;元(均合口)				
k kʻ ŋ x	官觀;鯤	款,皖匣		貫;慣	
○	彎	完丸匣;頑	碗		萬

今韵	ɥan				
廣韵	鹽‖仙;元;先				
tʂ tʂʻ ʂ	專	船 弦開;玄			篆,倦
○		然;鉛緣;元,園員	染‖軟;阮,遠		院

今調	陰平˩	陽平˨	上˥	陰去˦	陽去˧
今韵	ien				
廣韵	咸；銜；鹽；嚴；添‖山；删；仙；元；先				
p	邊		貶		辨；辮
p‘	偏	便（便宜）		偏幫，片	
m					
f					
t			點‖典	店	
t‘	天				
n		廉‖連聯			練；戀
tɕ	間		減‖剪；繭	監‖諫；建；見	漸‖件
tɕ‘	謙‖千				
ȵ			撵；研平		驗；念‖硯
ɕ	仙鮮；掀；先；宣	銜；嫌‖閑；賢	險‖癬；選	憲	現；縣合
○	煙	延；言疑三	眼；演	厭	

今調	陰平 ˩	陽平 ˩	上 ˥	陰去 ˥	陽去 ˥
今韻	ən				
廣韻	侵‖痕;臻;真;魂;諄;文‖登;蒸‖庚;耕;清				
p	崩		本		
pʻ		彭			
m		門‖明庚三			
f	昏婚;分	橫		奮	
t			等	頓	
tʻ	吞				
n		倫‖能	冷		論
ts	臻‖增‖爭				
tsʻ	村‖撐	存			
s	森‖生		省		
tʂ	徵‖貞,偵澈			政	鄭
tʂʻ		沉‖陳,臣‖成城誠			
ʂ	深‖身申	繩	審		盛
ʐ		人‖仍		閏	任‖認
k	跟‖耕		哽	更	
kʻ			肯		
ŋ	恩				硬
x		恒	很狠匣		恨

今調	陰平⊣	陽平˩	上˥	陰去˧	陽去˨
今韵	uən				
廣韵	魂;文				
k k' ŋ x	坤				
○	温	聞			問

今韵	yən				
廣韵	侵‖真;諄;文‖蒸‖清;庚三;青				
tʂ tʂ' ʂ	均;軍 椿,春 勳	脣,羣‖瓊 純	準	訓	迥
○		壬‖云‖榮;螢匣	忍;允‖永		運‖孕開

今調	陰平	陽平	上	陰去	陽去
今韵	in				
廣韵	侵‖真;欣;諄‖蒸‖庚;耕;清;青				
p	兵		稟	並$_定$	病
pʻ		貧‖平;瓶	品		
m		民‖名	敏		命
f					
t	丁				
tʻ	聽$_1$	庭		聽$_2$	
n		林‖鄰‖陵‖靈			令
tɕ	侵$_清$,金今‖津,巾;斤‖京荆;經			晉$_進$;俊	近‖静
tɕʻ	欽‖清,輕	秦	請;傾$_{平合}$、頃$_合$		
n̠		凝			
ɕ	心‖新辛‖星腥	尋‖旬‖行;形		信‖性姓	杏;幸
○	音‖因‖鶯;英	銀$_疑$‖盈;營$_合$	引;隱;尹$_合$‖影	印‖應	

今調	陰平˧	陽平˩	上˥	陰去˥	陽去˦
今韵	aŋ				
廣韵	唐;江;陽				
p	幫;邦				
pʻ		旁			
m		忙			
f	方	黃;防房			放
t			黨		蕩
tʻ		堂	趟		
n		郎	朗		
ts	椿;莊				
tsʻ	倉;窗	床			撞澄
s	桑		爽		
tʂ	張		長		
tʂʻ					
ʂ	商	常			上尚
ʐ					讓
k	剛綱				
kʻ					
ŋ					
x					項、巷

今調	陰平˩	陽平˪	上˥	陰去˥	陽去˦
今韵	ian				
廣韵	江;陽(均开口)				
t tʻ n	丁青		兩		
tɕ tɕʻ n̠ ɕ	江 槍 香鄉	詳祥 娘	講 仰 響	向	象像
○		陽楊			樣

今韵	uaŋ				
廣韵	唐;陽(均合口)				
k kʻ ŋ x	光	狂		曠;況匡	
○	汪	王	往		旺

今調	陰平˩	陽平˨	上˦	陰去˥	陽去˧	入˨
今韵	oŋ					
廣韵	登‖庚二;耕‖東;冬;鍾					
p				〔碰〕		
pʻ		明				
m		萌			孟‖夢	木;目
f	風;封				奉	
t					洞	
tʻ	通	同	桶;統去			
n		農;隆;龍	攏			
ts			總			
tsʻ		崇;從				
s	鬆,松邪			送;宋	誦	
tʂ	中;鍾		種	衆		
tʂʻ	充		寵			
ʂ						
ʐ		絨,融;茸			用	
k	公功;弓;恭供				共	
kʻ	空		恐			
ŋ						
x		弘‖宏‖紅				
○	翁					

今調	陰平 ˧	陽平 ˨	上 ˥	陰去 ˥	陽去 ˧	入 ˥
今韵	ioŋ					
廣韵	庚三‖東三；鍾（均合口）					
tɕ						
tɕʻ		窮				
n̠						
ɕ	兄‖胸	雄熊喻				

F. 音韵特點

1. 聲母

(1)分ts與tʂ，古精組字全讀ts等，如'三'san，'增'tsən；章組字全讀tʂ等，如'陝'ʂan，'成'tʂʻən。（42b 不分）。

(2)莊組字無論内外轉一律歸ts，如'沙'sa，'柴'tsʻai，'愁'tsʻəu。

(3)知組在宕梗攝二等韵字歸ts，如'椿'tsaŋ，'桌'tso，'撑'tsʻən；其他歸tʂ等，如'展'tʂan。

(4)不分尖團，古精組細音與見系細音開口混，如'錢'＝'鉗'tɕʻien。

(5)見系合口細音讀tʂ等，如'倦'tʂʮan，'玄'ʂʮan。（42b 讀tsʮ⁻。）

(6)通三入見組字讀tʂ等，曉組讀ɕ，如'菊'tʂʮ，'畜'ɕiəu。

(7)曉匣一二等合口（除去o,oŋ韵）讀f，與非敷奉混，如'灰'＝'飛'fəi，'滑'＝'髮'fa。

(8)見系二等開口字在蟹攝與梗攝入聲中全不顎化，如'矮'ŋai；'革'ke；其他不定如'眼'ien，'限'xan。

(9)泥疑三四等開口讀n̠，與來細音讀n不混，如'嚴'＝'年'n̠ien≠'連'nien。

(10)疑影開口洪音讀ŋ，如'晏'ŋan，'歐'ŋəu。

(11)通三影組字全讀z̩，如'育'z̩əu，'用'z̩oŋ。

2. 開合

(1)端系一等字古合全讀開,如'亂'nan,'存'tsˀən。

(2)精組三四等字古合也全讀開,如'宣'ɕien,'戌'ɕi。

(3)來母三四等合口字除在遇攝中有一部分保持合口外,其他都讀開,如'累'ni,'戀'nien。

(4)山合莊組字讀開,如'門'san,'刷'sa。

(5)宕攝照組二等字保持開口,如'窗'tsˀaŋ,'莊'tsaŋ。

(6)通入知系字讀開,如'熟'ʂəu。

3. 韵母

(1)模端系與魚虞照組二等字讀əu,與流攝混,如'路'='漏'nəu,'素'səu='數'səu。(入聲没屋沃燭同。)

(2)魚虞知見系元音同,如'鼠'ʂʅ='許'ʂʅ。(入聲術韵同。)

(3)蟹合一三等幫組端系及止合的端系字全讀i,如'貝'pi,'對'ti,'歲'ɕi,'累'ni。

(4)山咸舒聲元音在介音i後變e,如'漸'tɕien,'天'tˀien。

(5)ən,in與əŋ,iŋ不分深臻曾梗全收n尾,如'心'ɕin,'幸'ɕin,'本'pən,'崩'pən。

(6)通三入(屋三燭)見系字見組讀ʅ,曉影兩組讀əu,如'玉'ʅ,'畜'ɕiəu,'欲'zəu。

(7)通入明母字讀oŋ,如'木'moŋ。

4. 聲調

(1)分陰陽去,如'世'ʂïˀ≠'示'ʂïˀ。

(2)入聲獨立,但全濁一部分歸陽去,如'十'='是'ʂïˀ。

G. 會話

42 a: ŋˈ   tsəuˈ ɕiaŋˈ ɕiaˈ naiˈ tiˈ haˈ?
      ŋˈ(你) 走   鄉   下   來 的 哈?

42 b：ŋo˥ tsəu˥ ɕiaŋ˧ ɕia˧ nai˧ ti˩。
　　我　走　鄉　下　來　的。

a：u˧ ni˥ xai˩ xau˥ sa˩?
　屋　裏　還　好　煞?

b：u˧ ni˥ xai˩ xau˥。 pu˧ ko˥ iəu˥ koŋ˧ ts'an˥ taŋ˥ sï˩ saŋ˩ nai˩
　屋　裏　還　好。　不　過　有　共　産　黨　時　常　來

　nau˧ tɕiəu˧ sï˩ ti˩。（注意，42b 在開口韵母前沒有tʂ,tʂ',ʂ,一律作ts,ts',s。）
　鬧　　就　　是　的。

a：koŋ˧ ts'an˥ taŋ˥ ɕien˧ tsai˧ tsai˧ na˥ ɕie˩ ti˧ faŋ˧?
　共　産　黨　現　在　在　哪　些　地　方?

b：tsai˧ ta˧ tɕin˧ san˧ na˧ k'uai˩。
　在　大　金　山　那　塊。

a：ɕien˧ tsai˧ ŋan˧ tɕin˧ sa˩?
　現　在　安　靜　煞?

b：ɕien˧ tsai˧ xai˩ xau˥。
　現　在　還　好。

a：ŋ˩。
　唔。

b：n̩˥ ɕien˧ tsai˧ tɕi˥ sï˩ faŋ˥ tɕia˥ nə˩?
　n̩˥ 現　在　幾　時　放　假　嘞?

a：ta˧ kai˧ tsai˧ tɕ'i˧ ɥe˩ ni˩。
　大　概　在　七　月　裏。

b：ŋ˩——n̩˥ nau˧ ka˧ xai˩ xau˥ sa˩?
　唔——n̩˥ 老　家　還　好　煞?

a：xai˩ xau˥。
　還　好。

b：n̩˥ tɕ'ien˩ t'ien˧ tɕie˥ tɕie˩ tɕie˧ fən˧ ɥe˩ nau˧ te˩ xən˥ a˩。
　你　前　天　姐　姐　結　婚　熱　鬧　得　很　阿。

a：xai˨˩ ɥe˧˥ nau˧ tɕiəu˧ ʂï˧ tiǀ·。
還 熱 鬧 就 是 的。

b：ti˥ faŋ˧ mo˥ zə̧n˨˩?
對 方 麼 人?

a：ti˥ faŋ˧ ɕiaŋ˧ ɕiaǀ· zə̧n˨˩ məǀ·。
對 方 鄉 下 人 嘍。

b：ɕiaŋ˧ ɕiaǀ· zə̧n˨˩，səu˧ koǀ· tɕiau˥ zə̧u˧˥ maǀ·?
鄉 下 人，受 過 教 育 嗎?

a：tsai˧ u˥ xan˥ ɕio˧˥ ɕiau˧ pi˧˥ ȵi˧˥。
在 武 漢 學 校 畢 業。

b：tʻa˧ tsai˧ u˥ xan˥ ta˧ ɕio˧˥ mo˥ sï˧ ɕi˧ aǀ·?
他 在 武 漢 大 學 麼 事 系 阿?

a：tʻa˧ ʂï˧——fa˥ ɕio˧˥ ɕi˧。
他 是—— 化 學 系。

b：fa˥ ɕio˧˥ ɕi˧ aǀ·。tau˥ ɚ˧˥ pən˥ tɕʻi˥ na˧ pu˧˥ iau˥ tai˥ xau˥
化 學 系 阿。到 日 本 去 那 不 要 帶 好

to˧ tɕʻien˨˩ ioŋ˧ maǀ·?
多 錢 用 嗎?

a：tau˥ ɚ˧˥ pən˥ tɕʻi˥ pi˥ tɕiau˥ pʻien˨˩ i˨˩ i˧˥ tien˥。
到 日 本 去 比 較 便 宜 一 點。

b：na˧ tɕin˧ fei˥ ie˥ sï˧ tɕia˧ tʻin˨˩ niǀ· koŋ˧ tɕi˧˥?
那 經 費 也 是 家 庭 裏 供 給?

a：tɕiəu˧ ʂï˧ tsəu˥ ʂï˨˩ xəu˧ ta˧ kʻai iəu˥ i˧˥ tien˥ koŋ˧ tɕi˧˥，iəu˥
就 是 走 時 候 大 概 有 一 點 供 給，有

tien˥ tɕin˧ tʻie˧˥
點 津 貼。

b：u˧˥ niǀ· tɕʻi˥ ta˧ foŋ˧ tɕio˧˥ te˧˥ mau˧ teǀ· sənǀ· moǀ· in˥
屋 裏 起 大 風 覺 得 冒(＝没有) 得 什 麼 影

çiaŋ˥ ma꜉·?
響 嗎?

a：faŋ˩ tsï꜉· tau˥ tʂʻʮ꜉· tʂʻʮəi˧ te꜉· tau˥ tçiəu˧ ʂï˧ ti꜉·。
房 子 到 處 吹 得 倒 就 是 的。

b：o˪，sï˥ tçi˥ to˧ zə̧n˩ a꜉·?
哦，死 幾 多 人 阿?

a：sï˥ san˧ sï˥ ʂï˧ ko˥ na꜉·。çien˧ tsai˧ tʂʮan˧ ʮan˩ tiau˧ tau꜉·
死 三 四 十 個 啦。現 在 專 員 調 到

ɚ˧ tʂʻʮ˧ tçʻi˥ a꜉·?
二 區 去 阿?

b：tsʮan˧ ʮan˩ tiau˧ tau꜉· ɚ˧ tsʻʮ˧ tçʻi˥，çin˥ tsʻai˥ ti꜉· tçi˥ zə̧n˧
專 員 調 到 二 區 去，姓 蔡 的 繼 任

pa꜉·。
吧。

a：o˪，çien˧ tʂaŋ˥。
哦，縣 長。

b：e˪，çien˧ tsaŋ˥，çin˥ tsʻai˥ ti꜉·。
誒，縣 長，姓 蔡 的。

a：o˪，tsʻoŋ˩ tçʻien˩ ie˥ ʂï˧ tʂʮan˧ ʮan˩ koŋ˧ ʂʮ˥ □ ko˥ ti꜉·。
哦，從 前 也 是 專 員 公 署 □ 過 的。

b：sï˧ ti꜉·。tʻa˧ ti˥ ʮ˩ ŋo˥ mən꜉· çiaŋ˧ tsʻən˧ xən˥ səu˦ ti꜉·，çien˧
是 的。他 對 於 我 們 鄉 村 很 熟 的，現

tsai˧ tʻa˧ ti˥ ʮ˩ tsʻən˩ sï˧ saŋ˧ ni꜉·，ti˥ ʮ˩ zə̧n˩ min˩ ni꜉·
在 他 對 於 城 市 上 呢，對 於 人 民 呢

xən˥ tçʻin˧ saŋ˥ ti꜉·。
很 清 爽 的。

a：çien˧ tsai˧ tʻa˧ tsai˧ na˧ ni꜉·，tsa˦ tsai˧ çien˧ ni꜉· ti꜉· tʂʮən˧
現 在 他 在 那 裏，紮 在 縣 裏 的 軍

ti˥ şï˦ na˥ nai˩ ti˩ na˩?
隊　是　哪　來　的　啦?

b：tsa˩ ti˩ tşʅən˦ ti˥ sï˦ sï˩ u˥ tʻan˩ ti˩。
紮　的　軍　隊　是　十　五　團　的。

a：şï˦ u˥ tʻan˩ ti˩。
十　五　團　的。

b：tʻa˦ tse˩ ko˩ tʻan˦ ni˩ xən˥ səu˩ niau˩ şʅən˦ nien˦ ti˩, ti˥ ʮ˦
他　這　個　團　裏　很　受　了　訓　練　的, 對　於

zən˩ min˩ ni˩, xo˩ tse˩ ko˩ fu˥ ɕioŋ˦ i˩ iaŋ˦。
人　民　呢, 和　這　個　父　兄　一　樣。

a：n̩˥ na˦ ti˥ i˩ ni˩ ɕien˦ tşʻən˩ ni˩ iəu˥……
n̩˥ 那　底　離　縣　城　裏　有……

b：iəu˥ u˥ sï˦ to˦ ni˥ nəu˦。
有　五　十　多　里　路。

a：u˥ şï˦ to˦ ni˥ nəu˦。 ŋo˥ tsəu˦ ke˩ ɕien˦ tşʻən˩ pi˥ tɕiau˥
五　十　多　里　路。我　就　隔　縣　城　比　較

tɕin˦ i˩ tien˥。
近　一　點。

b：pi˥ tɕiau˥ tɕin˦ i˩ tien˥ ha˩, ta˦ kʻai˥ tɕi˥ to˦ nəu˦?
比　較　近　一　點　哈, 大　概　幾　多　路?

a：ta˦ kʻai˩ san˦ şï˦ to˦ ni˥ nəu˦。
大　概　三　十　多　里　路。

b：san˦ sï˦ to˦ ni˥ nəu˦ ha˩?
三　十　多　里　路　哈?

a：tsai˦ tɕien˦, tsai˦ tɕien˦。
再　見, 再　見。

b：xau˥, xau˥, xau˥。
好, 好, 好。

四三. 黄岡（楊羅）

A. 發音人履歷

發音人	43a	43b
年齡	20 歲	22 歲
原籍	黃岡楊羅	同左
職業	學生	同左
教育程度	高中	同左
幼時語言環境	在本鄉讀書	同左
教師方言	本地話	同左
住過的地方	武昌三年	武昌六年
曾否學國語	未	未
能否說別處話	能說漢口話	能說孝感及大冶話

二十五年五月八日丁聲樹記音

B. 聲韻調表

1. 聲母

p	保辨	p'	拍旁	m	貌			f	法
t	到洞	t'	貪圖	n	南拉梨				
ts	則爭趙	ts'	草炒遲			s	三身	ʐ	柔
tɕ	間漸專追	tɕ'	千鉗缺船	ȵ	年業	ɕ	消玄稅		
k	告跪	k'	開狂	ŋ	哀偶硬	x	好華		
○	窩要瓦軟眼								

2. 韻母

ï	子時	a	怕大雜家	o	婆妥左果	ɔ	而	e	白得蛇格
i	倍地幾序	ia	牙佳恰	io	略學			ie	撇帖寫
u	步福狐骨	ua	瓜掛					ue	國獲
y	女除出	ya	刷					ye	靴缺

ai	拜帶齋開	ei	卑肺	au	某倒昭好	əu	否杜助後
				iau	表條巧	iəu	丟囚
uai	怪	uei	桂				
yai	帥	yei	追				

an	板貪展敢			ən	門等審很	
		ien	片店減憲			in 貧丁今
uan	官			uən	橫	
yan	閂			yən	瓊准	

aŋ	邦蕩商剛	oŋ	朋通中公
iaŋ	兩詳	ioŋ	兄窮

    uaŋ 光

    yaŋ 牀

3. 聲調

陰平	陽平	上	陰去	陽去	入
˧	˨˦	˨˩	˧˩	˦˩	˨˦
知	陳	古五	正	近陣白	急局六

C. 聲韵調描寫

1. 聲母

黃岡聲母,今按音位定爲二十個;更依發音部位分p,t,ts,tɕ,k,〇六組。

p組p,pʻ,m,f。讀法同<u>北平音</u>。

t組t,tʻ,n。n是個變值音位,大致在洪音之前讀l或n不定,在細音之前十之八九是讀n的。

ts組ts,tsʻ,s,ʐ。ʐ發音時舌尖捲得並不很多,似乎成了ʐ與z中間的一個音。

tɕ組tɕ,tɕʻ,n̠,ɕ。tɕ,tɕʻ,ɕ三者在開口韵前是普通的舌面前音;如在合口韵前,特別是y做介音的時候,就有舌尖作用加入,成了舌尖面混合的tʃ,tʃʻ,ʃ等。

k組k,kʻ,ŋ三者是舌根音,x則部位偏後,是小舌音。

〇包括喉閉塞ʔ及高元音i,u,y。

2. 韵母

ï只有舌尖前音ɿ一個讀法。

i在p,t兩組聲母後讀得比較鬆,在tɕ組聲母後就讀得很緊,在聲韵母之間,往往有個介音j存在。

u讀得很關,可是嘴脣不够圓。

y只與tɕ組聲母及〇配;受聲母的影響,有時也略帶舌尖作用,成爲與ʮ

相當的圓脣元音。

　　a跟ua的a都是後ɑ。ia的a部位略偏前。

　　o跟io的o都是較開的，尤其是在k組聲母後顯明。

　　ɔ比其他的元音都長一點。

　　e開而偏後；在入聲中他更變得像ɛ。ye的e同。ie的e只是個開ᴇ。ue只有入聲字，所以e簡直就是ɛ。

　　ai的起頭比前a關，收尾有時到ɪ，有時只到e。uai跟yai的ai同。

　　ei跟yei的ei很清楚的是從前元音e的部位起始。在uei中，e就略略偏央了。

　　au的"動程"很短，只自後ɑ至o，在iau中a就變成平均ᴀ。

　　əu韵音值因聲母而略有差異，在p,t,ts三組聲母後讀əu，在k組聲母後就近乎ou。iəu的əu不與k組配，所以只有一種音值。

　　an,uan,yan的a都是前a。

　　ien的e跟ie韵的e一樣。

　　ən韵的元音是略偏前的央音ə。yən的ə同。在uən中，ə只是單純的央元音。

　　in的i無論在什麼聲母後都是開ɪ。

　　aŋ,iaŋ,uaŋ,yaŋ的a都是後ɑ。

　　oŋ,ioŋ兩韵的元音比o,io兩韵的o略關。

3. 聲調

　　陰平由"中"升至"半高"(34)，寬式用中平調號(˧33)。

　　陽平由"半低"降至"低"再升至"半低"(212)，寬式用低降升調號(˨313)。

　　上聲是中降調(˥42)。

　　陰去由"半高"升至"高"(45)，寬式用高升調號(˧35)。

　　陽去是半高平調(˦44)。

　　入聲由"低"升至"半高"(14)，寬式用中升調號(˧24)。

D. 與古音比較

1. 聲母

今讀發音方法及影響條件 ＼ 古聲母及影響條件	全清塞	次清塞	全濁塞（平）	全濁塞（仄）	次濁	清擦	濁擦（平）	濁擦（仄）
幫組	幫：p	滂：pʻ	並：pʻ	並：p	明：m			
非組					微：u	非敷｝：f	奉：f	奉：f
端組・泥（一二等／洪、三四等／細）	端：t	透：tʻ	定：tʻ	定：t	泥｛n／ȵ｝、來｛n／n;y[1]｝			
精組（洪／細）	精：ts／tɕ	清：tsʻ／tɕʻ	從：tsʻ／tɕʻ	從：ts／tɕ		心：s／ɕ	邪：？／tɕʻ,ɕ	邪：s／ɕ
莊組（今開／今合；梗二等韵其他）	莊(照二)：ts／tɕ	初(穿二)：tsʻ／tɕʻ	崇(牀二)：tsʻ／tɕʻ	崇(牀二)：ts,s／tɕ		生(審二)：s／ɕ	？	
知組（今開／今合）	知：ts／tɕ	徹：tsʻ／tɕʻ	澄：tsʻ／tɕʻ	澄：ts／tɕ				
章組（今開／今合）	章(照三)：ts／tɕ	昌(穿三)：tsʻ／tɕʻ	船(牀三)：tsʻ,ɕ／tɕʻ,ɕ	船(牀三)：ts,s／tɕ		書(審三)：s／ɕ	禪：tsʻ,s／tɕʻ,ɕ	禪：s／ɕ

下表为黄冈方言古声母今读表（旋转排印）：

古声组及影响条件		全清塞 (見)	次清塞 (溪)	全浊塞 平 (羣)	全浊塞 反 (羣)	次浊 (疑)	清擦 (曉)	浊擦 平 (匣)	浊擦 反 (匣)
日母	今开 止(附质)					○			
日母	今开 其他					z; i; ○(2)			
日母	今合					y			
见组晓 开	一等	k	kʰ	tɕʰ	tɕ	ŋ	x	匣	x
见组晓 开	二等	k·tɕ	kʰ·tɕʰ	*	*	ŋ·i	ɕ·x		ɕ·x
见组晓 开	三四等	tɕ	tɕʰ	kʰ	k	ȵ	ɕ		ɕ
见组晓 合	一二等	k	kʰ	kʰ	k	u; ○	x		x
见组晓 合	蟹止合三四等	k	kʰ	tɕʰ	k	u	x		x
见组晓 合	通舒	tɕ	tɕʰ	tɕʰ	tɕ	ʔ	ɕ		*
见组晓 合	其他					y	ɕ		ɕ

影组：

古声组及影响条件		全清 (影)	次浊 (喻)
影组 开	一等	ŋ	
影组 开	二等	ŋ·i	
影组 开	三四等	i	喻: i
影组 合	一二等	u; ○	*
影组 合	蟹止通三四等	u	u
影组 合	三四等	i	i
影组 合	其他	y	y

2. 韵母

第 一 表

開

攝＼聲母	一 幫系	一 端系	一 見系	二 幫系	二 泥組	二 知莊組	二 見系	三 幫系	三 端系	三 莊組	三四 知章組	三四 日母	三四 見系
果	*	o	o	a	a	a	a,ia	*	ie,ia	*	e	e,ye	ie
(遇)										*			
蟹	*	ai	ai	ai	ai	ai	ai,ia	i	i				i
止								i,ei	i:i	ï	ï	ɔ	i
效	au	au	au	au	au	au	au,iau	iau	iau	*	au	au	iau
流	au	ue	ue					au,u	ieu	ue	ue	ue	ieu
咸	*	an	an	an	*	an	an,ien	ien	ien	*	an	yan	ien
山	*	an	an	an	*	an	an,ien	ien	ien	*	an	yan	ien
宕	aŋ	aŋ	aŋ	aŋ		yaŋ	aŋ,iaŋ	*	iaŋ	yaŋ	aŋ	yaŋ	iaŋ

攝 \ 列	\ 一 幫系	一 端系	一 見系	二 幫系	二 泥組	二 知組莊組	二 見系	三四 幫系	三四 端系	三四 莊組	三四 知組章	三四 日母	三四 見系
深	*	*				*		in	in	en	en	en	in
臻	*	en	ue			*		in	in	en	en	en	in
曾	on,en	en	ue			*		in	in	*	en	en	in
梗	on,en	*		on,en	en	ue	en,in	in	in	*	en	*	in
(通)	*	*				*				*			
咸入	*	a	o	a	*	a	a,ia	*	ie	*	e	*	ie
山入	*	a	o	o		a	ia	ie	ie	*	e	ye	ie
宕入	o	o	o			o	o,io	*	io	*	o	io	io
深入	*	*				*		*	i	e	ï	y	i
臻入	*	*				*		i	i	e	ï	c	i
曾入	e	e	e			*		i	i	e	ï	*	i
梗入	e	e	e	e	e	e	e	i	i	*	ï	*	i
(通入)	o	*				*					*		

第 二 表

攝	一 幫系	一 端系	一 見系	二 幫系	二 莊組	二 見系	三四 幫系	三四 泥組	三四 精組	三四 莊組	三四 知章	三四 日母	合 三四 見系
果	o	o	o		*	ua			*				ye
遇	u	ou	u		*		u	i,y	i	ne	y	y	y
蟹	i	i	uei,uai	*	*	uai,ua	ei	*	i	*	yei	*	uei
止		*	*	*	*		i,ei;uei	i	i	yai	yei	*	uei
(效)		*	*		*					*			
(流)		*	*		*					*			
咸	an	an	uan	*	yan	uan	an	ien	ien	*	*	yan	yan
山	an	an	uan	*	yan	uan	an;uan	ien	ien	yan	yan	yan	yan
宕	*		uaŋ		*		aŋ;uaŋ		*	*	*		

摄列 \ 呼·等·声母	合 一 帮系	合 一 端系	合 一 见系	合 二 帮系	合 二 庄组	合 二 见系	合 三四 帮系	合 三四 泥组	合 三四 精组	合 三四 庄组	合 三四 知章组	合 三四 日母	合 三四 见系
(深)臻	ue	ue	uen	*	*	uen,uen	uen:ue	ue	in	*	uen	uen	yən
曾	oŋ	oŋ	ioŋ	*	*				*	*			
梗	oŋ	*	uo	*	*	ioŋ,uen	a	ie	oŋ	oŋ	yen	yen	yən,ioŋ
通	o	o	o	*	ya	ua	a;ua	ie	ie	*	ye	ioŋ	oŋ,ioŋ
咸入	*	*	o	*	*	ue	o	i	*	*	*	*	ye
山入	u	ou	u	*	*		u	i	i	*	u	*	ye
宕入	*	*	ue	*	*		o		*	*	*	*	
(深入)臻入	u	n	u	*	*	ue	u	i	i	*	u	*	y
曾入	oŋ	*	ue	*	*				*	*	*	*	y
梗入	*	*	n	*	*			ne	ne	ne	ne	ne	y
通入	no	no	n	*	ne		(1)uoːn	ne	ne	ne	ne	ne	(2)yei;y

3.聲調

古類 \ 影響條件 \ 今值 今類		陰 平	陽 平	上	陰 去	陽 去	入
平	清	┤					
平	濁		╲				
上	清			╲			
上	次 濁			╲			
上	全 濁					┤	
去	清				╱		
去	濁					┤	
入	清						╱
入	次 濁						╱
入	全 濁					┤	╱

附注：

聲母：—

(1)來母三四等合口在魚韵失落聲母，如'呂'y，其他n。

(2)e，au，əu三韵ʐ；io，ioŋ兩韵i-；ən韵○。

韵母：—

(1)明母讀oŋ，其他u。

(2)見組讀y，其他iəu。

E. 同音字表

今調	陰平⊣	陽平⊿	上⌐	陰去⌐	陽去⊣	入⊣
今韵	ï					
廣韵	祭‖脂;之;支‖緝‖質‖職‖昔(均開口)					
p p' m f						
t t' n						
ts	之;知,支‖隻入		子;只	致,至;志;翅審	自;字	執‖姪,質‖直值植,殖禪‖擲
ts'		遲	恥;此	次;刺,賜心		秩澄‖赤
s	師;思;斯,施	時	死,矢;使,始	世‖四;伺,試‖式飾入	示;似,士、事,市;是‖十‖食蝕‖石	實
ʐ						
tɕ tɕ' ɳ ɕ						
k k' ŋ x						
○						

今調	陰平 ˧	陽平 ˩˧	上 ˧˩	陰去 ˥	陽去 ˧	入 ˧
今韵	i					
廣韵	魚;虞‖祭;齊;灰;泰‖脂;之;支;微‖緝‖質;迄;術‖職‖昔;陌三;錫					
p			比;彼	貝‖臂	倍;敝‖被	必‖逼‖碧;壁
p‘	披		鄙幫,不平	配,佩並		弼並‖僻,闢並
m		梅‖靡上	米		秘泌幫	
f						
t			底	帝;對;兌定	第‖地	的,笛
t‘		堤提				
n		梨;離	屢去‖禮‖履;你,李里裏理		麗‖內‖類;累	立‖栗;律‖力‖歷
tɕ	鷄‖機		己;幾	祭;計繼;最‖寄;季合	罪‖忌;技妓	楫集,急,及,吸曉;吉‖極‖積,激
tɕ‘	妻,棲心,溪,奚匣;携匣合‖期羣	齊‖其;奇	取‖豈	去溪魚;趣娶‖脆;器;氣;悴從;粹心		緝‖七;乞,迄曉;戚,吃
ŋ		疑;宜			藝‖義議	逆
ɕ	須‖西,分匣‖希	徐‖隨		細;歲‖戲	序‖系‖遂‖席	泣溪‖戌恤‖息媳‖錫
○	衣依	夷;移;遺合	以,矣	憶入		噎屑‖邑‖一,逸‖亦

今調	陰平 ˦	陽平 ˩	上 ˥	陰去 ˥	陽去 ˥	入 ˦
今韵	u					
廣韵	模;虞‖尤‖没;物‖屋;沃					
p						不
p‘			譜幫,普			勃並‖卜幫,撲, 僕瀑曝並
m						
f			府腐奉	附奉‖婦 負奉	父	福,服
k	孤			故		骨
k‘						哭;酷
ŋ						
x		狐乎	虎		户	忽
○	烏	吾;無	五午;武		務‖戊侯明‖ 沃入	物‖握覺‖屋

今韵	y					
廣韵	魚;虞‖緝‖術;物‖職‖昔‖屋三;燭					
t						
t‘						
n			女			
tɕ	猪;諸		主	著,句	巨;柱	拘平‖橘‖菊;局
tɕ‘	樞,區	除	處$_1$	處$_2$		出;屈‖曲
nɕ						
ɕ	書,虛;殊禪		暑鼠,許		樹	
○		如,於影,餘 余;儒	呂,與; 羽	玉入	預	入‖鬱‖域‖疫役

今調	陰平˧	陽平˩	上˥	陰去˥	陽去˧	入˧
今韵	a					
廣韵	麻二‖合‖盍;洽;狎;乏‖曷;鎋黠;月					
p	巴		把			
p'				怕		
m	[媽]		馬			
f						法‖髮
t			打庚		大泰	答搭‖達
t'						踏;塔
n	拉入	拿	[哪]		[那]	納;臘‖辣
ts			乍牀		雜	閘‖札
ts'			詫			插‖察
s	沙					撒;刹穿;殺
k	家					甲
k'						
ŋ		[伢]				
x					下	

今韵	ia					
廣韵	麻‖佳‖洽;狎‖鎋;黠(均開口)					
tɕ	家嗟‖佳			架		甲;挾帖匣
tɕ'						恰
n̠						
ɕ		霞			下	狹‖瞎
○	鴉	牙				鴨壓‖軋

今調	陰平⊣	陽平꜕	上꜖	陰去꜔	陽去꜕	入꜒
今韵	ua					
廣韵	麻二‖佳;夬‖鎋;黠(均合口)					
k	瓜					刮
k‘				掛見		
ŋ						
x		華		化	畫;話	滑
○	蛙‖挖入		瓦			

今韵	ya					
廣韵	鎋(合)					
tɕ						
tɕ‘						
n̠						
ɕ						刷

今調	陰平˧	陽平˨	上˥	陰去˨	陽去˩	入˧
今韵			o			
廣韵			歌;戈一‖合;盍‖曷;末‖鐸;覺;藥			
p	波,玻滂					縛奉
p'	坡	婆				
m			麼(|事)			末‖莫
f						
t	多				舵	
t'			妥			脱‖託
n		羅;騾				洛
ts			左		坐	作;桌,捉;酌
ts'						
s			所魚			
k	歌		果	個;過		割‖各;角;郭
k'			可			闊
ŋ		鵝	我			惡
x		何			禍	合;盍‖喝;活‖鶴;霍
○	鍋見,窩					

今調	陰平 ㄧ	陽平 ㄨ	上 ㄥ	陰去 ㄱ	陽去 ㄱ	入 ㄧ
今韵	io					
廣韵	覺;藥					
t t' n						略
tɕ tɕ' n̠ʑ ɕ						覺;爵;嚼;脚 確;雀精 虐 學;削
○						若,約

今韵	ɔ					
廣韵	脂;之;支‖質(均開口)					
○		而	爾		二貳	日

今調	陰平˦	陽平˨	上˥	陰去˥	陽去˩	入˦
今韵	e					
廣韵	麻三‖葉‖薛‖緝‖櫛‖德;職‖陌二;麥(均開口)					
p p' m f	[□](母稱)		瘸入		白	北‖百 泊鐸並‖拍 麥
t t' n						得德 忒,特定 勒
ts ts' s		蛇		[這] 徹入,澈澄入		則‖澤擇宅;摘,責 側照,測 聶泥,涉‖舌,設‖澀‖瑟‖色
zʅ			惹₁			
k k' ŋ x			[給]			格;革 刻‖客 厄 黑‖赫

今調	陰平 ˦	陽平 ˩	上 ˩	陰去 ˦	陽去 ˦	入 ˩
今韵	ie					
廣韵	戈三;麻三‖葉;業;帖‖薛;月;屑					
p p' m f						撇 滅
t t' n						帖‖鐵 列;劣
tɕ tɕ' ȵ ç	些	茄 邪	寫		謝	接‖傑;竭;節結,絕 刮見‖切 業‖孼;臬 脅;協‖薛
○			野也			葉‖謁

今韵	ue					
廣韵	德‖麥(均合口)					
k k' ŋ x					或‖獲	國

今調	陰平 ˧	陽平 ˨	上 ˨	陰去 ˥	陽去 ˥	入 ˥
今韵	ye					
廣韵	麻三;戈三‖薛;月;屑					
tɕ						綴,拙;掘;決
tɕʻ						缺
ȵ						
ɕ	靴				穴	説
○			惹₂			熱;閱;月,越曰

今調	陰平 ˧	陽平 ˨	上 ˨	陰去 ˥	陽去 ˥
今韵	ai				
廣韵	咍;泰;皆;佳;夬(均開口)				
p				拜	敗
pʻ				派	
m		埋	買		
f					
t					
tʻ				帶 泰	待、代
n			乃;奶		賴
ts	齋				在
tsʻ		柴			
s				菜;蔡 寨牀	
k	該		改;解	蓋;介界戒,械匣	
kʻ	開			概見,愾	
ŋ	哀		矮	愛	艾
x		偕見,諧;鞋‖還(‖有)删			亥;害

今調	陰平 ˧	陽平 ˩	上 ˥	陰去 ˥	陽去 ˧
今韵	uai				
廣韵	泰;皆,佳(均合口)				
k				怪	
kʻ			塊去	會(|計)見	
ŋ					
x		懷			
○	歪曉				外

今韵	yai				
廣韵	脂;支
tɕ					
tɕʻ			揣		
n̠ʑ					
ɕ				帥	

今韵	ei				
廣韵	廢‖脂;支;微
p	卑;悲;碑				備
pʻ					
m					
f	飛	肥		廢,肺	

今調	陰平 ㄧ	陽平 ㄨ	上 ㄟ	陰去 ㄟ	陽去 ㄟ
今韵	uei				
廣韵	灰;泰;祭;齊‖脂;支;微(均合口)				
k	龜;歸			桂	
kʻ					
ŋ					
x	灰	回	毀	彗邪;惠‖諱	會
○	威	維惟;危,爲;微,圍	委	畏	衛‖位;未

今韵	yei				
廣韵	祭‖脂;支;微(均合口)				
tɕ	追;錐				
tɕʻ		垂			
ȵ					
ɕ				稅	瑞睡
○				銳喻	

今調	陰平┤	陽平╰	上╲	陰去┐	陽去┤
今韵	au				
廣韵	豪;肴;宵‖侯				
p p' m f	包	袍;跑	保 某,畝		貌‖[冒](没有)
t t' n		桃 牢	倒、到去	到	鬧
ts ts' s	糟;昭		草;炒 掃	照 糙造 少	趙 紹
z̺		饒			
k k' ŋ x	高糕	 毫	攪 考 好	告 奧	

今調	陰平 ˥	陽平 ˩	上 ˥	陰去 ˥	陽去 ˥
今韵	iau				
廣韵	肴;宵;蕭				
p pʻ m f			表		妙‖謬幽
t tʻ n		條 燎;聊	了	釣 跳	
tɕ tɕʻ ȵ ɕ	消,嚣;蕭	喬 堯 肴淆	巧 曉	叫 孝	校効
○	妖		舀	要	

今調	陰平˧	陽平˨	上˥	陰去˥	陽去˥	入˧
今韵	əu					
廣韵	模;魚;虞‖侯;尤‖沒‖屋;沃;燭					
p pʻ m f						
f			否			
t tʻ n	都	圖‖頭 奴	肚賭‖斗 努	鬥	杜 路‖漏	讀;篤 突‖禿 鹿;陸;綠
ts tsʻ s	周 初	鋤‖愁	走 楚‖丑 手	做‖奏 素;數‖獸	助‖就尤從	卒‖竹;足,燭囑 族從;促,觸 蕭,縮,熟;續,屬
ʐ		柔				肉;辱
k kʻ ŋ x	歐	侯	狗 偶		後候	

今調	陰平 ┤	陽平 レ	上 ˇ	陰去 ˥	陽去 ˥	入 ˧
今韵	iəu					
廣韵	尤;幽‖屋三;燭					
t	［丟］					
tʻ						
n		流	紐泥			
tɕ	糾上				就,舅	
tɕʻ	秋	囚;求				
nʑ		牛				
ɕ	休					畜
○		由猶	有	幼		育;欲

今調	陰平┤	陽平↗	上↘	陰去┐	陽去┤
今韵	an				
廣韵	覃;談;咸;銜;鹽;凡‖寒;山;删;仙;桓;元				
p			板	扮;半	辦
p'				盼;判,叛並	
m					慢
f		凡	反		范‖飯
t			短		旦端,但
t'	貪	談		歎	
n		南;藍‖難	暖		亂
ts	沾		斬‖展		暫‖棧
ts'	餐		慘‖剗,産審		
s	三;衫‖山;删		陝	扇;算	
k	干		感;敢		
k'				看	
ŋ	安			暗	
x		含;鹹‖寒		漢	陷

今韵	uan				
廣韵	桓;山;删;元(均合口)				
k	官觀;鰥			貫;慣	
k'		皖匣			
ŋ					
x				唤	换
○	彎	玩去,完丸匣;頑	碗		萬

今調	陰平 ˧	陽平 ˩	上 ˩	陰去 ˧	陽去 ˧
今韵	yan				
廣韵	鹽‖刪;仙;元;先				
tɕ	專				篆,倦
tɕ'		船			
nɕ					
ɕ	閂	玄			
○	冤	然;緣鉛;元,圓	染‖軟;阮,遠		院

今韵	ien				
廣韵	咸;銜;鹽;嚴;添‖山;刪;仙;元;先				
p	邊		貶		辨;辯
p'				徧幫,片	
m					
f					
t			點‖典	店	
t'	天	田			
n		廉‖連聯;年			硯疑;戀
tɕ	間		減‖簡;剪;繭	監‖諫;建;見	漸‖件
tɕ'	謙‖千	鉗‖錢;全			
nɕ	研疑平	嚴			驗;念
ɕ	仙鮮;掀軒;先;宣	銜;嫌‖閑;賢	險‖癬	憲	限;現;縣合
○	煙	言疑三	眼;演	厭‖晏	

今調	陰平 ┤	陽平 ˩	上 ˋ	陰去 ┐	陽去 ┐
今韵	əŋ				
廣韵	侵‖痕;臻;真;魂;諄;文‖登;蒸‖庚;耕;清				
p	崩		本		
pʻ		彭			
m		門			
f	分			奮	
t			等	頓	
tʻ					
n		倫	冷		論
tṣ	今見‖臻;真‖增;徵‖争;貞,偵徹		[怎]	政	鄭
tṣʻ	村‖撑	沉‖陳,臣;存‖成			
ṣ	森,深‖身申‖生	晨‖繩	審		盛
k	跟‖耕			亘‖更	
kʻ			肯		
ŋ	恩				硬
x		恒	很匣		恨
○		壬‖人‖仍	忍		認

今韵	uən				
廣韵	魂;文‖庚二(均合口)				
k					
kʻ	坤				
ŋ					
x	昏	横			
○	温	聞	穩		問

今調	陰平˧	陽平˩	上˥	陰去˥	陽去˧
今韵	yən				
廣韵	諄;文‖清;庚三;青(均合口)				
tɕ	均		准		
tɕ'	椿,春	羣‖瓊			
ȵ					
ɕ	勛	脣,純	迴匣		
○		雲‖營;榮;螢匣	允‖永		閏

今韵	in				
廣韵	侵‖真;欣‖諄‖蒸‖庚;耕;清;青				
p			稟	並並	
p'		貧‖平;瓶			
m		民‖名	敏		命
f					
t	丁		頂		定
t'				聽	
n		林‖鄰‖陵‖靈			令
tɕ	侵清,今‖巾;斤‖京荊;經		儘		近‖靜
tɕ'	親‖輕;傾合	秦‖情	頃合		
ȵ		凝			
ɕ	心,欽溪‖新‖興;星腥	尋‖旬‖行;形		信‖性	杏;幸
○	音‖因‖鶯;英	銀‖盈贏	隱	印‖應	

今調	陰平˦	陽平˨˦	上˥˧	陰去˥	陽去˧
今韵	aŋ				
廣韵	唐;江;陽				
p	邦				
p'		旁			
m		忙			
f	方	房防			
t	當				蕩
t'		堂			
n		郎	朗		
ts	張		長		撞;狀
ts'	倉				
s	桑;商	常			上尚
k	綱剛				
k'					
ŋ					
x					項、巷

今韵	iaŋ				
廣韵	江;陽(均開口)				
t	丁青				
t'					
n			兩		
tɕ	江		講		
tɕ'		詳祥			
nʑ		娘	仰		
ɕ	相,香鄉		想	向,像象邪	
○					樣

今調	陰平 ˧	陽平 ˩˧	上 ˥	陰去 ˥	陽去 ˧
今韵	uaŋ				
廣韵	唐;陽（均合口）				
k k' ŋ x	光	狂 黃		曠;況曉	
○	汪	王	往		旺枉

今韵	yaŋ				
廣韵	江;陽				
tɕ tɕ' ȵ ɕ	椿;莊 窗	牀			撞
○					讓

今調	陰平˧	陽平˨˩	上˥	陰去˧˩	陽去˧	入˧
今韵	oŋ					
廣韵	登‖庚二;耕‖東;冬;鍾‖屋					
p		朋				
pʻ						
m		萌			孟‖夢	木;目
f	風;封				奉	
t	東				洞	
tʻ	通	同	桶;統去			
n		農;隆;龍	攏			
ts	中;鍾		總	衆		
tsʻ	充	崇	寵			
s	鬆;嵩;松			送;宋	誦	
k	公功;弓;恭				共	
kʻ	空		恐			
ŋ						
x		弘‖宏‖紅				
○	翁					

今韵	ioŋ					
廣韵	庚三‖東三;鍾(均合口)					
tɕ						
tɕʻ		窮				
n̠						
ɕ	兄‖胸	雄熊喻				
○		絨;融;茸			用	

F. 音韵特點

1. 聲母

　　(1)不分ts與tʂ,古精組洪音與知照各組開口字全讀ts等,如'作'tso, '桌'tso,'捉'tso。

　　(2)不分尖團,古精組與見系的細音全讀tɕ等,如'削'='學'ɕio。

　　(3)知照兩組字合口讀tɕ等,如'猪'tɕy,'篆'tɕyan,'揣'tɕ'yai。

　　(4)見系二等開口字在蟹攝與梗攝入聲中全不顎化,如'矮'ŋai,'革' ke;其他不定,如'家'tɕia、ka,'講'tɕiaŋ,'巷'xaŋ。

　　(5)泥疑兩母細音開口讀ɲ,與來細音不混,如'嚴'='年'ɲien≠'連' nien。

　　(6)日母今開在果効流三攝讀z̩,如'惹'z̩e,'饒'z̩au,'柔'z̩əu,其餘全失 聲母,如'忍'ən,'若'io。

　　(7)影疑兩母開口洪音讀ŋ,如'鵝'ŋo,'惡'ŋo。

2. 開合

　　(1)端系一等古合口字全讀開,如'最'tɕi,'亂'nan。

　　(2)精組三四等古合口字全讀開,如'序'ɕi,'旬'ɕin。

　　(3)來母細音合口除在遇攝有一部保持合口外,其他全讀開,如'律'ni, '類'ni。

　　(4)通入知系字讀開,如'熟'səu。

3. 韵母

　　(1)模端系及魚虞莊組字讀əu,與流攝同韵,如'做'='奏'tsəu,'數'= '獸'səu。（入聲没屋沃燭同。）

　　(2)魚虞知照組及見系元音同,如'住'='句'tɕy。（入聲術韵同。）

　　(3)蟹合一三等幫組端系與止合的端系字全讀i,如'梅'mi;'兌'ti,'歲' ɕi,'累'ni。

　　(4)止攝日母字讀ɔ,如'而'ɔ。

（5）流攝一等幫系字讀au，與効攝字韵同，而與本攝其他各系字分，如'某'mau。

（6）山咸舒聲元音在介音i後變e，如'減'tɕien，'天'tʰien。

（7）深臻曾梗舒聲全收n尾，如，'今'tɕin，'巾'tɕin，'徵'tsən，'成'tsʰən。

（8）通三入（屋三，燭）見系字見組讀y，曉影組讀iəu，如'菊'tɕy，'畜'ɕiəu，'欲'iəu。

4. 聲調

（1）分陰陽去，如'見'tɕienꜜ ≠ '件'tɕienꜜ。

（2）入聲獨立，但全濁一部分歸陽去，如'或'xueꜜ，但'集'tɕiˌ。

G. 故事

43 i˦ ko˥ ɕien˦ sən˦ tɕiau˦ tau˨˧ ɔ˥ sï˥ ko˨˧ ɕio˦ sən˦。 na˦ ko˥
　　一　個　先　生　教　倒　二　十　個　學　生。 那　個

ɕio˦ sən˦ ni˨˧，tɕiəu˦ tɕie˦ te˨˧ ɕi fu˦。 ta˦ io˦ i˦ tʰien˦ a˨˧，ɕio˦
學　生　呢，　就　接　得　媳　婦。 大　約　一　天　阿，學

sən˦ iau˦ xuei˦ tɕʰi˥。 ɕien˦ sən˦ tɕiəu˦ ɕye˦："ŋo˥ tɕʰy˦ ko˥ ti˦
生　要　回　去。 先　生　就　說："我　出　個　對

tsï˨˧ ke(i)˨˧ ni˥ ti˦。 ni˥ ti˥ tau˥ n(i)au˨˧ ŋo˥ tɕiəu˦ tɕʰyən˥ ni˥ xuei˥
子　給　你　對。 你　對　倒　了　我　就　准　你　回

tɕʰi˦，ni˥ ti˥ pu˦ tau˥ ŋo˥ tɕiəu˦ pu˦ tɕʰyən˥ ni˥ xuei˥ tɕʰi˦。" na˦
去，你　對　不　倒　我　就　不　准　你　回　去。" 那

ko˨˧ ɕio˦ sən˦ tɕiəu˦ ɕye˦："ni˥ tɕʰy˥ na˨˧?" na˦ ko˥ ɕien˦ sən˦
個　學　生　就　說："你　出　啦?" 那　個　先　生

tɕiəu˦ tɕʰy˥ na˨˧。 "tʰien˥ ɕin˦ uei˥ sï˥，ɕiaŋ˦ ɕin˥ uei˦ ɕiaŋ˥，sï˥
就　出　啦。 "田　心　爲　思，相　心　爲　想，思

ɕiaŋ˥，sï˦ ɕiaŋ˥，niaŋ˥ ti˦ sï˦ ɕiaŋ˥。" na˦ ko˨˧ ɕio˦ sən˦ tɕiəu˦ i˦
想，思　想，兩　地　思　想。" 那　個　學　生　就　一

xa˦ tsï˙ ti˦ tau˩ n(i)au˥˙。 na˦ ko˥˙ ɕio˦ sən˦ ti˦ tau˩ tɕiəu˦ ɕye˦
下　子　對　倒　了。　那　個　學　生　對　倒　就　説

a˥˙：　"ny˩ tsï˩ uei˩ xau˩, sau˦ ny˩ uei˩ miau˦, xau˩ miau˦, xau˩
阿：　"女　子　爲　好，　少　女　爲　妙，　好　妙，　好

miau˦, i˦ tɕʻy˦ xau˩ miau˦。"
妙，　一　處　好　妙。"

會話

43 a：ni˩ tin˩ xau˩ xai˩ sï˦ xuei˩ tɕʻi˦ pa˥˙?
你　頂　好　還　是　回　去　吧?

43 b：na˦ san˦ pu˦ tau˩, ŋo˩ ɕin˦ xuei˩ tɕʻi˦ ɕin˦ pu˦ tɕʻi˦ ti˥˙。
那　算　不　倒，我　興　回　去　興　不　去　的。

a：tsai˦ ɕiaŋ˦ ni˥˙ ko˦ ɔ˦ xau˩ ɕie˥˙。
在　鄉　裏　過　日　好　些。

b：ɕiaŋ˦ ni˥˙ ko˦ ɔ˦ pən˩ nai˩ xau˩ a˥˙, tan˦ sï˦ ŋo˩ ti˦ me˦
鄉　裏　過　日　本　來　好　阿，但　是　我　的　媽

kʻəŋ˩ pʻa˦ pu˦ ta˦ tɕyən˩ ŋo˩。
恐　怕　不　大　准　我。

a：kʻoŋ˦ tɕʻi˦ ie˩ xən˩ xau˩。
空　氣　也　很　好。

b：e˥˙。
誒。

a：ni˩ ti˥˙ me˦ xau˩ ne˥˙?
你　的　媽　好　嘞?

b：e˥˙, tʻo˦ fu˦, tʻo˦ fu˦。
誒，託　福，託　福。

a：ŋo˩ xuei˩ tɕʻi˦——na˦ xai˩ pu˦ i˦ tin˩, ŋo˩ ta˦ kʻai˦ tsoŋ˩
我　回　去——那　還　不　一　定，我　大　概　總

sï˥ xəu˧ ɔ˧ xuei˩ tɕʻi˧ nə˨。
是　後　日　回　去　了。

b：xəu˧ ɔ˨ xuei˩ tɕʻi˧，i˧ nəu˧ ne˨。
　　後　兒　回　去，一　路　嘞。

a：tɕien˩ tʻien˧ ni˩ xuei˩ tɕʻi˧ ti˨ a˨。ni˩ xuei˩ tɕʻi˧ mo˩ iaŋ˧
　　前　天　你　回　去　的　阿。你　回　去　麼　樣

ni˨?
呢?

b：xuei˩ tɕʻi˧ kʻan˧ n(i)au˨ xa˧ tsï ɕiaŋ˧ tsʻən˧ ti˨ sï˧ tɕʻin˩。
　　回　去　看　了　下　子　鄉　村　的　事　情。

a：ni˩ tɕi˩ sï˩ tɕie˧ tʻaŋ˧ kʻe˧ ne˨?
　　你　幾　時　接　堂　客　嘞?

b：ha˨，ha˨，kʻuai˩ nə˨。
　　哈，哈，快　了。

a：ni˩ tɕie˧ tʻaŋ˧ kʻe˧ ŋo˩ tsəu˧ pan˧ naŋ˩ a˨，ŋo˩ na˧ sï˩ tɕʻi˧
　　你　接　堂　客　我　做　伴　郎　阿，我　那　時　喫

fan˧ ti˨ ne˨，tɕye˧ tin˧ la˨?
飯　的　嘞，決　定　拉?

b：taŋ˧ yan˩ tɕye˧ tin˧。
　　當　然　決　定。

a：ni˩ y˧ pei˧ tɕi˩ sï˩，tʻin˧ ɕye˧ ni˩ xai˩ tau˧ nan˧ tɕin˧ tɕʻi˧
　　你　預　備　幾　時，聽　説　你　還　到　南　京　去

ti˨ pa˨?
的　吧?

b：ŋo˩ tɕʻien˧ tʻien˧ tɕʻi˧ ti˨。
　　我　前　天　去　的。

a：tɕʻien˩ tʻien˧ tɕʻi˧ tɕin˧ tʻien˧ tɕiəu˧ xuei˩?
　　前　天　去　今　天　就　回?

b：tɕin˧ tʻien˧ tɕiəu˧ xuei˩。
　　今　　天　　就　　回。

a：xau˩ kʻuai˧, sï˧ ta˧ fei˩ tɕi xuei˩ ti˩ a˩?
　　好　　快，　是　搭　飛　機　回　的　阿?

b：ŋo˩ tsəu˩ xuei˩ ti˩。
　　我　　走　　回　　的。

a：tsəu˩ xuei˩, ai˧ ia˩, tsən˧ kʻuai˧, kʻuai˧ tɕi nə˩。
　　走　　回，　哎　呀，　真　　快，　快　　極　了。

b：ŋo˩ ɕia˧ ɕio˩ tɕʻi˧ tsai˧ nan˧ tɕin˧ tɕʻi˧。
　　我　下　　學　期　在　　南　　京　　去。

a：tau˧ nan˩ tɕin˧ tɕʻi˩ kʻau˩ na˩ ni˩?
　　到　南　　京　　去　考　哪　裏?

b：sei˩(?) pien˧。
　　隨　　便。

a：ʂï˧ tsai˧ ti˩ xau˩ ne˩。
　　實　　在　的　好　嘞。

b：kʻau˩ tɕʻi˧ na˩ ni˩ sï˧ na˩ ni˩。
　　考　取　哪　裏　是　哪　裏。

a：ŋo˩ y˧ pei˧ ɕia˧ ɕio˩ tɕʻi˧, ŋo˩ ta˧ kʻai˧ xa(i)˩ sï˧ tsai˧
　　我　預　備　下　　學　期，　我　大　概　還　是　在

　　tsoŋ˧ xua˩。
　　中　　華。

b：tɕin˩ kʻo˩ i˩ tsəu˩ xau˩ nə˩。
　　儘　可　以　走　好　了。

a：tsəu˩ pu˧ tau˩, ŋo˩ u˧ ni˩ tɕye˧ tei˧ pu˧ çy˩, tʻa˧ iau˧ ni˩
　　走　不　倒，　我　屋　裏　絕　對　不　許，　他　要　你

　　tsai˧ tse˧ ni˩ təu˧, tsən˧ sï˧ mau˧　　tei˩ fa˧。
　　在　這　裏　讀，　真　是　冒(＝沒有)　得　法。

b：mo˅ sï˧ pu˧ çy˅, ne˧·?
　麼　事　不　許，嘞?

a：u˧ ni˧· pu˧ kʻən˧ ti˧·, u˧ ni˧· pu˧ kʻən˧ iəu˅ mo˅ fa˧ ne˧·。
　屋　裏　不　肯　的，屋　裏　不　肯　有　麼　法　嘞。

b：ni˅ kʻo˅ i˧ çiaŋ˧ u˧ ni˅ iau˧ tɕien˅。
　你　可　以　向　屋　裏　要　錢。

a：ŋo˅ u˧ ni˧· pu˧ sï˧ ni˅ u˧ ni˧· sa˧·。sï˧ ni˅ u˧ ni˧· mə˧· na˧
　我　屋　裏　不　是　你　屋　裏　煞。是　你　屋　裏　嘿　那

　tɕiəu˧ kʻo˅ i˧ sa˧·, ŋo˅ u˧ ni˧· na˧ sï˧ pu˧ çin˅ ti˧·。
　就　可　以　煞，我　屋　裏　那　是　不　行　的。

b：ni˅ fu˧ tɕʻin˧ ti˧ y˅ ni˅ xau˅ çie˧·。
　你　父　親　對　於　你　好　些。

a：ŋo˅ fu˧ tɕʻin˧ ti˧ y˅ ŋo˅ xau˅ mo˧· sï˧?
　我　父　親　對　於　我　好　麼　事?

b：in˧ uei˧ ni˅ tsï˅ i˧ ko˧ a˧·。
　因　爲　你　只　一　個　阿。

a：tsï˅ i˧ ko˧, ni˅ xai˧ pu˧ sï˧ i˧ ko˧·。
　只　一　個，你　還　不　是　一　個。

四四. 鄂城（段家店）

A. 發音人履歷

發音人	44a	44b
年齡	21 歲	18 歲
原籍	鄂城段家店	鄂城華容
職業	學生	學生
教育程度	高中	初中
幼時語言環境	本地私塾	同左
教師方言	本地話	同左
住過的地方	武昌	武昌
曾否學國語	未	未
能否説別處話	不能	不能

二十五年五月十三日吳宗濟記音

B. 聲韵調表

1. 聲母

p	巴被白	p‘	披婆拍	m	門米	f	飛馮
t	到杜	t‘	太同	n	南路連		
ts	糟知在志	ts‘	倉初遲			s	蘇生
tɕ	將九莊猪	tɕ‘	齊丘囚窮出	ȵ	年宜女内	ɕ	小戲徐行書
k	敢歸共	k‘	開葵殼	ŋ	岸哀饒矮	x	漢赫會紅
○	如閏入虐銀烏物鴉有月兒窩						

2. 韵母

ï 世知石字;ɯ而日　　a 巴沙法殺　　o 波末鴿若　　e 蛇;æ 北則赫

i 徐罪西比梅急　　ia 假佳鴨瞎　　io 覺約　　ie 些;iæ 帖穴

u 狐勃沃　　ua 瓜化滑　　　　　　　　　　uæ 國

y 猪句疫菊　　ya 刷　　　　　　　　　　ye 靴;yæ 拙月

ai 埋害諧　　ei 卑肥　　　　au 包炒饒某　　eu 杜侯獸卒肉

　　　　　　　　　　　　　　iau 孝妖　　ieu 秋幼

uai 懷外　　uei 龜灰未

yai 揣帥　　yei 追稅垂

an 談山半　　　　　　　　　ən 深臣能鄭存倫

　　　　ien 謙年辮全　　　　　　　　　in 音新今平旬幸

uan 官萬　　　　　　　　　uən 坤間橫

yan 染船院　　　　　　　　yən 均永閏春

aŋ 邦長　　oŋ 風恐目

iaŋ 江樣　　ioŋ 兄用絨

uaŋ 光旺

yaŋ 窗牀

3. 聲調

陰平	陽平	上	陰去	陽去	入
˩	˩	˩	˥	˥	˩
剛丁	窮文	古有	蓋世	共近	急各局

C. 聲韵調描寫

1. 聲母

鄂城聲母有十九個,依發音部位分為p,t,ts,tɕ,k,○六組。

p組p,pʻ,m,f。p,pʻ,m發音不強。

t組t,tʻ,n。t,tʻ都弱。n是[n]跟[l]的變值音位,大致在細音前讀n的機會比讀l的機會多些。

ts組ts,tsʻ,s三聲母,都偏後。

tɕ組tɕ,tɕʻ,ȵ,ɕ。tɕ,tɕʻ,ɕ在合口韵母前很像tʃ,tʃʻ,ʃ。

k組k,kʻ,ŋ,x。k,kʻ如p,pʻ;t,tʻ。ŋ不很強,連續有時或者失落,但單讀時都很穩定。x的摩擦很輕。

○限於i,u,y之前,又ɯ,o兩韵前。其他開口洪音之前通常不能無輔音聲母。

2. 韵母

ï只一值,是不很前的ɿ。ɯ相當關,但不很後。

i,u,y。i,u近標準元音i,u。y略帶舌尖作用,作介音的y同。

a,ia,ua,ya的a是中ᴀ。

o,io的o較開,是ɔ與o之間的音。

e,ie,ye;æ,iæ,uæ。e近標準e,只在舒聲有字。讀æ的全是入聲字,æ比英語的æ似乎較關一點。

ai，uai，yai的a是中ʌ。i相當清晰。

ei，uei，yei的e偏央，i比較弱。

au，iau。讀法近北平音。

eu，ieu的e偏央，但不到ə。u不像標準u那樣關，近似ʊ。

an，uan，yan的a較短，n尾穩定。

ien的e相當關，i介音很短。

ən，uən，yən的ə在u，y介音後音值也不受影響。

in的i關而很短。

aŋ，iaŋ，uaŋ，yaŋ的a比較偏後。

oŋ，ioŋ的o比純o韵的o較開，但很短。ŋ都很穩。

3.聲調

陰平通常是中升調（24），起首有時也帶降勢如 324。寬式一律用中升調號（ˊ24）。

陽平是由"半低"降至"低"的微降調（21），寬式用低平調號（˩11）。

上聲是中降調（ˋ42）。

陰去高升調（ˊ35）。

陽去是半高平調（44），有時也略低些。現一律用半高平調號（ˉ44）。

入聲在單字是低升調（13），但在誦讀時，此調最不穩，往往變的像低平調（11）。現一律用低升調號（ˊ13）。

D. 與古音比較

1. 聲母

古母分讀 / 發音方法及影響條件 古聲組及影響條件		全清塞	次清塞	全濁塞（平）	全濁塞（仄）	次濁	清擦	濁擦（平）	濁擦（仄）
幫組		幫：p	滂：pʻ	並：pʻ	並：p	明：m			
非組						微：u	非敷：f	奉：f	
端組泥		端：t	透：tʻ	定：tʻ	定：t	泥 $\{$n；nʑ(1) / ŋ$\}$　來 $\{$n / n；y(2)$\}$			
精組	洪 一二等	精 ts	清 tsʻ	從 tsʻ	從 ts		心 s	邪 s	邪 ?
	細 三四等	tɕ	tɕʻ	tɕʻ	tɕ		ɕ	ɕ	tsʻ，s / ɕ
莊組（照二）	今開	莊 ts	初（穿二） tsʻ	崇（牀二） tsʻ	崇（牀二） ts		生（審二） s	邪 s	
	今合	tɕ	tɕʻ	tɕʻ			ɕ	ɕ	
知組	極二等韻 其他（今開）	知 ts	徹 tsʻ	澄 tsʻ	澄 ts				
	今合	tɕ	tɕʻ	tɕʻ	tɕ				
章組（照三）	今開	章 ts	昌（穿三） tsʻ	船（牀三） tsʻ	船（牀三） ts		書（審三） s	禪 s	禪 s
	今合	tɕ	tɕʻ	tɕʻ	tɕ		ɕ	ɕ	ɕ

古聲組	今開/合	影響條件	全清塞（見／影）	次清塞（溪）	全濁塞 平（羣）	全濁塞 仄（羣）	次濁（日／疑／喻）	清擦（曉）	濁擦 平（匣）	濁擦 仄（匣）
日母	今開	止（附質藥）					○			
日母	今開	通舒					i			
日母	今開	其他					ŋ			
日母	今合						y			
見組／曉	開	一等	k	kʰ			ŋ	x		x
見組／曉	開	二等	k,tɕ	kʰ,tɕʰ			ŋ,i	x,ɕ		x,ɕ
見組／曉	開	三四等	tɕ	tɕʰ	tɕʰ	tɕ	n,i	ɕ		ɕ
見組／曉	合	一二等	k	kʰ	*	*	u;○	x		x
見組／曉	合	蟹止咍通舒	k	kʰ	kʰ	k	u	x		x
見組／曉	合	三四等			tɕʰ	k	?	ɕ		*
見組／曉	合	其他	tɕ	tɕʰ	tɕʰ	tɕ	y	ɕ		ɕ
影組	開	一等	ŋ							
影組	開	二等	ŋ,i;u							
影組	開	三四等	i				喻：i			
影組	合	一二等	u;○(3)				*			
影組	合	蟹止咍通	u				u			
影組	合	三四等	i				i			
影組	其他		y				y			

2. 韵母

第 一 表

攝列	開 一 幫系	開 一 端系	開 一 見系	開 二 幫系	開 二 泥組	開 二 知莊組	開 二 見系	開 三四 幫系	開 三四 端系	開 三四 莊組	開 三四 知章組	開 三四 日母	開 三四 見系
果	*	o	o	a	a	a	ia,a	*	ie	*	e	e	ie
(遇)						*				*			
蟹	*	ai	ai	ai	ai	ai	ai,ia	i	i	i	ï	*	i
止	*	*			*	*		i,ei	i:i	ï	ï	ɯ	i
効	au	au	au	au	au	au	au,iau	iau	iau		au	au	iau
流	au	eu	eu					ei.u	ieu	eu	eu	eu	ieu
咸	*	an	an	an	*	an	an,ien	ien	ien	*	an	yan	ien
山	*	an	an	an	*	an	an,ien	ien	ien	*	an	yan	ien
宕	aŋ	aŋ	aŋ	aŋ	aŋ	yaŋ	aŋ,iaŋ	*	iaŋ	yaŋ	aŋ	aŋ	iaŋ

開

攝列	一 幫系	一 端系	一 見系	二 幫系	二 泥組	二 知莊組	二 見系	三四 幫系	三四 端系	三四 莊組	三四 知章	三四 日母	三四 見系
深		*				*		in	in	ən	ən	ən	in
臻	*	ən	uən			*		in	in	ən	ən	ən	in
曾	ən,oŋ	ən	uən			*		in	in	*	uən	uən	in
梗		*		ən,oŋ	ən	ən	ən,in	in	in	*	ən	*	in
(通)		*			*	*				*		*	
咸入	*	a	o	a	*	a	a,ia	*	iæ	*	æ	*	iæ
山入	*	a	o	a	*	a	a,ia	iæ	iæ	*	æ	yæ,æ	iæ
宕入	o	o	o	o	*	o	o,io	*	io	o	o	o	io
深入	*	*				*		*	i	ï	ï	y	i
臻入	*	*	æ			*		i	i	æ	ï	ɯ	i
曾入	æ	æ	æ			*		i	i	æ	ï	*	i
梗入	*	*		æ	*	æ	æ	i	i	*	ï	*	i
(通入)						*				*	*	*	

第 二 表

攝＼聲母	幫系(一)	端系(一)	見系(一)	幫系(二)	莊組(二)	見系(二)	幫系(合)	泥組(三四)	精組(三四)	莊組(三四)	知組章組(三四)	日母(三四)	見系(三四)
果	o	o	o	*	*	ua			*				ye
遇	u	eu	u		*		u	y、i	i	ɐe	y	y	y
蟹	i	i	uei,uai	*	*	ua,uai	ei	*	i	*	yei	*	uei
止		*			*		i,ei;uei	i	i	yai	yei	*	uei
(效)		*			*					*			
(流)		*			*					*			
咸	an	an		*	*		an	ien	ien	*			
山	an	an	uan	*	yan	uan	an;uan	ien	ien		yan	yan	yan
宕	*	*	uaŋ		*		aŋ;uaŋ				*		uaŋ

呼	合												
等	一			二			三 四						
聲母 \ 攝別	幫系	端系	見系	幫系	莊組	見系	幫系	泥組	精組	莊組	知章組	日母	見系
(深)	ue	*	*		*		(1)ɬoŋ:n	ne	ne	ne	ne	ne	nei·ʮ
臻	ue	ue	uen		*		uen;ue	ue	in	*	yen	yen	yan
曾	loŋ		loŋ		*	loŋ·uen	loŋ	loŋ	loŋ	loŋ	loŋ	loŋ	ʮoŋ·loi
梗	loŋ	loŋ	loŋ	*	*		a	iæ	iæ	*	yæ	*	yæ
通	o	o	loŋ			ʮo	ʔ				*		
咸入	u	o	u	*	ya	ua	u	iæ	iæ	*	yæ	*	y
山入	u	o	o	*	ya	ua	a;ua	iæ	iæ	*	yæ	*	y
宕入	o	*	o	*	*	uæ							y
(深入)	*	*	u	*			u	u	i	*	y	*	y
臻入	u	eu	u	*	*		u	i	i	*	y	*	y
曾入	*	*	uæ	*	*								y
梗入	eu	*	uæ	*	*								y
通入	(1)ɬoŋ:n	eu	u	*	*	uæ	(1)ɬoŋ:n	ne	ne	ne	ne	ne	nei·ʮ

3. 聲調

古類＼今類值影響條件		陰 平	陽 平	上	陰 去	陽 去	入
平	清	ˊ					
	濁		˩				
上	清			ˋ			
	次 濁			ˋ			
	全 濁					˥	
去	清				ˊ		
	濁					˥	
入	清						ˊ
	次 濁						ˊ
	全 濁						ˊ

附注：

聲母：—

(1)泥母一二等讀n，但‘内’讀n̠i。

(2)來母三四等在魚韵讀y，如‘呂’y，餘讀n。

(3)影母一二等合口讀合，但在今o韵讀開，如‘窩’o。

韵母：—

(1)通攝入聲幫系讀u，但明母讀oŋ，如‘僕’pʻu，‘木’moŋ。

E. 同音字表

今調	陰平 ⌐	陽平 ⌐	上 ⌐	陰去 ⌐	陽去 ⌐	入 ⌐
今韻	ï;ɯ(○後)					
廣韻	祭‖脂;之;支‖緝‖質‖職‖昔(均開口)					
p pʻ m f						
t tʻ n						
ts	之;知‖隻入		子;只	致,至;翅審	自;字	置去‖執‖姪,質‖直值植,殖禪‖擲,隻炙
tsʻ		遲	恥;此	滯澄‖次;刺,賜心		秩澄‖赤
s	師;思;斯,施	時‖十入	矢;使,始	世‖四,示牀;市禪‖式飾入	伺心,似,士,事;是	實‖食蝕‖石
tɕ tɕʻ ɲ ɕ						
k kʻ ŋ x	翁(ㄅ)東					
○		而	爾		貳	日

今调	陰平ㄥ	陽平ㄥ	上ㄥ	陰去ㄱ	陽去ㄱ	入ㄥ
今韵	i					
廣韻	魚;虞‖祭;齊;灰;泰‖脂;之;支;微‖緝‖質;迄;術‖職‖昔;陌三;錫					
p			比;彼	貝‖臂	敝;倍,佩‖被	畢必‖逼‖碧;壁
p‘	披		鄙痞幫,丕平			弼並‖僻,闢並
m		梅	米‖靡			秘泌幫去
f						
t			底	帝;對;兌	第,隸來‖地	的,笛
t‘		堤提				
n		梨;離	屢去‖禮‖履;李里;累		例‖類	立‖栗;律‖力‖歷
tç			己;幾	祭;計繼;最‖寄;季	聚‖罪‖忌;技妓	緝,楫集,急級,及,吸曉‖吉‖極‖積;激
tç‘	妻,棲心,溪,奚匣;攜匣合‖期羣	齊‖其;奇	起	去溪魚;趣娶‖脆器;氣;悴從,粹心		七;乞,迄曉‖戚,喫
nʑ		疑;宜	你		藝;內‖義議	逆
ç	須‖西,兮匣‖希	徐‖隨	洗‖璽徙支心開	細;歲‖戲	序‖系;遂	泣溪‖戌恤‖息席
○	衣依	夷;移;遺	以,矣	憶入		嘻屑‖邑‖逸一‖亦

今調	陰平⊣	陽平⊿	上↘	陰去⊣	陽去⊣	入⊣
今韵	u					
廣韵	模;虞‖尤‖没;物‖覺‖屋,沃					
p					步	
p'			譜幫,普			勃並‖卜幫,撲,曝瀑僕並
m						
f			府,腐奉	附奉‖婦 負奉		服伏
k	孤					骨
k'						哭;酷
ŋ						
x		狐乎胡	虎		户	忽
○	烏	吾;無	五;武		務‖戊侯明	物‖握‖屋;沃

今韵	y					
廣韵	魚;虞‖術;物‖職‖昔‖屋三;燭					
tɕ	猪,諸		主	著;句	巨;柱、住	拘平‖橘‖菊;局
tɕ'	樞,區	除		去		出;屈
n̠ʑ			女			
ɕ	書,虚;殊禪		暑鼠,許		樹	
○		如,魚,於影;余 餘;儒,愚,于	吕,與;羽		遇	入‖鬱‖域‖疫役‖玉

今調	陰平 ˧	陽平 ˩	上 ˋ	陰去 ˥	陽去 ˧	入 ˧
今韵	a					
廣韵	麻二‖合;盍;洽;狎;乏‖曷;鐸;黠					
p	巴					八
p‘						拔
m		麻	馬			
f						法‖髮
t			打庚		大泰	答;達
t‘	他				踏入	
n	拉入	拿	[哪]	[那]		納;臘‖辣
ts					乍	雜;閘‖札
ts‘	差			詫‖刹入		插‖察
s	沙		撒入			殺
k						甲
k‘						
ŋ						
x					<u>下</u>	瞎

今韵	ia					
廣韵	麻二‖佳‖恰,狎‖鎋(均開口)					
tɕ	家‖佳		假買			<u>甲</u> 恰喫（廣韵作鹹）
tɕ‘						
n̠						
ɕ		霞			<u>下</u>	狹;匣‖挾帖‖<u>瞎</u>
○	鴉	牙				鴨

今調	陰平˧	陽平˨	上˥	陰去˩	陽去˧	入˧
今韵	ua					
廣韵	麻二‖佳;夬‖鎋;黠(均合口)					
k	瓜					刮
k‘				掛見		
ŋ						
x		華		化	畫;話	滑
○	蛙		瓦‖咼宵			挖

今韵	ya					
廣韵	鎋(合口)					
tɕ						
tɕ‘						
ȵ						
ɕ						刷

今調	陰平 ˥	陽平 ˩	上 ˨	陰去 ˥	陽去 ˦	入 ˥
今韵	o					
廣韵	歌;戈一‖末‖没‖鐸;覺;藥					
p	波,玻㳄					剝
p‘	坡	婆	頗‖剖㑋			
m	麼₁上		麼₂			末‖莫‖没
f						
t	多				舵	
t‘			妥			脱‖託
n		羅;騾				洛
ts			左		坐	作,昨;桌,濯;捉;酌
ts‘						
s			所魚			
k	歌哥		果	個;過		鴿‖割‖各;角;郭
k‘			可	課		闊‖確殼
ŋ		鵝	我			遏‖惡
x		何;禾			禍	合;盍‖喝;活‖鶴;霍
○	鍋見,窩					若

今調	陰平ㄱ	陽平ㄴ	上ㄱ	陰去ㄱ	陽去ㄱ	入ㄱ
今韵	io					
廣韵	覺;藥(均開口)					
t tʻ n						略
tɕ tɕʻ nʑ ɕ						覺;爵;嚼;脚 雀精 學;削
○						虐;約

今調	陰平 ˥	陽平 ˩	上 ˥	陰去 ˥	陽去 ˥	入 ˥
今韵	e					æ
廣韵	麻三					葉‖薛‖緝‖櫛‖德;職‖陌;麥
p						北‖百伯,白
p'						泊鐸並‖迫幫,拍
m						麥
f						
t						得德
t'						忒,特定
n				[那]		勒
ts				[這]		則;側‖責
ts'						徹,撤澄‖測‖宅澤擇澄
s		蛇				涉‖舌,設‖澀‖瑟‖色
k						格;革
k'						刻
ŋ			惹			熱₁‖厄
x						黑‖赫

今調	陰平˦	陽平˩	上˥	陰去˧	陽去˦	入˦
今韵	ie					iæ
廣韵	戈三;麻三					葉;業;帖‖薛;月;屑
p						撇
p'						
m						滅
f						
t						
t'						帖‖鐵
n						列;劣
tɕ	嗟					接‖傑;節,結;絶
tɕ'		茄				劫見‖竭臺;切
ɲɕ						業‖孽;臬
ç	些	邪	寫		謝	脅;協挾‖薛;穴₂合
○			野也			葉‖謁

今調	陰平˥	陽平˨	上˩	陰去˦	陽去˧	入˥
今韻						uæ
廣韻						德‖麥(均合口)
k						國
k'						
ŋ						
x						或‖獲

今韻	ye					yæ
廣韻	戈三(合口)					薛;月;屑(均合口)
tɕ						綴,拙;掘;決
tɕ'						缺
ȵ						
ɕ	靴					説;穴₁
○						熱₂;閲;月,越日

今調	陰平˥	陽平˩	上˥	陰去˥	陽去˥
今韻	ai				
廣韻	咍;泰;皆;佳;夬(均開口)				
p				拜	敗
pʻ				派	
m		埋	買		
f					
t				帶	待、代
tʻ				泰	
n		來	乃;奶		賴
ts	災;齋				在
tsʻ		才;柴		菜;蔡	
s					
k	該;皆街		改;解	蓋;介界戒,械匣	
kʻ	開				概見,愾
ŋ	哀		矮	愛	艾
x		孩;偕見,諧;鞋‖還刪合			亥;害

今調	陰平 ˧	陽平 ˩	上 ˩	陰去 ˥	陽去 ˧
今韵	uai				
廣韵	泰;皆;夬(均合口)				
k					
k'			塊去	會(|計)見;快	
ŋ					
x		懷			
○	歪曉				外

今韵	yai				
廣韵	脂;支(均合口)				
tɕ					
tɕ'			揣		
ȵ					
ɕ				帥	

今韵	ei				
廣韵	廢‖脂;支;微‖尤				
p	卑;悲;碑				
p'					
m					
f	飛	肥	否	肺,廢	

今調	陰平˥	陽平˩	上˥	陰去˥	陽去˥
今韵	uei				
廣韵	灰;泰;祭;齊‖脂;支;微(均合口)				
k kʻ ŋ x	龜;歸 灰	 回	 毀	桂 諱	 會;彗喩;惠
○	威	維惟;危,爲;微,圍	委	畏	衛‖位,爲;未;彙

今韵	yei				
廣韵	祭‖脂(均合口)				
tɕ tɕʻ ȵ ɕ	追 	 錐;垂 	 水	 稅	 瑞睡

今調	陰平 ˩	陽平 ˩	上 ˥	陰去 ˥	陽去 ˥
今韵	au				
廣韵	豪;肴;宵‖侯				
p p' m f	包 貓明平	袍;跑 謀	保 某畝		 貌‖[冒](＝没有)
t t' n		桃 牢	倒	到	 鬧
ts ts' s	朝;招		草;炒 掃;少	照	皂造;趙 紹
k k' ŋ x	高	饒 毫	攪 好	告 奧	

今調	陰平 ˧	陽平 ˩	上 ˦	陰去 ˥	陽去 ˥
今韵	iau				
廣韵	肴;宵;蕭				
p p' m f	貓明平	苗	表		謬幽
t t' n		條 燎;聊		釣 跳	
tɕ tɕ' ȵ ɕ	消,囂;蕭	喬 堯 餚淆	巧 小;曉	叫 孝	校効
○	妖				

今調	陰平 ˧	陽平 ˩	上 ˨	陰去 ˥	陽去 ˨	入 ˧
今韵	eu					
廣韵	模;魚;虞‖侯;尤‖沒‖屋;沃;燭					
t	都		賭肚‖斗	鬥	杜	讀;篤
t‘		圖‖頭				突;禿
n		奴	努		怒,路‖漏	鹿;陸;綠
ts	周		走	做‖奏	助	卒‖竹;足,燭嘱
ts‘	初	鋤‖愁	楚‖丑			族從;促,觸
s				素;數‖獸		蕭,縮,叔,熟;續,屬
k						
k‘						
ŋ	歐	柔	偶			肉;辱
x		侯			候後	

今韵	ieu					
廣韵	尤;幽					
t	［丟］					
t‘						
n		劉				
tɕ	糾上		九		就,舅	
tɕ‘	秋	囚,求				
ȵ	牛		紐			
ɕ	休					畜
○		猶由,尤		幼		育;欲

今調	陰平˥	陽平˩	上˨	陰去˥	陽去˧
今韵	an				
廣韵	覃;談;咸;銜;鹽;凡‖寒;山;删;仙;先;桓;元				
p			板	半;扮	辦
p'				盼;判,叛並	
m					慢
f		凡‖煩	反		范
t			短	旦	
t'	貪	談‖彈		歎	
n		南;藍‖難			亂
ts	沾		斬‖展		暫‖棧
ts'	餐		慘‖剗;産審		
s	三;衫‖山;删	蟬	陝	扇;算	
k	干;間		感;敢‖[趕]		
k'				看	
ŋ	安		眼	暗	岸
x		含;鹹‖寒		漢	陷‖旱‖限2

今調	陰平˦	陽平˨˩	上˩˧	陰去˥˧	陽去˩˩
今韵	uan				
廣韵	桓;山;删;元(均合口)				
t					
tʻ					
n			暖泥桓		
k	官觀;鰥			貫;慣	
kʻ			皖匣		
ŋ					
x			緩匣	喚	換
○	彎	玩去,丸(彈|)完匣;頑	碗		萬

今韵	yan				
廣韵	鹽||删;仙;元;先				
tɕ	專				篆,倦
tɕʻ		船			
n̠					
ɕ	閂	玄			
○		然;丸(肉|)匣桓合;鉛,圓;元,園	染||軟;阮;遠		院

今調	陰平⌐	陽平⌐	上⌐	陰去⌐	陽去⌐
今韵	ien				
廣韵	咸;銜;鹽;嚴;添||山;删;仙;元;先				
p	邊		貶		辨;辮
pʻ				偏幫,片	
m			勉		
f					
t			點典	店	
tʻ	天				
n		連聯			戀
tɕ	間		減||剪;繭	監||諫;建;見	漸||件
tɕʻ	謙||千	鉗||錢;前;全			
ȵ		廉來;嚴||年	研平		驗;念||硯
ɕ	仙鮮;軒掀;先;宣	銜;嫌||閑;賢弦	險||癬	憲	限₂||現;縣合
○	晏去||煙	言;沿合	眼;演	厭	

今調	陰平 ˧	陽平 ˩	上 ˧	陰去 ˧	陽去 ˧
今韻	ən				
廣韻	侵‖痕;臻;真;魂;諄;文‖登;蒸‖庚;耕;清				
p	崩				
pʻ		彭			
m		門			
f	分			奮	
t			等	頓	
tʻ	吞				
n		倫‖能	冷		論
ts	臻‖增;徵‖爭;貞;偵徹		〔怎〕	政	鄭
tsʻ	撐	沉‖陳,臣;存‖成誠;盛			盛
s	深,森‖身申‖生	晨‖繩	審‖損		
k	跟‖更;耕		硬疑去	亘	
kʻ			懇‖肯		
ŋ	恩	壬‖人‖仍	忍		認
x		恒	很匣		恨

今韻	uən				
廣韻	魂;文‖庚二(均合口)				
k					
kʻ	坤			困	
ŋ					
x	昏	橫			
○	溫	文聞	穩		問

今調	陰平 ˧˥	陽平 ˩	上 ˥	陰去 ˥	陽去 ˩
今韵	yən				
廣韵	諄;文‖清;庚;青				
tɕ	均				
tɕʻ	椿,春	唇‖羣‖瓊			
ȵ					
ɕ	勳	純	迴匣		
○		雲‖營;榮;螢匣	允‖尹永		閏‖孕蒸開

今韵	in				
廣韵	侵‖真;欣‖蒸‖庚;耕;清;青				
p	兵		稟	並並	
pʻ		貧‖瓶;平	品		
m		民‖名;明	敏		命
f					
t	丁				
tʻ	聽				
n		林‖鄰‖陵‖靈			令
tɕ	侵清,今‖津,巾;斤‖京荆驚經			晉進‖勁	近‖靜
tɕʻ	欽‖輕;傾合溪	秦‖情 凝	頃合溪		
ȵ					
ɕ	心‖新;星	尋‖旬‖行;形		信‖性	杏;幸
○	音‖因‖鶯;英	銀‖盈	隱	印‖應	

今調	陰平 ㄧ	陽平 ㄩ	上 ㄟ	陰去 ㄱ	陽去 ㄱ
今韵	aŋ				
廣韵	唐;江;陽				
p p' m f	邦 方	旁 忙 防房		放	
t t' n	當 	 郎	 朗		蕩
ts ts' s	張 倉 桑;商	 常	長		 上尚
k k' ŋ x	綱剛				 讓 項、巷

今調	陰平˧	陽平˨	上˩	陰去˥	陽去˥
今韵	iaŋ				
廣韵	江;陽(均開口)				
t t' n			兩		
tɕ tɕ' ȵ ɕ	江 香	詳祥 娘	講 强 仰		像邪 象像
○					樣

今韵	uaŋ				
廣韵	唐;陽(均合口)				
k k' ŋ x	光 慌	狂 黄		曠況曉	
○	汪	王	往		旺

今韵	yaŋ				
廣韵	江;陽(均開口)				
tɕ tɕ' ȵ ɕ	椿;莊 窗	牀	撞澄		

今調	陰平˥	陽平˩	上˥	陰去˧	陽去˥	入˧
今韵	oŋ					
廣韵	登‖庚二;耕‖東;冬;鍾‖屋					
p p' m f	 風;封	朋 萌 	 	 	 孟‖夢 奉	 木;目
t t' n	 通 	同 同 農;隆;龍	 桶;統去 攏	 	洞 	
ts ts' s	中;鍾 充 鬆;嵩;松	 崇 	總 寵 	衆 送;宋	 誦	
k k' ŋ x	公功;弓;恭 空 	 弘‖宏‖紅	 恐 	 	共 	

今韵	ioŋ					
廣韵	庚三‖東三;鍾(均合口)					
tɕ tɕ' ɲ ç	 兄‖胸	窮 熊雄喻	 	 	 	
○		絨,融;茸,容			用	

F. 音韵特點

1.聲母

(1)不分ts,tʂ。精組跟知系洪音皆讀ts等，如'則'='責'tsæ,'昨'='酌'tso,'草'='炒'ts'au,'蕭'='叔'seu。

(2)知系今開口皆讀ts等，如'周'tseu,'山'san,'生,身'sən,'充'ts'oŋ,今合口全讀tɕ等，如'帥'ɕyai,'椿,莊'tɕyaŋ,'牀'tɕ'yaŋ,'春'tɕ'yən,'水'ɕyei。

(3)不分尖團。精組跟見系細音皆讀tɕ等，如'齊'='奇'tɕ'i,'小'='曉'ɕiau,'剪'='減'tɕien,'旬'='行'ɕin。

(4)泥來今洪音不分，都讀作n。如'臘'='納'na,'倫'='能'nən,'龍'='農'noŋ,'路'='怒'nəu;今細音來母仍讀n,泥母則作ɲ,如'李'ni≠'你'ɲi,'類'ni≠'內'ɲi,'連'nien≠'年'ɲien,'兩'niaŋ,'娘'ɲiaŋ。

(5)日母今開口在止攝通舒及質藥韵讀無聲母，如'而'ɯ,'爾'ɯ,'絨'ioŋ,'日'ɯ,'若'o,其餘讀ŋ,如'肉,辱'ŋeu,'饒'ŋau,'人'ŋən;今合口一律讀○，如'然'yan,'如'y,'閏'yən。

(6)疑影兩母開口一等皆讀ŋ,如'愛'ŋai,'艾'ŋai,'歐'ŋeu,'偶'ŋeu,'奧'ŋau,'岸'ŋan;三四等疑母讀ɲ或○不定，如義ɲi,'硯'ɲien,但'虐'io,'銀'in;影母則一律讀○，如'衣'i,'煙'ien,'約'io,'英'in。

(7)見系開口二等在梗攝入聲與蟹攝(除佳字)不顎化，如'格'kæ,'赫'xæ,'介'kai,其餘不定，如'下'ɕia,xa,'瞎'ɕia,xa,'覺'tɕio,'確'k'o。

2.開合

(1)端系一等合口在遇蟹山臻全變開口，如'土't'eu,'素'seu,'對'ti,'最'tɕi,'短'tan,'算'san,'頓'tən,'存'ts'ən,'卒'tseu。

(2)來母合口三四等除遇攝'呂'字讀y外，皆變開口，如'類'ni,'戀'nien,'倫'nən,'劣'niæ,'律'ni,'六'neu。

(3)日母開口在咸山攝舒聲變合口，如'然'yan,'染'yan;在山攝入聲開合兩讀，如'熱'ŋæ,yæ。

3. 韵母

(1)遇攝模韵端系，魚虞韵莊組，今皆讀eu，跟流攝混。如'圖'='頭'
t‘eu，'路'='漏'neu，'鋤'='愁'ts‘eu，'素,數'='獸'seu。

(2)遇攝魚虞韵精組跟蟹止攝合口端系，一律讀i，如'徐'='隨'çi，
'序'='遂'çi，'聚'='罪'tçi，'對'ti，'類'ni，'累'ni，'脆'tç‘i。

(3)魚虞韵知章日但跟見系同讀y，如'著'='句'tçy，'書'='虛'çy，
'如'='余'y。

(4)流攝幫系，一等讀au，如'某'mau，三等讀au或ei不定，如'謀'mau，
但'否'fei。其餘皆作eu,ieu，如'奏'tseu，'獸'seu，'後'xeu，'幼'ieu。

(5)通攝入聲明母讀oŋ，如'木,目'moŋ，其他幫系字讀u，如'撲'p‘u，
'服'fu。見系一等讀u，如'哭'k‘u，'屋'u，三等讀y或ieu不定，如'局'tçy，但
欲ieu。其他各聲母字皆讀作eu，如'族'ts‘eu，如'蕭'seu，'肉辱'ŋeu，'竹'
tseu。

(6)曾梗攝舒聲除少數字混通攝外，皆與深臻攝舒聲同收n尾，如'能'
='倫'nən，'增爭'='臻'tsən，'生'='深,申'sən，'耕'='跟'kən，'永'=
'允'yən，'輕'='欽'tç‘in。

4. 聲調

(1)鄂城聲調共有六類。去聲分陰陽。古去聲清音今爲陰去，如'貝,
課,印,送'今爲陰去類。上聲全濁跟去聲濁音今讀陽去。如'趙,舅,件,
倦,院,用'等字。

(2)有入聲，古入聲不論清濁，今仍讀入聲，如'則,絕,欲,木'今皆爲入
聲。

G. 會話

44 a：ȵiˇ tçiaˊ niˈ yˉ moˇ tsïˈ naiˋ tiˈ aˉ?
你　家　裏？麽　子　來　的　阿?

44 b：ŋoˇ tsoˊ tʻienⵜ naiⵜ tiⵑ。
　　　我　昨　天　　來　的。

　　a：n̠iˇ tsoˊ tʻienⵜ ieuⵜ naˇ naiⵜ tiⵑ aⵜ?
　　　　你　昨　天　　由　哪　來　的　阿？

　　b：ŋoˇ ieuⵜ xuaⵜ ioŋⵑ kaiˊ，ŋoˇ pʻuⵜ tiˇ naiⵜ。
　　　　我　由　華　　容　街，我　鋪　底　來。

　　a：n̠iˇ ieuⵜ pʻuˊ tiⵑ naiⵜ，n̠iˇ çiauˇ təⵑ(tæˊ) uˊ n̠iⵑ tiⵑ tɕʻinⵜ
　　　　你　由　鋪　底　來，你　曉　得　　屋　裏　的　情

　　　　çinⵜ tsənˇ moⵑ iaŋⵜ tsïⵑ niⵑ?
　　　　形　怎　麼　樣　子　呢？

　　b：tsʻïˇ tiⵜ tɕʻinⵜ çinⵜ tsïˇ sïⵜ tsoˊ tʻienⵜ aⵑ，tɕʻienⵜ tʻienⵜ tɕʻiˇ
　　　　此　地　情　形　只　是　昨　天　阿，前　　天　　起

　　　　naiⵜ neⵜ koⵑ taⵜ foŋˊ，xoⵜ miauˇ sïⵜ sauˇ çyⵜ ieuˇ tienˇ
　　　　來　那　個　大　風，禾　苗　是　少　許　有　點

　　　　sənˇ xaiⵜ。
　　　　損　害。

　　a：ɔ̃ⵑ，n̠iˇ naiⵜ tauⵜ kauˊ tʻeuⵜ tseuⵜ moˇ sïⵜ tɕʻi(n)ⵜ neⵜ?
　　　　呃，你　來　到　高　頭　做　麼　事　情　吶？

　　b：ŋoˇ tauⵜ kauˊ tʻeuⵜ naiⵜ sïⵜ teuⵜ çyⵜ tiⵑ。
　　　　我　到　高　頭　來　是　讀　書　的。

　　a：n̠iˇ tsaiⵜ naˇ koⵑ çioⵜ çiauⵜ tɕyⵜ naⵜ?
　　　　你　在　哪　個　學　校　住　啦？

　　b：ŋoˇ sïⵜ tsoŋⵜ xuaⵜ。
　　　　我　是　中　華。

　　a：ɔ̃ⵜ，tsoŋⵜ xuaⵜ，n̠iˇ tɕyⵜ naˇ iⵜ tɕiⵜ niⵑ?
　　　　呃，中　華，你　住　哪　一　級　呢？

　　b：tɕyⵜ tsʻeuⵜ iⵜ çiaⵜ。
　　　　住　初　一　下。

a：ŋ˅　　tɕia˧ ni˅, tɕieu˧ sï˧ ni˅ i˥ ko˥· (ŋ)ən˧ na˥·？
　　ŋ˅(你)　家　裏，　就　是　你　一　個　人　啦？

b：ɔ˥·, ŋo˅ kən˧ ŋo˅ ti˥ na˧ ko˥· seu˧ pæ˥ ko˧ ko˥ i˥ neu˧
　　呃,　我　跟　我　的　那　個　叔　伯　哥　哥　一　路

　　nai˨ ti˥·。
　　來　的。

a：u˧ ni˅ (ŋ)ən˨ xai˨──mau˧ tə˥·(tæ) mo˅ kin˧(tɕin˧) xuaŋ˧
　　屋　裏　人　還──冒　得　麼　驚　慌

　　pa˥·？
　　吧？

b：u˧ ni˅ (x)ai˨ piau˧ tɕi˥· kʻuən˧ nan˨ a˥·。
　　屋　裏　還　標　及①　困　難　阿。

a：⋯⋯tɕʻy˨ tɕʻi˥ tse˧ ki˧(tɕi˅) ȵien˨ nai˅, tsoŋ˅ sï˧ xan˧ tsai˧,
　　⋯⋯除　去　這　幾　　　年　來,　總　是　旱　災,

　　te(u)˧ sï˧ ɕyei˅ tsai˧, (ŋ)ən˨ min˨ te(u)˧ sï˧ piau˧ tɕi˥·,
　　都　是　水　災,　人　民　都　是　標　及,

　　piau˧ tɕi˥· nan˨, ȵi˅ tɕia˧ ni˥· na˧ sï˧ xən˅ xau˅ ti˥·？
　　標　及　難,　你　家　裏　那　是　很　好　的？

b：he˥·! ŋo˅ ie˅ pu˧ xau˅。
　　嘿!　我　也　不　好。

a：ȵi˅, mo˅ sï˨ (x)eu˧ xuei˨ tɕʻy˧ a˥·？
　　你,　麼　時　候　回　去　阿？

b：ŋo˅ tsʻa (p)u˧ to˧ faŋ˧, faŋ˧ fu˧ tɕia˧ tsʻai˨ tə˥·(tæ˧) xuei˨
　　我　差　不　多　放,　放　伏　假　才　得　　　回

　　tɕʻy˧。
　　去。

---

① "標及"就是"很"的意思。"標及困難"＝很困難。

a：hə˧˩，n̩˨˩ xuei˩ tɕʻy˧˦ mən˩(min˩) ɯ tʻoŋ˩ ŋo˨˩ i˥ neu˧ xuei˩
　　咳， n̩　 回　 去　明　　　日　 同　我 一　路　回

tɕʻy˩?
去?

b：kʻo˨˩ tæ˥ na˧ ŋo˨˩ mə(n)˧˩ i˥ neu˧ xuei˩ tɕʻy˩ a˧˩。
　　可　得　那　我　們　一　路　回　去　阿。

a：n̠i˨˩ mo˩ tə˧˩(tæ˥) mo˨˩ sï˧ pa˧˩?
　　你　没　得　　　麼　事　吧?

b：ŋo˨˩ ɕien˧ tsai˧ ieu˨˩ tie(n)˨˩ sï˧ tɕʻin˩，tai˧ xuei˧˦ tsai˧ xuei˧
　　我　現　在　有　點　事　情， 待　會　再　會

pa˧˩。
吧。

四五. 麻城（宋埠）

A. 發音人履歷

發音人	45a	45b
年齡	20 歲	17 歲
原籍	麻城宋埠	同左
職業	學生	同左
教育程度	中學	同左
幼時語言環境	在本鄉讀書	同左
教師方言	本地話	同左
住過的地方	武昌二年	漢口二年
曾否學國語	未	未
能否説別處話	不會	不會

二十五年五月七日吳宗濟記音

B. 聲韵調表

1. 聲母

p	比敗	pʻ	派朋	m	貌			f	會凡
t	到洞	tʻ	條土	n	老奴里				
ts	走棧臻	tsʻ	倉炒愁					s	嵩沙森
tʂ	周鄭倦	tʂʻ	丑成曇					ʂ	身熟玄	z̢ 柔用
tɕ	漸兼	tɕʻ	錢巧	ɲ	堯年			ɕ	謝賢
k	高跪	kʻ	考狂	ŋ	奧偶			x	好紅
○	而言未惹								

2. 韵母

ï	自恥;ɚ二	a	麻他乍家	o	婆妥坐酌果	e	白特測蛇格
i	貝隊氣徐	ia	佳狹	io	略虐	ie	別爹且竭
u	步忽故哭	ua	掛刮			ue	國
ʮ	女樹					ɥe	靴決

ai	買太再解	ei	備回肺	au	包倒掃饒毫	əu	否土走熟後
				iau	表跳孝	iəu	丟九
uai	塊	uei	歸				
ʮai	揣	ʮei	稅				

an	盼南餐陝看	en	本等存審肯
ian	貶典全念	in	兵林巾
uan	慣	uən	困
ʮan	玄專	ʮen	閏瓊

aŋ	旁堂床常綱	oŋ	朋同崇充弘

　　　　iaŋ　兩詳　　　　　　　ioŋ　兄胸
　　　　uaŋ　光

3. 聲調

陰平	陽平	上	陰去	陽去	入
˩	˨	˥	˦	˧	˧
丁	平	展武	對	坐樹怒	職自麥

C. 聲韵調描寫

1. 聲母

　　麻城聲母今定爲二十三個音位；更依發音部位，分爲p，t，ts，tʂ，tɕ，k，○七組。

　　p組p，pʻ，m，f。f是個變值音位，大多數讀唇齒的f，偶然也讀舌根音x(u)，還有些字是讀f又讀x(u)的。

　　t組t，tʻ，n。n也是變值音位，但是差不多都讀成鼻音n，只在極少數的時候讀邊音l。

　　ts組ts，tsʻ，s。讀法同北平音。

　　tʂ組tʂ，tʂʻ，ʂ，z。tʂ，tʂʻ，ʂ是偏前的舌尖後音；與合口韵相拼時，舌面又同時略略抬起，就略帶tʃ等的色彩。

　　tɕ組tɕ，tɕʻ，ɲ，ç。部位平均。

　　k組k，kʻ，ŋ，x。x只與開口韵拼。

　　○包括高元音i，u，ʮ以及喉閉塞ʔ或開口元音。

2. 韵母

　　ï在ts組聲母後讀ɿ，tʂ組後讀捲舌不很多的ʅ。ɚ讀得很開，近於ɐr。

　　i在p，t兩組聲母後讀得較鬆，在tɕ組聲母後較緊。

　　u讀音時嘴唇閉得特別利害，可是不太圓。在f之後或無聲母時他又帶唇齒性。用嚴式音標寫，就該是fv與ɣ。

ʮ相當於ɿ的圓唇,同時舌面又略略抬起,就成爲ʮ與y中間的圓唇元音。

a跟ia,ua,ɥa的a都近於標準元音ɑ。

o跟io的o通常近於標準元音o,只是在k組聲母後變得開一點,無聲母時,又帶了圓唇性,很像ᵘo。

e跟ue,ɥe的e都偏後而開。ie的e僅是開ɛ。

ai的"動程"比較長,收尾還是不很關,約自a至e。uai跟ɥai的ai同。

ei的e部位略偏央。在uei及ɥei中他並不變短。

au起於後a的地位,終於開ʊ。iau的au同。

əu的起頭很帶些e的色彩,發音人 45a 在音檔中讀的'侯''偶'二字簡直就要變eu了。在iəu中ə的音彩不很顯著,他差不多變成i至u中間一個長的流音。

an的元音是前a,但在k組聲母後讀得靠後些。ian的a受i的影響略開。

uan韵只有k組字,但是a的部位並不變後。ɥan的a同。

ən的元音是非常偏前的ə,尤其在k組聲母後,有時簡直讀成en。uən的ə不偏前,而且相當的短。ɥən的ə是偏前的。

in的元音i無論在p,t兩組的聲母後或是在tɕ組後,都讀成開的ɪ。無聲母時,起頭就比較關,有時成了複元音iɪ。

aŋ,iaŋ,uaŋ的a都是後ɑ。

oŋ跟ioŋ的o都和o或io韵的o一樣。

3.聲調

陰平由"半低"降至"低"再升至"半低"(212),寬式用低降升符號(ˇ313)。如跟別的字連在一起,無論在前或在後,陰平就變成低升調(13)或是低平調(11)。

陽平是中降調(ˋ42)。

上聲高平,有時由"半高"升至"高"(45),寬式用高平調號(ˉ55)。

陰去高升,有時由"半低"升至"高"(25),寬式用高升調號(ˊ35)。

陽去是中平調(˧33)。

入聲是中升調(ˊ24)。

D. 與古音比較

1. 聲母

發音方法及影響條件 古母今讀 古聲組及影響條件	全清塞	次清塞	全濁塞 平	全濁塞 仄	次濁	清擦	濁擦 平	濁擦 仄
幫組	幫:p	滂:pʻ	並:pʻ	並:p	明:m			
非組					微:u	非 敷 }f		奉:f
端組 泥 (洪 一二四等)	端:t	透:tʻ	定:tʻ	定:t	泥 { n / ȵ } 來 { n / n;ȵ }			
精組 洪	精 ts	清 tsʻ	從 tsʻ	從 ts		心 s	邪	邪 s
精組 細	精 tɕ	清 tɕʻ	從 tɕʻ	從 tɕ		心 ɕ	邪 ? tɕʻ;ɕ	邪 ɕ
莊組(照二) 今開	莊 ts	初(穿二) tsʻ	崇(牀二) tsʻ	崇(牀二) ts;s		生(審二) s		
莊組(照二) 今合	莊 tʂ	初 tʂʻ	崇 tʂʻ	崇 tʂ		生 ʂ		
知組 二等韻其他	知 ts	徹 tsʻ	澄 tsʻ	澄 ts				
知組 今開	知 tʂ	徹 tʂʻ	澄 tʂʻ	澄 tʂ				
知組 今合	知 tʂ	徹 tʂʻ	澄	澄				
章組(照三) 今開合	章 tʂ	昌(穿三) tʂʻ	船(牀三) ʂ	船(牀三) tʂʻ;ʂ		書(審三) ʂ	禪 tʂʻ;ʂ,ʂ	禪:ʂ

(1)

古声母分类	古影喻读及影晓组条件 / 古韵组及影晓组条件	全清塞	次清塞	全濁塞(平)	全濁塞(仄)	次濁	清擦	濁擦(平)	濁擦(仄)
（声母）		見 / 影	溪	羣	羣	疑 / 日 / 喻	曉	匣	匣
日母	今讀·止(附質)					○ ; z̩;i[2]			
	其他					ʐ			
見組曉	開·一等	k	kʻ			ŋ	x		x
	開·二等	k,tc	kʻ,tcʻ			ŋ;i	x,ç		x,ç
	開·三四等	tc	tcʻ	tcʻ	tc	ȵ	ç		ç
	合·一二等	k	kʻ	*	*	u;○	f;x[3]		f;x[3]
	合·蟹止合三四等	k	kʻ	kʻ	k	u	f		f
	合·通舒	k	kʻ	tcʻ	k	?			*
	合·其他	tʂ	tʂʻ	tʂʻ	tʂ	ʐ	s;ç[4]		s
影組	開·一等	ŋ				喻：i			
	開·二等	ŋ;i				*			
	開·三四等	i							
	合·一二等	u;○				u			
	合·蟹止合三四等	u				z̩			
	合·通舒	z̩				ʐ			
	合·其他	ʐ							

2. 韵母

第 一 表

攝\聲母	一 幫系	一 端系	一 見系	二 幫系	二 泥組	二 知莊組	二 見系	三四 幫系	三四 端系	三四 莊組	三四 知章組	三四 日母	三四 見系
				開									
果	*	o	o	a	a	a	a,ia	*	ie	*	e	ʮe	ie
(遇)		*				*				*			
蟹	*	ai	ai	ai	ai	ai	ai,ia	i	i	*	ï	*	i
止		*			*	*		i,ei	i;ï	ï	ï	ɚ	i
効	au	au	au	au	au	au	au,iau	iau	iau	*	au	au	iau
流	ne	ne	ne	ne	*	*		n,ne	nei	ne	ne	ne	nei
咸	*	an	an	an	*	an	an,ian	ian	ian	*	an	an	ian
山	*	an	an	an	*	an	an,ian	ian	ian	*	an	ʮan	ian
宕	aŋ	aŋ	aŋ	aŋ		aŋ	aŋ,iaŋ	*	iaŋ	aŋ	aŋ	aŋ	iaŋ

攝別	開 三四等						開 二等				開 一等		
	見系	日母	知組章	莊組	端系	幫系	見系	知組莊	泥組	幫系	見系	端系	幫系
深	in	uẽn,ue	ue	ue	in	in		*				*	
臻	in	uẽn,ue	ue	ue	in	in		*			ue	ue	*
曾	in	ue	ue	*	in	in		*			ue	ue	ue,oŋ
梗	in	*	ue	*	in	in	ən,in	ue	ue	ue,oŋ		*	*
(通)			*	*			*	*	*	*	*	*	*
咸入	ie	*	e	*	ie	*	a,ia	a	*	*	o	a	*
山入	ie	ɥe	e	*	ie	ie	a,ia	a	*	a	o	a	*
宕入	io	io	o	*	io	*	o,io	o	*	o	o	o	o
深入	i	ʮ	ï	e	i	*		*			e	*	e
臻入	i	ɚ	ï	e	i	i		*	*		e	*	e
曾入	i	*	ï	e	i	i	e	e	*	e	e	e	*
梗入	i	*	ï	*	i	i	e	*	*	e	e	e	e
(通入)		*	*	*			*	*	*	*	*	*	*

第 二 表

攝 \ 等·聲母	一			二			三 四						
	幫系	端系	見系	幫系	莊組	見系	幫系	泥組	精組	莊組	知章組	日母	見系
果	o	o	o	*	*	ua;a⁽¹⁾			*				ɣe
遇	n	ne	n	*	*	*	n	iʅ,ʅʻ	i	ne	ʅ	ʅ	ʅ
蟹	i	i	uai,uei;ei⁽¹⁾	*	*	ua;a、uai;ai	ei	*	i	*	ʅei	*	uei;ei⁽¹⁾
止			*	*	*	*	i,ei;uei	i	i	ai	ʅei	*	uei;ei
(效)			*		*	*				*			
(流)			*		*	*				*			
咸	an	an	an	*	an	*	an	ian	ian	*	*	ɣan	ɣan
山	an	an	uan;an	*	an	uan;an	an;uan	ian	ian	*	ʅan	ɣan	ɣan
宕	*	*	uaŋ;aŋ	*	*	uaŋ;an	aŋ;uaŋ			*		ɣan	uaŋ

合

呼	合												
等	一			二			三四						
声母 \ 摄	帮系	端系	见系	帮系	庄组	见系	帮系	泥组	精组	庄组	知章组	日母	见系 (3)
臻 (深)	ue	ue	ue;uen	*	*	ɕoi;ue	uen;ue	ue	in	*	uêh	uêh	ⁿei, ɦ
臻	ɕo	ue	ɕo	*	*	ɕoi;ue	ɕo	ue	ue	*	uêh	uêh	ne
曾	o	*	o	*		ua;a	a;ua	ie	ie	*	uêh	ɕo	ne
梗	o	o	o	o	a	ua;a	a;ua	ie	ie	*	ɕ	ɕ	ne
通	n	o	n	*	*	e	o	i	i	*	h	*	ne
咸入		*	ue;e	*	*			i	*	*	*	h	
山入	ne	*	*					n	n	*	*	*	ⁿei, ɦ (²ɕoⁿ)
岩入	n	*	ue;e		*					*	i	h	h
(深入)		*	n						*	*	*	*	h
臻入	ɕo	ɕo	ɕo	ɕo	ɕo	ɕoi;ue	ɕo	ɕo	ɕo	ɕo	ɕo	ɕo	h
梗入	ɕo	ɕo	ɕo	ɕo	ɕo	ɕoi;ue	ɕo	ɕo	ɕo	ɕo	ɕo	ɕo	ɕoi, ɕo
曾入	o	o	o	*	a	ua;a	a	ie	ie	ie	ɕê	ɕê	ɕê
通入	ue	ue	ue;uen	*	*	ɕoi;ue	uen;ue	ue	in	*	uêh	uêh	ne

3.聲調

古類 \ 今影響條件 \ 今值類		陰平	陽平	上	陰去	陽去	入
平	清	⌐					
	濁		⌐				
上	清			˥			
	次濁			˥			
	全濁					˧	
去	清				⌐		
	濁					˧	
入	清						⌐
	次濁						⌐
	全濁					˧	⌐

附注：

聲母：——

(1)來母三四等在魚韵失落聲母，如'呂'y，其他n。

(2)宕入讀i-，其他z̩。

(3)o，oŋ韵x，其他f。

(4)通入ɕ，其他ʂ。

韵母：——

(1)此系聲母下，凡有開合之分的，曉組讀開，見影兩組讀合。

(2)通入明母讀oŋ，其他u。

(3)見組讀ʮ，其他iəu。

E. 同音字表

今調	陰平ᴗ	陽平ᴗ	上ㄱ	陰去ㄱ	陽去⊣	入ᐟ
今韵	ï;ɚ(〇後)					
廣韵	祭‖脂;之;支‖緝‖質‖職‖昔(均開口)					
p						
p'						
m						
f						
t						
t'						
n						
ts			子		自;字	
ts'			此	次;刺,賜心		
s	師;思;斯		使	四;伺	似,士、事	
tʂ	之;知,支‖隻入			致,至;志;翅審		執‖姪,質‖直值植,織,殖禪‖擲秩澄‖赤
tʂ'		遲	恥		滯澄	
ʂ	施	時	矢;始	世‖試‖式飾入	示;市;是‖十‖食蝕‖石	實
ʐ						
tɕ						
tɕ'						
ȵ						
ɕ						
k						
k'						
ŋ						
x						
〇		而;兒	爾		貳二	日

今調	陰平ʌ	陽平ʌ	上˥	陰去˥	陽去˧	入˦
今韵	i					
廣韵	魚;虞‖祭;齊;灰;泰‖脂;之;支;微‖緝‖質;迄;術‖職‖昔;陌三;錫					
p			比;彼	貝‖臂	敝;倍佩‖被	必‖逼‖碧;壁
p'	披		鄙幫,丕平			弼並‖僻,闢並
m		梅‖靡上	米		秘泌幫	
f						
t			底	帝;對,隊定;兌定	第‖地	的,笛
t'		堤提				
n		梨;離	屢去‖禮‖履;李里裡理		例;隸麗‖類;累	立‖栗‖律‖力‖歷
tɕ			己;幾	祭;濟,計繼;最‖寄;季合見	聚‖罪‖忌;技妓	楫集,急級,及,吸曉‖吉‖極‖積;激
tɕ'	妻,棲心,溪‖欺,期羣	齊‖奇	起	去魚溪;趣娶‖脆‖器;氣;悴從,粹心		緝‖七;乞,迄曉‖戚;喫
ȵ		疑;宜			藝;內‖義議	逆
ç	須‖西,奚;兮匣‖希	徐‖携匣合‖隨	洗‖壐徙支心	歲‖戲	序‖係系‖遂‖席	泣溪‖戌恤‖息
○	衣依	夷;移;遺合	以,矣	意		噎屑‖邑‖一,逸‖憶‖亦

今調	陰平 ↙	陽平 ↗	上 ⌐	陰去 ˥	陽去 ˧	入 ˦
今韵	u					
廣韵	模;虞‖尤‖没;物‖屋;沃					
p					步	不
pʻ			譜幫,普			勃並‖卜幫,撲,僕瀑曝並
m						
f		狐乎胡	虎;府,腐奉	附奉‖婦負奉	户;父	忽‖服
k	孤			故		滑₂骨‖酷溪哭
kʻ						
ŋ						
x						
○	烏	吾;無	五;武		務‖戊侯明	物‖握覺‖屋沃

今韵	ʮ					
廣韵	魚;虞‖緝‖術;物‖職‖昔‖屋三;燭					
t						
tʻ						
n			女			
tʂ	猪,諸;拘俱		主	著;句	巨;柱、住	橘‖菊;局
tʂʻ	樞,區	除				出;屈‖曲
ʂ	書,虚;殊禪‖‖‖〔□〕(待也)		鼠暑,許‖水脂合		樹	
○		如,魚,於影,餘余;儒,愚,于	吕,語與;羽		預	入‖域‖役疫‖玉

今調	陰平 ˩	陽平 ˥	上 ˥	陰去 ˥	陽去 ˦	入 ˦
今韻	a					
廣韻	麻二‖合;盍;洽;狎;乏‖曷;鎋;黠;月					
p	巴		把			八,拔
p'						
m	[媽]	麻	馬			
f		華		化	畫;話‖滑₁	法‖髮
t			打庚		大泰	答搭‖達
t'	他歌					踏;塔
n	拉入	拿	[哪]			納;臘‖辣
ts					乍	雜;劄;閘
ts'	差					插‖察
s	沙		撒入			刹穿;殺;刷
tʂ						
tʂ'				詫徹二		
ʂ						
k	家					
k'						
ŋ						軋
x					下	

今調	陰平⌄	陽平⌃	上˥	陰去˥	陽去˧	入˧
今韵	ia					
廣韵	麻‖佳‖洽;狎‖鎋;點(均開口)					
tɕ tɕʻ n̠ ɕ	家;嗟‖佳		假			甲
		霞				狹;挾帖‖瞎
○	鴉	牙				鴨

今韵	ua					
廣韵	麻二‖佳‖鎋;點(均合口)					
k kʻ ŋ x	瓜			掛見		刮
○	蛙		瓦			挖

今調	陰平˩	陽平˥	上˧	陰去˥	陽去˧	入˩
今韵	o					
廣韵	歌;戈一‖合;盍‖曷;末‖鐸;覺;藥					
p	波,玻滂					泊;縛奉
p'	坡	婆	剖侯			
m			麼(‖事)			末‖莫
f						
t	多				舵	
t'			妥			脱‖託
n		羅;騾				
ts			左		坐	作;桌;捉
ts'						
s			所魚			
tʂ						酌
tʂ'						
ʂ						
k	歌		果	個;過		鴿‖割‖各;郭
k'			可	課		闊‖確
ŋ		鵝	我			惡
x		何			禍	合;盍‖喝;活‖鶴;霍
○	鍋見,窩					

今調	陰平˩	陽平˥	上˥	陰去˥	陽去˦	入˧
今韵	io					
廣韵	覺;藥					
t t' n						略
tɕ tɕ' ȵ ɕ						覺角;爵,嚼 雀精 虐 學;削
○						若;約

今調	陰平˩	陽平˥	上˥	陰去˩	陽去˦	入˦
今韵	e					
廣韵	麻三‖葉‖薛‖緝‖櫛‖德;職‖陌二;麥					
p pʻ m f	[□]（母稱）				獲	北‖百伯,白 迫幫,拍 麥 或
t tʻ n	[□]（父稱）					得德 忒,特定 劣‖勒
ts tsʻ s						則‖澤;責 側照,測 澀‖瑟‖色
tʂ tʂʻ ʂ		蛇	者	[這] 徹澈入,澈澄入 舌		涉‖設
k kʻ ŋ x						格;革隔 刻;客 厄 黑‖赫

今調	陰平˥	陽平˩	上˧	陰去˥	陽去˧	入˩
今韻	ie					
廣韻	戈三;麻三‖葉;業;帖‖屑;月;屑					
p						別
pʻ						撇
m						滅
f						
t	[爹]					
tʻ						帖‖鐵
n						列
tɕ	嗟					接‖傑;竭;節,結;絕
tɕʻ		茄	且			刮見‖切
nɕ						聶;業‖孽;臬
ɕ	些	邪	寫		謝	脅;協‖薛
○			野也			葉‖謁

今韻	ue					
廣韻	德(合口)					
k						國
kʻ						
ŋ						
x						

今調	陰平ㄟ	陽平ㄟ	上ㄱ	陰去ㄱ	陽去ㄐ	入ㄟ
今韵				ɥe		
廣韵				麻三;戈三‖薛;月;屑		
tʂ						綴,拙;掘;決
tʂ'						缺
ʂ	靴					説;穴
○			惹			熱;閲;月,越曰‖鬱物

今調	陰平ㄟ	陽平ㄟ	上ㄱ	陰去ㄱ	陽去ㄐ
今韵			ai		
廣韵			咍;泰;皆;佳;夬(均開口)		
p				拜	敗
p'				派	
m		埋	買		
f		懷			
t				帶	代、待;大
t'				泰太	
n	[奶](祖母稱)	來	乃;奶		賴
ts	齋			再	在;寨
ts'		才;柴		菜;蔡	
s				帥	
k	該;皆		改;解	蓋;介界戒,械匣	
k'	開			概見,愾	
ŋ	哀		矮	愛	艾
x		孩;偕見,諧,鞋‖還(‖有)删合			亥;害

今調	陰平ˇ	陽平ˊ	上˥	陰去˥	陽去˧
今韵	uai				
廣韵	泰;皆;佳;夬(均合口)				
k k‘ ŋ x			塊去	怪 會(∥計)見;快	
○	歪曉				外

今韵	ʮai				
廣韵	支(合口)				
tʂ tʂ‘ ʂ			揣		

今韵	ei				
廣韵	灰;泰;祭;廢;齊∥脂;支;微				
p p‘ m	卑;悲;碑				備
f	灰∥飛	回∥肥	匪	彗喻;廢,肺;惠匣∥諱;費,彙喻	會

今調	陰平˩	陽平˥	上˥	陰去˥	陽去˦
今韵	uei				
廣韵	祭;齊‖脂;支;微(均合口)				
k kʻ ŋ x	龜;歸			桂‖貴	
○	威	維惟;危,爲;微,圍	委	畏	衛‖位;爲;未

今韵	ɥei				
廣韵	祭‖脂;支(均合口)				
tʂ tʂʻ ʂ	追,錐	垂	水	稅	瑞睡
○				銳喻	

今調	陰平 ㄥ	陽平 ㄣ	上 ㄱ	陰去 ㄱ	陽去 ㄱ
今韵	au				
廣韵	豪;肴;宵				
p p' m f	包 貓明平	袍;跑	保		貌‖[冒](=没有)
t t' n		桃 牢	倒、到 老	到	鬧
ts ts' s			[找] 草;炒 掃		造皂
tʂ tʂ' ʂ	朝;昭 稍		少	照	趙 紹
ʐ		饒			
k k' ŋ x	高	毫	考 好	告 奥	

今調	陰平˩	陽平˥	上˥	陰去˥	陽去˩
今韵	iau				
廣韵	肴;宵;蕭				
p pʻ m f			表		
t tʻ n		條 燎;聊	 了	釣 跳 	
tɕ tɕʻ ȵ ɕ	 消;嚻;蕭	 喬 堯 肴涍	攪絞 巧 曉	叫 孝	 校効
○	妖		舀	要	

今調	陰平 ˩	陽平 ˥	上 ˥	陰去 ˥	陽去 ˦	入 ˥
今韵	əu					
廣韵	模;魚,虞‖侯;尤‖没‖屋;沃;燭					
p p‘ m f		謀	某畝 否			
t t‘ n	都	塗‖頭 奴	肚賭‖斗 土	鬥	杜 路‖漏	讀;篤 突‖禿 鹿;陸;綠
ts ts‘ s	初	鋤‖愁	組‖走 楚	做‖奏 素;數‖獸_{審三}	助‖就	卒‖足 族_從;促 肅,縮;屬
tʂ tʂ‘ ʂ	周 收		丑			竹;燭囑 觸 熟
ʐ		柔				肉,育;辱,獄,欲
k k‘ ŋ x	歐	侯	偶	够	後候	

今調	陰平 ˩	陽平 ˥	上 ˥	陰去 ˥	陽去 ˧	入 ˩
今韵	iəu					
廣韵	尤;幽‖屋三;燭					
t tʻ n	［丟］	劉				
tɕ tɕʻ ȵ ɕ	糾上 秋 休	囚;求 牛	九 紐		就,舅 謬明	畜;續燭邪
○		由猶	有友	幼		

今調	陰平 ˩	陽平 ˦	上 ˥	陰去 ˥	陽去 ˦
今韻	an				
廣韻	覃;談;咸;銜;鹽;凡‖寒;山;刪;仙;桓;元				
p			板	扮;半	辦
p'				盼;判,叛並	
m					慢
f	歡	凡	緩匣;反		范‖換;飯
t			短		旦端
t'	貪	談‖團		歎	
n		南;藍‖難	暖		難;亂
ts					暫‖棧
ts'	餐		慘‖剗,産審		
s	三;衫‖山;刪;閂			算	
tʂ	沾		展		
tʂ'		蟬	陝		
ʂ				扇	
ʐ̩			染		
k	干		感;敢		
k'				看	
ŋ	安				
x		鹹;銜$_1$‖寒		漢	陷$_1$‖限$_1$

今調	陰平 ˋ	陽平 ˊ	上 ˇ	陰去 ˉ	陽去 ˧
今韵	ian				
廣韵	咸;銜;鹽;嚴;添‖山;删;仙;元;先				
p	邊		貶		辨;辮
p'				偏幫,片	
m					
f					
t			點‖典	店	
t'	天	田			
n		廉‖連聯			戀
tɕ	間;堅		減‖剪;繭	監‖諫;建;見	漸‖件
tɕ'	謙‖千	鉗‖錢;全 嚴‖年			
nʑ					驗;念‖硯
ç	仙鮮;軒掀;先;宣	含罩;銜2;嫌‖閑;賢弦	險‖癬;選	憲	陷2‖限2;現‖縣匣合
○		延;言;沿合	眼;演	厭‖晏	

今調	陰平˧˥	陽平˩˧	上˥	陰去˥˧	陽去˧
今韵	uan				
廣韵	桓;山;刪;元				
k k‘ ŋ x	官觀;鰥;關			貫;慣	
		皖匣			
○	彎	完匣;頑	碗		萬

今韵	ɥan				
廣韵	仙;元;先				
tʂ tʂ‘ ʂ	專	船			篆;倦
	掀喧	玄			
○		然;緣鉛;元,園圓	軟;阮,遠		院

今調	陰平ˇ	陽平ˊ	上ˉ	陰去ˊ	陽去˧
今韵	ən				
廣韵	侵‖痕;臻;真;魂;諄;文‖登;蒸‖庚;耕;清				
p	崩		本		
pʻ		彭			
m		門			
f	昏;分	橫		奮	
t			等	頓	
tʻ	吞				
n		倫‖能	冷		論
ts	臻‖增‖爭				
tsʻ	撐	存			
s	森‖生		省		
tṣ	全侵見‖徵‖貞,偵徹			政	鄭
tṣʻ		沉‖陳,臣‖成城誠			
ṣ	深‖身申	晨‖繩	審		盛
ẓ		人			任
k	跟‖耕		亘去	更	
kʻ			肯		
ŋ	恩				硬
x		恒	很匣		恨

今調	陰平 ˨	陽平 ˩	上 ˦	陰去 ˨	陽去 ˧
今韵	uən				
廣韵	魂;文				
k kʻ ŋ x	坤			困	
○	温	聞	穩		問

今韵	uən				
廣韵	侵‖真;諄‖文‖蒸‖清;庚三;青				
tʂ tʂʻ ʂ	均;軍 椿,春 勳	唇;羣‖瓊 純			
○		壬‖雲‖仍‖蠅囘	忍;允‖永		認;閏;運‖孕喻開

今調	陰平˩	陽平˥	上˥	陰去˥	陽去˦
今韵	in				
廣韵	侵‖真;欣;諄‖蒸‖庚;耕;清;青				
p	兵		稟	並並	
p‘		貧‖平;瓶			
m		民‖名	敏		命
f					
t	丁		頂		
t‘				聽	
n		林‖鄰‖陵‖靈			令
tɕ	侵清,今‖津,巾;斤‖京荆;經			晉進‖勁	近‖靜
tɕ‘	欽‖親‖輕;傾溪合	秦	請;頃溪合		
ɲ		凝			
ɕ	心‖新‖星腥	尋‖旬‖行;形		信;迅‖性	杏;幸
○	音‖因‖鶯,英	銀‖盈;迎;營合	引‖隱;尹合	印‖應	

今調	陰平⤐	陽平⤒	上˥	陰去˥	陽去˦
今韵	aŋ				
廣韵	唐;江;陽				
p	幫;邦				
p‘		旁			
m		忙			
f	方	黃;房防			
t	當				蕩
t‘		堂			
n		郎	朗		
ts	莊				撞
ts‘	倉;窗	牀			
s	桑				
tʂ	張		長		
tʂ‘	昌				
ʂ	商	常			上尚
ʐ					讓
k	剛綱				
k‘					
ŋ					
x					項、巷

今調	陰平↙	陽平↘	上⌐	陰去⌐	陽去⊣
今韵	iaŋ				
廣韵	江;陽（均開口）				
t t‘ n			兩		
tɕ tɕ‘ n̠ ɕ	江 香鄉	祥詳 娘	講 仰 想		像邪
○					樣

今韵	uaŋ				
廣韵	唐;陽				
k k‘ ŋ x	光	狂		曠;況曉	
○	汪	王	往		旺

今調	陰平↙	陽平↘	上┐	陰去┐	陽去┤	入┤
今韵	oŋ					
廣韵	登‖庚二;耕‖東;冬;鍾‖屋(均合口)					
p						
p‘		朋				
m		萌			孟‖夢	木;目
f	風;封				奉	
t	東				洞	
t‘	通	同	桶;統去			
n		農;隆;龍	努模‖攏			
ts			總			
ts‘		崇				
s	鬆;松			送;宋	誦	
tʂ	中;鍾			衆;種		
tʂ‘	充		寵			
ʂ						
ʐ		榮‖融;茸			用	
k	公功;弓;恭				共	
k‘	空		恐			
ŋ						
x		弘‖宏‖紅				
○	翁					

今調	陰平˩	陽平˥	上˥	陰去˥	陽去˩	入˥
今韻	ioŋ					
廣韻	庚三‖東三(均合口)					
tɕ tɕ' n̠ ɕ	兄‖胸	窮 雄熊喻				

F. 音韵特點

1. 聲母

(1)分ts與tʂ，古精組洪音全讀ts等，如'似'sï，'存'ts'ən；章組字全讀tʂ等，如'是'ʂï，'純'ʂuən。

(2)莊組字，無論內外轉都歸ts組，如'愁'ts'əu，'山'san，但今合口作tʂ，如'揣'tʂ'uai。

(3)知組在二等韻的字也歸ts組，如'撞'ts'aŋ，'撐'ts'ən，'桌'tso；三等全歸tʂ等，如'篆'tʂuan，'徵'tʂən，'徹'tʂ'e。

(4)不分尖團，古精組細音與見系細音開口全讀tɕ等，如'節'='結'tɕie。

(5)見系合口細音讀tʂ等，如'缺'tʂ'ye，'羣'tʂ'yən(=唇)。

(6)見系字在通三入聲(屋三，燭)中，見組讀tʂ，曉組讀tɕ部位，如'菊'tʂʮ，'畜'ɕiəu。(影組見11條。)

(7)曉匣今合口變f，跟非敷奉混，如'回'fei(=肥)，'黃'faŋ(=房)，'昏'fən(=分)。

(8)見系開口二等字在蟹攝與梗攝入聲中，全不顎化，如'界'kai，'赫'xe；其他不定，如'講'tɕiaŋ，'巷'xaŋ，'陷'xan, ɕian。

(9)泥疑兩母開口三四等讀n̠，與來母細音分，如'嚴'='年'n̠ian≠'連'

nian。泥母洪音則與來混,如'納'='辣'na。

（10）疑影開口洪音讀ŋ,如'艾'ŋai,'安'ŋan。

（11）影喻兩母在通攝三等中全變z̩,如'用'z̩oŋ,'欲'z̩əu。

2. 開合

（1）端系一等字古合口全讀開,如'罪'tɕi,'算'san,'亂'nan,'短'tan。

（2）精組三四等字古合口也全讀開,如'序'ɕi,'旬'ɕin。

（3）來母三四等合口字除在遇攝中有一部保持合口外,其他全讀開,如'累'ni,'劣'nie。

（4）山攝合口莊組字讀開,如'閂'san。

（5）宕攝莊組字仍保持開口,如'窗'ts'aŋ,'牀'ts'aŋ。

（6）通入知系字讀開,如'竹'tʂəu,'肉'z̩əu,'蕭'səu。

3. 韵母

（1）模端系跟魚虞莊組字讀əu,與流攝同韵,如'奴'nəu,'數'səu。（入聲没屋沃諸韵同）

（2）魚虞知見系元音同,如'住'='句'tʂʮ。（入聲術韵同）

（3）蟹合一三等幫組端系與止合的端系字都讀i,如'貝'pi,'對'ti,'歲'ɕi,'累'ni。

（4）山咸舒聲元音在介母i後仍讀a,如'減'tɕian,'天't'ian。

（5）深臻曾梗混,全收n尾,如'稟'pin,'貧'p'in,'能'nən,'冷'nən。

（6）通入明母字讀oŋ,如'木'moŋ。

（7）通三入（屋三,燭）見系字見組讀ʮ,影曉組讀əu,iəu,如'局'tʂʮ,'育'z̩əu,'畜'ɕiəu。

4. 聲調

（1）分陰陽去,如'見'tɕian˧ ≠'件'tɕian˧。

（2）入聲獨立,但全濁一部分歸陽去,如'食'ʂi˧,但'合'xo˥。

G. 會話

45 a： niㄱ, niㄱ kueiㄱ ɕinㄱ aㆰ?
你, 你 貴 姓 阿?

45 b： ŋoㄱ ɕinㄱ tʻəuˇ。niㄱ ɕinㄱ moㄱ sïㆷ aㆰ?
我 姓 涂。你 姓 麼 事 阿?

a： ŋoㄱ ɕinㄱ niəuˇ。
我 姓 劉。

b： niㄱ uㆷ niiㆷ iəuㄱ tʻəuㄱ fei mauㆷ teㆰ?
你 屋 裏 有 土 匪 冒(=没有) 得?

a： ɕianㆷ tsaiㆷ xauㄱ iㆰ ɕieㆰ。niㄱ tsaiㆷ uㄱ tʂaŋˇ tʂㄩㆷ naㄱ koㆰ ɕioㄱ
現 在 好 一 些。你 在 武 昌 住 哪 個 學

tʻaŋˇ?
堂?

b： ŋoㄱ tʂㄩㆷ tʂoŋˇ faˇ。
我 住 中 華。

a： tʂㄩㆷ tɕiㄱ nianˇ tɕiㆷ aㆰ?
住 幾 年 級 阿?

b： tʂㄩㆷ əㆷ ʂaŋㆷ。ņㄱ tiㆰ teㆰ teㆰ xauㄱ aㆰ?
住 二 上。ņ 的 爹 爹 好 阿?

a： təuˇ xauㄱ。ņㄱ naㆷ əㆰ kʻoㄱ xauㄱ saiㆰ?
都 好。ņ 那 兒 可 好 煞?

b： oㆰ, iauㆷ ņㄱ kuanˇ ɕinˇ。
誒, 要 ņ 關 心。

a： niㄱ tʂoŋㄱ tiㆰ iəuㄱ tʻianˇ maㆰ?
你 種 的 有 田 嗎?

b： tʻianˇ puㆷ koㄱ tʂoŋㄱ tiㆰ ʂauˇ ʂㄩˇ iəuㄱ tɕiㄱ toˇ ɕieㆰ。
田 不 過 種 的 稍 許 有 幾 多 些。

a：tʂoŋ˧ niau˩˦ i˧ ȵian˥ ʂəu˩˩˦ te˩˦ to˩˩˦ ʂau˧? tɕi˧ to˩ kʰo˧ ne˩˦?
種　了　一　年　收　得　多　少？　幾　多　課　嘞？

b：i˧ ȵian˥ ʂəu˩˩˦ te˩˦，iau˧ san˧ tsoŋ˧ ʂəu˩˩˦ te˩˦ iəu˧ ɚ˦ ʂï˥
一　年　收　得，要　算　總　收　得　有　二　十

san˩˩˦ kʰo˧。
三　課。

a：ŋ˩，iəu˧ tɕi˧ to˩˩˦ zən˥ a˩˦?
唔，有　幾　多　人　阿？

b：pu˧ ko˧ tsəu˧ ʂï˥ ŋo˧ a˩˦，ŋo˧ fu˧ tɕʰin˩˩˦，kən˩˩˦ ŋo˧ te˩
不　過　就　是　我　阿，我　父　親，　跟　我　爹

te˩˦，mau˧ te˩˦ tɕi˧ ko˩˦ zən˥。
爹，　冒　得　幾　個　人。

a：tsəu˧ ʂï˥ ni˧ i˧ ko˧ zən˥ tsai˧ uai˧ tʰəu˩˦ təu˧ ʂɿ˩˩˦?
就　是　你　一　個　人　在　外　頭　讀　書？

b：o˩˦。
誒。

a：ni˧ i˧ ɕio˧ tɕʰi˩˩˦ iau˧ te˩˦ tɕi˧ to˩˦ ɕio˧ fei˧?
你　一　學　期　要　得　幾　多　學　費？

b：i˧ ɕio˧ tɕʰi˩˩˦ tsoŋ˧ iau˧ te˩˦ pa˧ tɕiəu˧ ʂï˥ kʰuai˧ tɕʰian˥。
一　學　期　總　要　得　八　九　十　塊　錢。

a：ni˧ tɕia˩˩˦ tʂɿ˧，ke˧ tau˧ ŋo˧ mən˩˦ iəu˧ tɕi˧ ɥan˧ a˩˦?
你　家　住，隔　倒　我　們　有　幾　遠　阿？

b：ke˧ tau˧˩˦ ŋ̍˧ u˧ ni˩˦ ta˧ kʰai˧ mau˧ tɕi˧ ɥan˧，tsoŋ˧ tsai˧ ʂï˥
隔　倒　𠍽　屋　裏　大　概　冒　幾　遠，　總　在　十

to˩˩˦ nai˧ ni˧ nəu˧。
多　來　里　路。

a：tɕiau˧ mo˧ sï˧˥ uan˩˩˦ tsï˩˦?
叫　麼　事　灣　子？

b：tɕiau˥ tʰəu˥ ka˦˩ fan˥ 。
叫　　涂　家　販（?）。

a：tʰəu˥ ka˦˩ fan˥ ， o˩。ni˥ tɕia˥ ni˥ ʂʯe˧ tʂe˥ ko˥ "ta˧" a˥˧，
涂　家　販（?），哦。你　家　裏　說　這　個　"大"　阿，

xai˥ ʂi˧ ʂʯe˧ "tai˧" a˥˧?
還　是　說　"代"　阿?

b：ŋo˥ mən˥˧ təu˥˩ ʂi˧ ʂʯe˧ "ta˧" tsɿ˧。
我　們　都　是　說　"大"　字。

a：o˩，na˧ ma˥ tʂʰən˥ pe˧ ɕiaŋ˥˩ pu˧ ʂi˧ ʂʯe˧ "tai˧" tsɿ˧ ma˥˧?
哦，那　麻　城　北　鄉　不　是　說　"代"　字　嗎?

b：e˥，na˧ ʂi˧ iəu˥。na˧ ni˥ ʂʯe˧ "ʂʯei˧" a˥˧，ʂi˧ ʂʯe˧ "ʂʯ˧"。
誒，那　是　有。那　裏　說　"水"　阿，是　說　"黍"。

a：ʂʯe˧ tʂe˥ ko˥˧ "ʂʯei˧" ʂʯe˧ "ʂʯ˧"。xai˥ iəu˥ tʂe˥ ko˥˧ mo˥
說　這　個　"水"　說　"黍"。還　有　這　個　麼

sɿ˧ "tʂʯən˥˩ ti˧" tɕiau˥ "tʂən˥˩ ti˧"，tʂe˥ ma˥ tʂʰən˥ fa˧。
事　"軍　隊"　叫　"真　隊"，這　麻　城　話。

b：e˩，iəu˥，iəu˥ tɕiau˥ "tʂən˥˩ ti˧"。iəu˥ xau˥ to˥˩ pu˧ tʰoŋ˥
誒，有，有　叫　"真　隊"。有　好　多　不　同

ne˥，kʰan˥ tɕian˥ tʂʯən˥˩ ti˧，tʰa˥˩ pu˧ tʂʰen˥˩ tʂʯən˥˩ ti˧，
嘞，看　見　軍　隊，他　不　稱　軍　隊，

tʰa˥ tʂʰən˥˩ nau˥ tsoŋ˥。
他　稱　老　總。

a：ʂi˧ ti˥˧。
是　的。

b：xau˥，ɕia˧ tsʰɿ˧ tsai˧ nai˥ tɕiaŋ˥ pa˥˧。
好，下　次　再　來　講　吧。

四六. 羅田（多雲鄉）

A. 發音人履歷

	46a	46b
發音人	46a	46b
年齡	20 歲	18 歲
原籍	羅田多雲鄉	羅田北風河
職業	學生	學生
教育程度	高中	同左
幼時語言環境	在本鄉讀書	同左
教師方言	本地話	本地話
住過的地方	武昌三年	武昌二年
曾否學國語	未	未
能否說別處話	不會	不會

二十五年五月八日吳宗濟記音

B. 聲韵調表

1. 聲母

p	倍半	p‘	判旁	m	門	f	飛
t	到洞	t‘	貪桃	l	拿藍理		
ts	自助齋	ts‘	慘愁柴			s	三森殺
tʂ	中政倦	tʂ‘	充遲羣			ʂ	身常勳　ʐ 人欲
tɕ	漸見	tɕ‘	七鉗	ɳ	牛娘	ɕ	消賢行戲
k	告跪	k‘	肯狂	ŋ	哀偶	x	好華
○	而堯未院						

2. 韵母

ï	此市；ɚ日	a	媽打雜沙<u>下</u>	o	婆妥左酌果	e	白得責蛇隔
i	臂帝最序	ia	佳恰	io	略學	ie	滅鐵些
u	步服故物	ua	掛刮			ue	或
ʮ	女處	ʮa	刷			ʮe	靴決

ai	拜太柴改	ei	肺碑	au	某到草照告	əu	斗助熟後
				iau	表釣孝	iəu	丟畜
uai	快	uei	桂灰				
ʮai	揣	ʮei	睡追				

an	盤談算陝安	ən	門冷曾審硬
ian	片店見	in	貧丁今幸
uan	管	uən	坤橫
ʮan	專	ʮən	均

aŋ	忙郎窗張巷	oŋ	朋同總衆弓

iaŋ　兩江　　　　　　　ioŋ　用

uaŋ　光

ʮaŋ　讓

3.聲調

陰平	陽平	上	陰去	陽去	入
˧	˩	˥	˩	˦	˧
邊	才	古武	正	陣坐白	急六

C. 聲韵調描寫

1. 聲母

　　羅田聲母，今定爲二十三音位，更依發音方法，分爲p,t,ts,tʂ,tɕ,k,○七組。

　　p組p,pʻ,m,f。p,pʻ,m全很强。m很像mb。

　　t組t,tʻ,l。l是個變值音位。無論在什麽韵母之前，都讀l或n不定。只是l出現得比n多。所以一律寫l。

　　ts組ts,tsʻ,s。讀法同北平音。

　　tʂ組的tʂ,tʂʻ,ʂ在開口韵前是捲舌較少的，在合口韵前則捲舌較多。ʐ的摩擦性很小；如果把嘴唇聚圓，就跟高元音ʮ一樣了。

　　tɕ組tɕ,tɕʻ,ȵ,ɕ。ȵ是純粹的舌面前音。tɕ,tɕʻ,ɕ三者的音值是不一定的，有時讀成舌尖音ts(i),tsʻ(i),s(i)，有時又讀極前的舌面前音。

　　k組k,kʻ,ŋ,x。x的部位比k,kʻ,ŋ略偏後。

　　○包括高元音i,u,ʮ,與ɚ,o,oŋ韵前的喉閉塞ʔ。

2. 韵母

　　ï在ts組聲母後讀ɿ，在tʂ組聲母後讀ʅ。ʅ比一般的要靠前。ɚ偏後，寫起嚴式音標來可作ʌɹ。

i在p，t兩組聲母後讀得近標準元音i。在tɕ組聲母後，或無聲母時又讀得更緊，差不多總有摩擦聲音可以聽見。

u也是讀得很關的，不過嘴唇卻不很圓。

ʮ相當於ʅ的圓唇，但是比ʅ後得多。

a跟ia，ua，ʮa的a都近於標準元音ɑ。

o跟io的o都比標準元音o略開。o如在k組聲母後，又更開一些。

e跟ue，ʮe的e都是部位略靠後些的。在入聲中有少數的e又讀得像ɛ。ie的e近標準元音e。

ai的起首比標準前a關一點，收尾止於ɪ。uai跟ʮai的ai同。

ei的e是偏央的。在uei中，e的色彩還相當顯著。一到ʮei中，e就變成ʮ與i中間的過渡音了。

au與iau的au都是"動程"非常長的。起始的部位要前到中ʌ，收尾也差不多是個關的u。

əu跟iəu的ə部位偏後，有時讀得開些，有時關些。

an，uan，ʮan的元音是前a。ian的a受i的影響略關。

ən跟uən的元音是偏前的ə，尤其他在k組聲母後顯著，所以'硬'很像ŋen，'坤'很像k'uen。ʮən的元音則是純粹的央元音ə。

in中的i比i韵的i要開得多；即在tɕ組聲母後關一點，也還不如i韵的i在p，t後的程度。

aŋ，iaŋ，uaŋ的a都是後ɑ。

oŋ，ioŋ的o比o，io兩韵的o關而唇圓。

3. 聲調

陰平由"半低"降至"低"（21），寬式用低平調號（˩ 11）。

陽平多數是中降調（42），也有低降的（31），寬式一律用中降調號（˥˩ 42）。

上聲由"半高"升至"高"（45），寬式用高平調號（˥ 55）。

陰去由"半低"升至"高"（25），寬式用高升調號（˧˥ 35）。

陽去是中平調（˧ 33）。

入聲由"半低"降至"低"再升至"中"(213)，寬式用低降升調號(ㄣ313)。如跟別的字相連，入聲很容易變成單純的低升調(ㄣ13)。

D. 與古音比較

1. 聲母

古母今讀〔發音方法及影響條件〕 / 古聲組及影響條件	全清 塞	次清 塞	全濁 塞 平	全濁 塞 仄	次濁	清擦	濁擦 平	濁擦 仄
幫組	幫:p	滂:p‘	並:p‘	並:p	明:m			
非組					微:u	非敷:f	奉:f	
端組泥 一二等洪 / 三四等細	端:t	透:t‘	定:t‘	定:t	泥:l / n.　來:l			
精組 洪	ts	ts‘	從 ts‘	從 ts		心 s	邪 s	邪 s
精組 細	tɕ	tɕ‘	tɕ‘	tɕ		ɕ	邪 ? ／ tɕ‘,ɕ	ɕ
莊組（照二）今開	莊 ts	初（穿二）ts‘	崇（牀二）ts‘;s	崇 tʂ		生（審二）s		
莊組（照二）今合	tʂ	tʂ‘	tʂ‘	tʂ		ʂ		
知組 二等	知 ts	徹 ts‘	澄 ts‘	澄 ts				
知組 三等韻 其他 / 今合	tʂ	tʂ‘	tʂ‘	tʂ				
章組（照三）今開 / 今合	章（照三）tʂ	昌（穿三）tʂ‘	船（牀三）ʂ ／ tʂ‘,ʂ			書（審三）ʂ	禪:tʂ‘,ʂ	禪:ʂ

古母今讀\\發音方法及影響條件			全清塞	次清塞	全濁塞		次濁	清擦	濁擦	
古聲組及影響條件\\今韻及影響條件	今(附質)	其他			平	仄			平	仄
日母	止	○ / z̩,i [1]								
		其他	ɻ							
見組曉	開	一等	k	kʰ	tɕʰ 羣	tɕ 羣	ŋ 疑	x 曉	匣	x
	開	二等	k, tɕ	kʰ, tɕʰ	*	*	ŋ, i	x, ɕ		x, ɕ
	開	三四等	tɕ	tɕʰ	kʰ	k	n̥	ɕ		ɕ
	合	一二等	k	kʰ	kʰ	k	u; ○	x		x
	合	蟹止合三四等	k	kʰ	tʂʰ	tʂ	u	x		x
	合	通舒	k	kʰ			?			*
	合	其他	tʂ	tʂʰ; tɕʰ [2]			ɻ	ʂ; ɕ [2]		ʂ
影組	開	一等	ŋ				喻: i			
	開	二等	ŋ, i				*			
	開	三四等	i				u			
	合	一二等	u; ○				i; z̩ [3]			
	合	蟹止合三四等	u				ɻ			
	合	通	i; z̩ [3]							
	合	其他	ɻ							

2. 韻母

第 一 表

開

攝	一 幫系	一 端系	一 見系	二 幫系	二 泥組	二 知組／莊	二 見系	三四 幫系	三四 端系	三四 莊組	三四 知章組	三四 日母	三四 見系
果	*	o	o	a	a	a	a,ia	*	ie	*	e	ʮe	ie
(遇)	*	*				*				*			
蟹	*	ai	ai	ai	ai	ai	ai,ia	i	i	*	ï	*	i
止	*	*				*		i,ei	i;ï	ï	ï	ə	i
効	au	au	au	au	au	au	au,iau	iau	iau	*	au	au	iau
流	nu	ne	ne			*		au·nu	nei	ne	ne	ne	nei
咸	*	an	an	an	an	an	an,ian	ian	ian	*	an	ʮan	ian
山	*	an	an		*	an	an,ian	ian	ian	*	an	ʮan	ian
宕	aŋ	aŋ	aŋ	aŋ	*	aŋ	aŋ,iaŋ	*	iaŋ	aŋ	aŋ	ʮaŋ	iaŋ

攝\等·聲母	一 幫系	一 端系	一 見系	二 幫系	二 泥組	二 知組莊組	二 見系	三四 幫系	三四 端系	三四 莊組	三四 知組章	三四 日母	三四 見系
								開					
深								in	in	ue	ue	ue	in
臻	*	ue	ue					in	in	ue	ue	ue	in
曾	əŋ,iŋ	ue	ue					in	in	*	ue	ue	in
梗	*	*		əŋ,iŋ	əŋ	əŋ	əŋ,in	in	in	*	əŋ	*	in
（通）	*	*		*	*	*				*			
咸入	*	a	o	*	*	a	a,ia	*	ie	*	e	*	ie
山入	*	a	o	a	*	a	a,ia	ie	ie	*	e	ɥe	ie
宕入	o	o	o	o	*	o	o,io	*	io	e	o	o	io
深入	e	*				*		*	i	e	ï	ɥ	i
臻入	e	*				*		i	i	e	ï	e	i
曾入	e	e			*	*		i	i	e	ï	*	i
梗入	*	*	e	e	*	e	e	i	i	*	ï	*	i
（通入）		*				*				*	*		

第 二 表

攝 ＼ 等（呼：合）	一 幫系	一 端系	一 見系	二 幫系	二 莊組	二 見系	三四 幫系	三四 泥組	三四 精組	三四 莊組	三四 知章組	三四 日母	三四 見系
果	o	o	o	*	*	ua	n	hʻi	*	ne	h	h	ɣe
遇	n	ne	n	*	*		ei	*	i	ne	h	h	h
蟹	i	i	uei,uai	*	*	uai,ua	i,ei;uei	i	i	ŋai	ȵei	*	uei
止	*	*			*			i	i	ŋai	ȵei	*	uei
（效）		*			*								
（流）		*			*					*			
咸	an	an			*		an			*	*		
山	an	an	uan	*	ųan	uan	an;uan	ian	ian	*	ųan	ųan	uan
宕	*		uaŋ		*	uan	aŋ;uan	ian	ian		*	ųan	uan

攝別＼聲母＼等＼呼	合												
	一			二			三四						
	幫系	端系	見系	幫系	莊組	見系	幫系	泥組	精組	莊組	知章組	日母	見系
（深）	*			*			*						
臻	ən	ən	uən	*			ən;uən	ən	in	*	ʮən	ʮən	ʮən
曾	*		oŋ	*			*						
梗	*			*		uən;oŋ	*						ʮən,ioŋ
通	oŋ	oŋ	oŋ	*			oŋ	oŋ	oŋ	oŋ	oŋ	ioŋ	oŋ,ioŋ
咸入	*			*			a	*					
山入	o	o	o	*	ʮa	ua	a;ua	ie	ie	*	ʮe	*	ʮe
宕入	*		o	*			o	*					
（深入）	*			*			*						
臻入	u	əu	u	*			u	i	i	*	ʮ	*	ʮ
曾入	*		ue	*			*						ʮ
梗入	*			*		ue	*						ʮ
通入	u;o(1)	əu	u	*			u;o(1)	əu	əu	əu	əu	əu	ʮ,iəu

3. 聲調

古類＼今類 今值 今影響條件＼		陰 平	陽 平	上	陰 去	陽 去	入
平	清	⌐					
平	濁		⌐				
上	清			⌐			
上	次 濁			⌐			
上	全 濁					⊢	
去	清				⌐		
去	濁					⊢	
入	清						⌐
入	次 濁						⌐
入	全 濁					⊢	

附注：

　　聲母：—

　　(1)通舒讀i，其他z̩。

　　(2)通入讀tɕʻ，ɕ；其他tʂʻ，ʂ。

　　(3)入聲z̩，舒聲i。

　　韵母：—

　　(1)明母讀o，其他讀u。

E. 同音字表

今調	陰平 ˩	陽平 ˦	上 ˥	陰去 ˥	陽去 ˨	入 ˩
今韵	ï;ɚ(○後)					
廣韵	祭‖脂;之;支‖緝‖質‖職‖昔(均開口)					
p p' m f						
t t' l						
ts ts' s	師;思;斯		子 此 死;使	次;刺,賜心 四	自;字,痔澄 伺心,似,士、事	
tʂ tʂ' ʂ	之;知,支‖隻照入 施	遲 時	指 恥 矢;始	致,至;置,志;翅審 滯澄 世‖試‖式 飾審入	姪‖直值植,殖禪 示;市;是‖十‖實‖食蝕‖石	執‖質 秩澄‖擲澄,赤
ʐ						
tɕ tɕ' ɲ ɕ						
k k' ŋ x						
○		而;兒	爾		貳	日

今調	陰平﹂	陽平ﾍ	上ﾓ	陰去ﾌ	陽去ﾄ	入ﾗ
今韵	i					
廣韵	魚;虞‖祭;齊;灰;泰脂;之;支;微‖緝‖質;迄;術‖職;昔;陌三;錫					
p			比;彼	貝‖臂	敝;倍佩‖ 被;備	必‖逼‖碧; 壁
pʻ	披		鄙幫,丕平			弼並‖愎並‖ 僻,闢並
m		梅	米‖靡		秘泌幫	
f						
t			底‖ [□](=裡) 兌定	帝;對,隊定; 兌定	第,隸來‖地 ‖笛	的
tʻ		堤提				
l		梨;離	屢去‖禮‖ 履;你, 李里理		例;內‖類; 累	立‖栗;律‖ 力‖歷
tɕ			己;幾	祭;計繼;最 ‖寄;季合見	聚‖罪‖忌; 企技妓‖集	緝清,楫從, 急,及羣,‖吉 ‖極羣‖積;激
tɕʻ	妻,棲心‖ 期羣	齊‖其; 奇	起	去魚溪;娶趣 ‖脆‖器;氣; 悴從,粹心		七;乞,迄曉‖ 戚,喫
ȵ		疑;宜			藝‖義議	逆
ɕ	須‖西,溪溪, 奚兮匣; 携匣合‖希	徐‖隨	洗‖璽 徙支心	細;歲‖戲	序‖系‖遂 席	泣溪,吸‖恤 戌‖息
○	衣依	夷;移; 遺合	以,矣	意		噎屑‖邑‖一, 逸‖憶‖亦, 益

今調	陰平 ˩	陽平 ˊ	上 ˥	陰去 ˥	陽去 ˧	入 ˩
今韵	u					
廣韵	模;虞‖尤‖没;物‖屋;沃					
p					步	不
p'			譜幫,普			勃並‖卜幫,撲,僕瀑曝並
m						
f			府,腐奉	附奉‖婦奉	父‖負‖服	
k	孤			故		骨
k'						哭;酷
ŋ						
x		狐乎胡	虎		户	忽
○	烏	吾;無	五;武		務‖戊侯明	物‖握覺‖屋

今韵	ʮ					
廣韵	魚;虞‖緝‖術;物‖職‖昔‖屋三;燭					
t						
t'						
l			女			
tʂ tʂ' ʂ	猪,諸;拘俱摳₁,區 書,虛;摳₂ 穿;殊禪	除	主 處 鼠暑,許	著;駐,句去	巨;柱、住 樹	橘‖菊;局羣出;屈
○		如,魚;於影,餘余;儒,愚,于	呂,與;羽雨	玉入	預;遇	入‖鬱‖域‖役疫

今調	陰平 」	陽平 ∨	上 ㄱ	陰去 ㄱ	陽去 ⊣	入 ↓
今韻	a					
廣韻	麻二‖合;盍;洽;狎;乏‖曷;鎋;黠;月					
p	巴‖[爸]		把		拔	八
p'						
m	[媽]		馬			
f						法‖髮
t			打庚		大泰	答‖達定
t'	他歌				踏透入	塔
l	拉入	拿	[哪]			納;臘‖辣
ts					乍‖雜	札,軋影
ts'				剎入		插‖察
s					撒入心	殺
tʂ						
tʂ'						
ʂ	沙生					
k						
k'						
ŋ		[伢]				
x					下	

今調	陰平˩	陽平˪	上˥	陰去˥	陽去˦	入˩
今韵	ia					
廣韵	麻‖佳‖洽;狎‖鎋(均開口)					
tɕ tɕʻ ȵ ɕ	家;嗟‖佳 些	 霞	假		 下	甲 恰溪,狹匣‖瞎
○	鴉	牙				鴨

今韵	ua					
廣韵	麻二‖佳;夬‖鎋;黠(均合口)					
k kʻ ŋ x	瓜 華			 掛見 化	 畫;話‖滑	刮
○	蛙		瓦			挖

今韵	ʮa					
廣韵	鎋(合口)					
tʂ tʂʻ ʂ						 刷

今調	陰平 ˩	陽平 ˥	上 ˥	陰去 ˥	陽去 ˧	入 ˩
今韻	o					
廣韻	歌;戈一‖合;盍‖曷;末‖鐸;覺;藥‖屋					
p	波,坡玻澼					縛奉
p‘		婆	剖侯			
m			麼(‖事)			末‖莫‖木;目
f						
t	多		[躱]		舵	
t‘			妥			脫‖託
l	[囉]	羅;騾				洛落
ts			左		坐	作;桌,捉
ts‘						
s	[嗦]		所魚			
tʂ						着,酌
tʂ‘						
ʂ						
ʐ						若
k	歌		果	個;過		鴿‖割‖各;角;郭
k‘				課		闊
ŋ		鵝	我			遏‖惡
x		何河			禍‖合‖活‖鶴	盍匣‖喝‖霍
○	鍋見,窩					沃沃

今調	陰平 ˩	陽平 ˎ	上 ˥	陰去 ˧	陽去 ˧	入 ˎ
今韵	io					
廣韵	覺;藥(均開口)					
t t' l						略
tɕ tɕ' n̠ ɕ					嚼 學	覺;爵 確;雀精 虐 削
○						約

今調	陰平 ˩	陽平 ˊ	上 ˥	陰去 ˩	陽去 ˧	入 ˊ	
今韵	e						
廣韵	麻三‖葉‖薛‖緝‖櫛‖德;職‖陌二;麥(均開口)						
p pʻ m f					白	北‖百 泊鐸並‖迫幫,拍 麥	
t tʻ l					特	得德 勒	
ts tsʻ s					澤擇宅	則‖責 側照,測 澀‖瑟‖色	
tʂ tʂʻ ʂ		蛇		[這] 徹撤入,澈澄入	舌	聶泥,涉‖設	
k kʻ ŋ x						格;革隔 刻 厄 黑‖赫	

今調	陰平⌐	陽平ㇷ	上⌐	陰去⌐	陽去⊣	入ㇷ
今韵	ie					
廣韵	戈三;麻三‖葉;業;帖‖薛;月;屑					
p pʻ m f						別 撇 滅
t tʻ l	[爹]					帖‖鐵 列;劣
tɕ tɕʻ n̠ʑ ɕ	 些	 茄 邪	 寫	傑;竭;絕 謝		接;刮‖節,結 切 業‖孽;臬 脅;協挾匣‖薛
○			野也			葉‖竭

今韵	ue					
廣韵	德‖麥(均合口)					
k kʻ ŋ x	 			 或獲		國
○						

今調	陰平 ˩	陽平 ˊ	上 ˥	陰去 ˥	陽去 ˧	入 ˎ
今韵	ye					
廣韵	麻三;戈三‖薛;月;屑					
tʂ tʂʻ ʂ	靴				穴	拙;掘;決 缺 說
○			惹			熱;閱;月,越曰

今調	陰平 ˩	陽平 ˊ	上 ˥	陰去 ˥	陽去 ˧
今韵	ai				
廣韵	咍;泰;皆;佳;夬(均開口)				
p pʻ m f		埋	買	拜 派	敗
t tʻ l	[奶](祖母稱)	來	乃;奶	帶 泰太	待、代 賴
ts tsʻ s	齋	柴		再 菜;蔡	在;寨
k kʻ ŋ x	該;皆 開 哀	偕見,諧;鞋‖ 還(|有)刪合	改;解 矮	蓋;介戒,械匣 概見,愾 愛	 艾 亥;害

今調	陰平 ˩	陽平 ˥	上 ˥	陰去 ˩	陽去 ˥
今韵	uai				
廣韵	泰;皆;佳;夬(均合口)				
k kʻ ŋ x			塊去	怪 會(∣計)見;快	
	懷				
○	歪㬢				外

今韵	ꭒai				
廣韵	脂;支(均合口)				
tʂ tʂʻ ʂ			揣	帥	

今韵	ei				
廣韵	廢‖脂;支;微				
p pʻ m	卑;悲;碑				
f	飛	肥	匪	廢;肺	

今調	陰平 ┘	陽平 ↘	上 ┐	陰去 ┐	陽去 ┤
今韵	uei				
廣韵	灰;泰;祭;齊‖脂;支;微(均合口)				
k	龜;歸			桂‖貴	
kʻ					
ŋ					
x	灰		毀	彗喻;惠匣‖諱	會
○	威	維惟;危,爲;微,圍	委	畏	衛;位;爲;未,彙

今韵	ɥei				
廣韵	祭‖脂;支(均合口)				
tʂ	追;錐			綴	
tʂʻ		垂			
ʂ				稅;睡禪	瑞
○					銳喻

今調	陰平 ˩	陽平 ˋ	上 ˥	陰去 ˊ	陽去 ˧
今韵	au				
廣韵	豪;肴;宵‖侯;尤				
p p' m f	包	 袍;跑 謀 否	保 某畝		 貌‖[冒](＝没有)
t t' l		 桃 牢	倒、到去	到 跳	
ts ts' s			[找] 草;炒 掃	 造糙	
tʂ tʂ' ʂ	朝,昭			照	
ʐ		饒			
k k' ŋ x		 毫	稿;攪 好	告 奥	

今調	陰平 ㄥ	陽平 ㄟ	上 ㄱ	陰去 ㄱ	陽去 ㄐ
今韵	iau				
廣韵	肴;宵;蕭				
p p' m f		貓	表		
t t' l	凋碉	條 聊	燎	釣	
tɕ tɕ' n̠ɕ ɕ	焦 消;嚻;蕭	喬 肴淆		教;叫 孝	 効校
○	妖	堯疑	舀	要	

今調	陰平 ˩	陽平 ˒	上 ˥	陰去 ˥	陽去 ˧	入 ˩
今韵	əu					
廣韵	模;魚;虞‖侯;尤‖没‖屋;沃;燭					
t	都		賭肚‖斗	鬥	杜‖豆‖讀	篤
tʻ		頭				突‖秃
l		奴‖樓	努		漏	鹿;陸;綠
ts			走	做‖奏	助‖就尤從‖族	卒‖足
tsʻ	初	鋤‖愁	楚			促
s				素;數		肅,縮
tʂ	周					竹;燭囑
tʂʻ			丑			觸
ʂ	收;受禪去			獸	熟	屬
ʐ		柔				肉,育;辱,獄,欲
k						
kʻ						
ŋ	歐		偶			
x		侯			候後	

今調	陰平 ˩	陽平 ˊ	上 ˥	陰去 ˥	陽去 ˧	入 ˊ
今韵	iəu					
廣韵	尤;幽‖屋三;燭					
t tʻ l	［丢］					
tɕ tɕʻ ȵ ɕ	糾上 秋 休	囚,求 牛	九 紐		就,舅	曲 畜;續邪
○		由猶	有	幼		

今調	陰平 ⌐	陽平 ↘	上 ⌐	陰去 ⌐	陽去 ⊣
今韵	an				
廣韵	覃;談;咸;銜;鹽;凡‖寒;山;删;仙;桓;元				
p p' m f		盤 凡	板 反	半 盼;判,叛並	扮幫辦 慢 范
t t' l	貪	談‖團 南;藍‖難	短 暖	旦 歎	 亂
ts ts' s	餐 三;衫‖山;删		斬 慘‖剷,産生	 算	暫‖棧
tʂ tʂ' ʂ	沾,詹	蟬	展 陝	扇	
k k' ŋ x	干乾;間 安	鹹‖寒	感;敢 眼	暗‖晏 漢	岸

今調	陰平 ˩	陽平 ˧˩	上 ˥	陰去 ˩	陽去 ˦
今韵	ian				
廣韵	咸;銜;鹽;嚴;添‖山;删;仙;元;先				
p p' m f	邊		貶	偏幫,片	辨;辮
t t' l	天	田 廉‖連聯	點‖典	店	戀
tɕ tɕ' ȵ ɕ	監‖間 謙;千 研$_1$ 疑平 仙 鮮;軒 掀;先;宣	鉗‖錢;全 嚴‖年 含罩;銜;嫌‖賢弦	減‖剪;繭 捻‖研$_2$ 平 險‖癬	諫;建;見 憲	漸‖件 驗;念‖硯 陷‖限;現;縣合
○	煙	延;言 疑三;鉛沿合	眼;演	厭‖晏	

今調	陰平˩	陽平ˊ	上˥	陰去˥	陽去˦
今韵	uan				
廣韵	桓;山;删;元(均合口)				
k	官觀;鰥		管	貫;慣	
kʻ			皖匣		
ŋ					
x			緩匣	喚	換
○	彎	完丸匣;頑	碗;晚		萬

今韵	ɥan				
廣韵	鹽‖删;仙;元;先				
tʂ	專				篆,倦
tʂʻ		船			
ʂ	閂	玄			
○		然;元;園	染‖軟;阮;遠		院

今調	陰平 ⌐	陽平 ↘	上 ⌐	陰去 ⌐	陽去 ⊣
今韵	ən				
廣韵	侵‖痕;臻;真;魂;諄;文‖登;蒸‖庚;耕;清				
p	崩				
p'		彭			
m		門			
f	分			奮	
t			等	頓	
t'	吞				
l		倫‖能	冷		論
ts	臻;尊‖增‖爭				
ts'	撐	存‖曾			
s	森‖生				
tʂ	全見‖徵‖貞,偵徹			政	鄭
tʂ'		沉‖陳,臣‖成誠			
ʂ	深‖身申	晨‖繩	審		盛
ʐ		壬‖人			
k	跟‖耕			亙‖更	
k'			肯		
ŋ	恩				硬
x		恒	很匣		恨‖查

今調	陰平 ⌐	陽平 ✓	上 ⌐	陰去 ⌐	陽去 ⊣
今韵	uən				
廣韵	魂;文‖庚二(均合口)				
k k' ŋ x	坤 昏	 橫			
○	温	聞	穩		問

今韵	uən				
廣韵	諄;文‖蒸‖清;庚三;青				
tʂ tʂ' ʂ	均;軍 椿,春 勳	 脣,羣‖瓊 純	 迵匣		
○		雲‖仍‖營;榮;螢匣	忍;允尹‖永		認;聞;運‖孕開

今調	陰平 ˩	陽平 ˊ	上 ˥	陰去 ˥	陽去 ˧
今韵	in				
廣韵	侵‖真;欣;諄‖蒸‖庚;耕;清;青				
p pʻ m f		貧‖瓶;平 民;名	稟 品 敏	並並	命
t tʻ l	丁	林‖鄰‖陵‖靈		聽	令
tɕ tɕʻ ȵ ɕ	今‖津,巾;斤‖京荆;經 欽‖輕;傾合溪 心‖新‖星腥	秦 銀‖凝 尋‖旬‖行;形	請;頃合溪	晉進‖勁 信‖性姓	静‖近 杏;幸
○	音‖因‖鶯;英	盈;營合	隱	印‖應	

今調	陰平 ˩	陽平 ˪	上 ˥	陰去 ˧	陽去 ˦
今韵	aŋ				
廣韵	唐;江陽				
p	邦				
p'		旁			
m		忙			
f	方	防房			
t					蕩
t'					
l		郎	朗		
ts	椿;莊				撞
ts'	倉;窗	藏;牀			
s	桑				
tʂ	張		長	仗澄	
tʂ'	昌				
ʂ	商	常			上尚
k	剛綱				
k'					
ŋ					
x					巷

今調	陰平˩	陽平˧˩	上˥	陰去˦	陽去˧
今韵	iaŋ				
廣韵	江;陽(均開口)				
t	<u>丁</u>青				
tʻ					
l			兩		
tɕ	江		講		
tɕʻ		祥詳			
ȵ		娘	仰		
ɕ	香鄉		想		像象
○	央				樣

今韵	uaŋ				
廣韵	唐;陽				
k	光				
kʻ		狂		曠;況曉	
ŋ					
x		黃			
○	汪	王	往		望,旺

今韵	ʮaŋ				
廣韵	陽(開口)				
○					讓

今調	陰平 ˩	陽平 ˇ	上 ˥	陰去 ˥	陽去 ˧
今韵	oŋ				
廣韵	登‖庚二;耕‖東;冬;鍾				
p					
p'		朋			
m		萌			孟‖夢
f	風;封				奉
t	東				動、洞
t'	通	同			
l		農;隆;龍	攏		
ts			總		
ts'		從;嵩心,崇			
s	鬆;松			送;宋	誦
tʂ	中;鍾			衆	
tʂ'	充		寵		
ʂ					
k	公功;弓;恭				共
k'	空		恐		
ŋ					
x		弘‖宏‖紅			
○	翁				

今調	陰平 ⌐	陽平 ╲	上 ⌐	陰去 ⌐	陽去 ╡
今韵	ioŋ				
廣韵	庚三‖東三;鍾(均合口)				
tɕ tɕ' n̠ ɕ	兄‖胸兇	窮 牛₂尤 雄熊喻			
○		絨,融;茸			用

F. 音韵特點

1. 聲母

(1)分ts與tʂ,古精組洪音全讀ts等,如'增'tsən,'三'san;章組全讀tʂ等,如'身'ʂən,'專'tʂuan。

(2)莊組字,今開口歸ts組,如'山'san,'生'sən,'窗'ts'aŋ;今合口歸tʂ等,如'閂'ʂuan,'揣'tʂ'uai。

(3)知組二等韵字有歸ts組的傾向,如'撑'ts'ən,'撞'tsaŋ,'桌'tso;三等韵字全歸tʂ等,如'徵'tʂən,'篆'tʂuan。

(4)不分尖團,古精組細音與見系細音開口全讀tɕ等,如'千'='謙'tɕ'ian。

(5)見系合口細音讀tʂ等,如'決'tʂye,'玄'ʂuan。

(6)見組字在通三入聲中讀tʂ或tɕ不定,如'菊'tʂʯ,'曲'tɕ'iəu。

(7)見系二等開口字在蟹攝與梗攝入聲中全不顎化,如'介'kai,'矮'ŋai,'革'ke,'厄'ŋe;其他不定,如'講'tɕiaŋ,'巷'xaŋ,'下'ɕia,xa。

(8)泥疑兩母開口三四等讀n̠,與來細音不混,如'嚴'='年'n̠ian≠'連'lian。泥母洪音則與來混,如'奴'='樓'ləu。

(9)日母在通攝舒聲中變i,如'絨'ioŋ。

(10)疑影洪音開口讀ŋ,如'鵝'ŋo,'惡'ŋo,'愛'ŋai,'偶'ŋəu;合口○,如'窩'o,'瓦'ua。

(11)影喻兩母在通三入聲中全變z̩,如'育'z̩əu。

2. 開合

(1)端系一等字古合口全讀開,如'短'tan,'存'tsʻən。

(2)精組三四等字古合口也讀開,如'宣'çian,'戌'çi。

(3)來母三四等合口除在遇攝有一部仍保持合口外,其他全讀開,如'累'ni,'戀'nian。

(4)宕攝莊組字仍保持開口,如'窗'tsʻaŋ。

(5)通入知系字讀開,如'竹'tʂəu,'屬'ʂəu。

3. 韻母

(1)模韻端系與魚虞韻莊組字讀əu,與流攝字同韻,如'素'səu;'數'səu。(入聲沒屋沃燭諸韻同。)

(2)魚虞知見系元音同,如'住'='巨'tʂʅ。(入聲術韻同。)

(3)蟹一三等合口幫組端系與止合端系字讀i,如'倍'pi,'隊'ti,'歲'çi,'累'ni。

(4)流攝幫系字讀au,與効攝韻混,如'某'mau,'否'fau。

(5)山咸舒聲元音在介母i後仍保持a,如'減'tçian,'典'tian。

(6)深臻曾梗各攝字全收n尾,如'審'ʂən,'生'ʂən,'銀'in,'凝'n̩in。

(7)通入明母字讀o不讀u,如'木'mo。

(8)通三入(屋三,燭)見組字讀ʅ或iəu不定,如'局'tʂʅ,'曲'tçʻiəu。

4. 聲調

(1)分陰陽去,如'帶'tai˧ ≠ '代'tai˨。

(2)入聲獨立,但全濁歸陽去,如'集'tçi˨。

G. 會話

46 a：li˥ çin˧ mo˥ sï˥ a˥?
　　你　姓　麼　事　阿?

46 b：çin˦ tsan˩。 tɕʻin˥ tɕiau˧?
姓　詹。　請　教?

a：ŋo˥ çin˦ uaŋ˩。
我　姓　王。

b：li˥ tsai˧ la˥ ti˧˩· tsʅ˥?
你　在　哪　底　住?

a：ŋo˥ tsai˧ lo˩ tʻian˩ ta˧ ŋan˧。
我　在　羅田　大　岸。

b：ŋo˥ ie˥ ʂï˧ lo˩ tʻian˩。
我　也　是　羅　田。

a：li˥ ie˥ ʂï˧ lo˩ tʻian˩ a˧·, li˥ çian˧ tsai˧ tʻin˦ nə˩· ʂuɛ˥ lo˩
你　也　是　羅　田　阿,　你　現　在　聽　了　説　羅

tʻian˩ ma˥ ŋan˧ çiaŋ˩ a˧·……
田　馬　鞍　鄉　阿……

b：oʟ, ŋo˥ lo˩ tʻian˩ tɕia˩ li˧ tʂe˥ ko˩ fei˩ a˧·, lau˧ te˥ xən˥
哦,　我　羅田　家　裏　這　個　匪　阿,　鬧　得　很

çioŋ˩。
兇。

a：ko˥ çie˩ tʂuɛn˩ ti˦ nə˩·, ko˥ çie˩ əʵ˥ tsï˧· tʻa˩ pu˥ ta˥。
個　些　軍　隊　嘞,　個　些　日　子　他　不　打。

b：ta˥ təu˧ ta˥ pu˥ tau˥, to˩ pan˥ tsəu˧ ʂï˧ tʻa˩ tsai˧ san˩ li˧·
打　都　打　不　到,　多　半　就　是　他　在　山　裏

to˥ tsʻaŋ˥ tʂo˥。
躲　藏　着。

a：tʂʻʅ˥ nian˥ çiaŋ˩ li˧· ʂəu˧ tau˧· tian˦ mo˩ sï˦ mau˧ ni˧·?
去　年　鄉　裏　收　到　點　麼　事　冒(＝没有)　呢?

b：tʻian˩ kan˩, tau˥ xəu˧ lai˩ la˥ tɕʻi˦ pa˥ ɥe˥ kan˩ lo˥ liau˥·
天　乾,　到　後　來　那　七　八　月　間　落　了

iᴠ tian˥ ʮ˥, puᴠ ko˧ iəu˥ iᴠ pan˧ ti· ʂəu˩ tʂʻən˧ tɕiəu˧ ʂï˧
一 點 雨， 不 過 有 一 半 的 收 成 就 是

ti·。
的。

a：ɕian˧ tsai˧ la˧ ɕie˥ feiᴨ xai˧ tsai˧ la˧ li˥ tsaᴠ tʂo·˩?
現 在 那 些 匪 還 在 哪 裏 禁 着?

b：to˧ pan˥ tsai˧ tɕiau˩ tɕia˩ ŋau˥ a·, tɕiəu˧ ʂï˧ tʂe˧ ko·
多 半 在 焦 家 坳 (?) 阿， 就 是 這 個

ɕia˧ xoᴠ la˧ iᴠ tai˧ ti·。
下 河 (?) 那 一 帶 的。

a：ta˧ ŋan˧ ni·?
大 岸 呢?

b：ta˧ ŋan˧ ɕian˧ tsai˧ iəu˩ tʂyən˩ ti˧。
大 岸 現 在 有 軍 隊。

a：tʻa˩ ʂïᴠ ɚᴠ laiᴠ, ʂïᴠ ɚᴠ tʂʻʮ˧?
他 時 而 來， 時 而 去?

b：ʂïᴠ ɚᴠ laiᴠ, ʂïᴠ ɚᴠ tʂʻʮ˧。
時 而 來， 時 而 去。

a：la˧ ɕie˩, ŋoᴨ loᴠ tʻianᴠ ti· ʂeᴠ ɕian˧ tʂaŋᴨ, tʻa˩ ɕian˧ tsai˧
那 些， 我 羅 田 的 聶 縣 長， 他 現 在

ti˧ ʮ·˩ tʂe· ko· si˧ mo˩ iaŋ˧ pan˧ fa˩ le·, ʮᴨ pi˧?
對 於 這 個 事 麼 樣 辦 法 嘞， 預 備?

b：tʂe· ko· si˧ ʮ˧ pi˧ ʂï˧ ɕiaŋᴨ ta˧。tsoŋᴨ ʂï˧ ta˧ puᴠ tauᴨ
這 個 事 預 備 是 想 打。 總 是 打 不 ˙到

tʻa˩。niᴨ puᴠ ta˧ tʻa˩ ti· ʂïᴠ xəu˧, tʻa˩ tɕiəu˧ laiᴠ ta˧ niᴨ;
他。 你 不 打 他 的 時 候， 他 就 來 打 你;

niᴨ ta˧ tʻa˩ ti· ʂïᴠ xəu˧, tʻa˩ tɕiəu˧ to˧ pan˥ tsʻaŋᴠ toᴨ tauᴨ
你 打 他 的 時 候， 他 就 多 半 藏 躲 到

san˩ ʂaŋ˧ tɕʻi˩·, tsau˧ pu˩ tau˧ tʻa˩。
山　上　去，　找　不　˥到　他。

a：ŋo˧ tɕia˩· lo˥ tʻian˥ ti˥· pau˧ ŋan˩ ti˥ lei˥? ləu˧ pu˥ ləu˧ li˥?
我　家　羅田　的　保　安　隊　嘞? 努　不　努　力?

b：ɕian˧ tsai˧ tʂʻe˥ ɕiau˩ lə˥·, mau˩ te˧ tɕi˧ to˩ sa˥·。
現　在　撤　消　了，　冒　得　幾　多　煞。

a：la˧ tʂoŋ˩ iaŋ˩ ti˥ pie˥ toŋ˧ ti˩, tau˧ ŋo˧ la˧ kʻ(u)ai˧ tɕʻi˩,
那　中　央　的　別　動　隊，　到　我　那　塊　去，

xən˧ ləu˧ li˥ pa˥·?
很　努　力　吧?

b：pie˥ toŋ˧ ti˩ tau˧ ŋo˧ la˧ kʻ(u)ai˧· tɕʻi˩ a˥·, ʂï˥ xən˧ ləu˧
別　動　隊　到　我　那　塊　去　阿，　是　很　努

li˥, tsai˧ tɕiau˧ tɕia˩ ŋau˥ la˧ ti˥ ta˧ i˥ tʂaŋ˧ a˥·, pie˥ toŋ˧
力，　在　焦　家　坳　那　底　打　一　仗　阿，　別　動

ti˩ ta˧ sï˧ lə˥· san˧ ko˥·。lo˥ tʻian˥ ɕiaŋ˩ ɕia˩· a˥·,……pie˥
隊　打　死　了　三　個。　羅田　鄉　下　阿，……別

toŋ˧ ti˩ ʂï˩ xən˧ ləu˧ li˥ ti˥·。
動　隊　是　很　努　力　的。

a：lo˥ tʻian˥ ko˧ ɕie˥· faŋ˥ fei˧ ti˥· tiau˩ ləu˥ iəu˧ tɕi˧ to˩ a˥·?
羅田　個　些　防　匪　的　碉　樓　有　幾　多　阿?

b：tsai˧ ɕian˧ tʂʻən˥ li˩, tsai˧ tʂʻən˥ uai˩, ko˥ ɕiaŋ˩ təu˩ iəu˧。
在　縣　城　裏，　在　城　外，　各　鄉　都　有。

a：ti˩ ʯ˥ pe˥ ɕin˩ iəu˧ ʂən˩· mo˥· i˥ tʂʻʯ˧ li˥·?
對　於　百　姓　有　什　麽　益　處　呢?

b：tsai˥ tʂʻən˥ li˧ ti˥· la˧ ʂï˥ iəu˧ i˥ tʂʻʯ˧, tsai˧ ɕiaŋ˩ li˥· mau˧
在　城　裏　的　那　是　有　益　處，　在　鄉　裏　冒

te˥ i˥ tʂʻʯ˧。li˧ mən˥· tɕia˩ tsai˧ la˧ ti˥ tsəu˥ mo˧ sï˩ a˥·?
得　益　處。　你　們　家　在　那　底　做　麽　事　阿?

a：ŋo˥ tsai˧ u˥ tʂʼaŋ˩，u˥ tʂʼaŋ˩ tʂoŋ˩ xua˥ ta˧ ɕio˧ təu˧ ʂʅ˩。
　　我　在　武昌，　武　昌　中　華　大　學　讀　書。

b：li˥ tɕʼi˧ lə˨ tɕi˥ n̠ian˥?
　　你　去　了　幾　年?

a：ŋo˥ iəu˥ san˩ n̠ian˥。
　　我　有　三　年。

b：li˥ ɕian˧ tsai˧ xai˥ tsai˧ u˥ tʂʼaŋ˩?
　　你　現　在　還　在　武昌?

a：xai˥ tsai˧ la˧ ti˨。
　　還　在　那　底。

b：tɕiəu˧ ʂʅ˧ lo˥ tʼian˥ ɕian˧ tʼoŋ˥ ɕiaŋ˩ iəu˥ tɕi˥ to˩ le˨?
　　就　是　羅田　縣　同　鄉　有　幾　多　嘞?

a：lo˥ tʼian˥ ti˨ tʼoŋ˥ ɕiaŋ˩，lo˥ tʼian˥ zən˥ təu˧ ʂʅ˩ ti˨ tsoŋ˥
　　羅田　的　同　鄉，　羅田　人　讀　書　的　總

　　iəu˥ sï˥ ʂʅ˧ tɕi˥ ko˥ zən˥ ti˨ iaŋ˧ tsï˨。
　　有　四　十　幾　個　人　的　樣　子。

b：li˥ tsai˧ tʂoŋ˩ xua˥ la˧ ti˨ iəu˥ tɕi˥ to˩ li˨?
　　你　在　中　華　那　底　有　幾　多　呢?

a：tʂoŋ˩ xua˥ ta˧ ɕio˧ iəu˥ u˥ ləu˥ ko˥。
　　中　華　大　學　有　五　六　個。

b：n̩˥　　tɕia˩ ti˥ ʮ˥ koŋ˩ kʼo˥ təu˧ xən˥ xau˥ pa˨?
　　n̩(你)　家　對　於　功　課　都　很　好　吧?

a：ŋo˥ a˨，pu˥ ɕiau˥ te˧ mo˥ sï˧。
　　我　阿，不　曉　得　麼　事。

四七. 英山（金家舖）

A. 發音人履歷

發音人	47
年齡	17 歲
原籍	英山金家舖
職業	學生
教育程度	中學
幼時語言環境	在本地私塾讀書
教師方言	本地話
住過的地方	南京三年,武昌二年
曾否學國語	未
能否説別處話	能説南京話

二十五年五月十四日楊時逢記音

B. 聲韵調表

1.聲母

p	擺敝	p'	泡朋	m	馬	f	肥
t	底杜	t'	妥同	n	奴羅離		
ts	走齋助	ts'	存炒鋤			s	掃沙生
tʂ	昭趙均	tʂ'	充陳羣			ʂ 身玄	ʐ 若
tɕ	減就	tɕ'	千求	ȵ	娘堯	ɕ 曉先	
k	果跪	k'	開狂	ŋ	奧偶	x 好	

○ 而絨未外軟

2.韵母

ï	此秩；ɚ日二	a	把達沙下	o	破羅坐桌果	e	北特測蛇厄
i	比類祭序	ia	霞甲	io	略學	ie	撇爹接
u	步服骨	ua	掛刮			ue	或
ʮ	柱局	ʮa	刷			ʮe	靴缺

ai	敗泰柴介	ei	非	au	某桃草紹告	əu	否土走熟偶
				iau	表燎曉	iəu	丟牛菊
uai	塊	uei	會				
ʮai	帥	ʮei	水				

an	凡短慘展看	ən	門等存審肯		
ian	邊廉全驗			in	稟鄰經應
uan	緩	uən	坤橫		
ʮan	閂	ʮən	軍		

aŋ	綁蕩莊張巷	oŋ	孟通總寵恐

  iaŋ 兩講   ioŋ 兄用

  uaŋ 光

3. 聲調

陰平	陽平	上	陰去	陽去	入
˩	˩	˥	˧	˦	˨
知	陳	古五	正	近陣路絕	急六

C. 聲韵調描寫

1. 聲母

  英山聲母，今定爲二十三個音位；更依發音部位分 p, t, ts, tʂ, tɕ, k, ○七組。

  p組 p, pʻ, m, f。p比北平的 p(b̥) 硬。

  t組 t, tʻ, n。n是變值音位，讀 n 或 l 不定，大致還是讀 n 的時候多。

  ts組 ts, tsʻ, s。讀法與北平音同。

  tʂ組 tʂ, tʂʻ, ʂ 三音在開口韵前捲舌程度較小，在合口韵前較大。ʐ的摩擦性極小。

  tɕ組 tɕ, tɕʻ, ɲ, ɕ。部位略偏前。

  k組 k, kʻ, ŋ, x。x的部位比 k, kʻ, ŋ 三者偏後。

  ○包括元音起首的音。除高元音 i, u, ʮ 外，英山只有 o, ɚ 前無輔音聲母。o前也偶有 ʔ 出現。

2. 韵母

  i在ts組聲母後讀 ɿ，在tʂ組後讀 ʅ。ʅ的部位比北平的音 ʅ 偏前，ɚ讀法近北平音。

  i在 p, t 兩組聲母後讀得鬆一點，在tɕ組後或無聲母時較緊。

  u比標準元音 u 略開。

ʮ相當於ɿ的圓唇，但捲舌程度較大。

a，ia，ua，ʮa。a的部位極靠後。用嚴式音標可寫作ɑ。前面有i時才偏前一些。

o，io。o是較開的，在k組聲母後更甚。

e，ie，ue，ʮe。e近標準元音e。除去前面有i，在入聲中又讀得偏後些。

ai，uai，ʮai。ai的讀法很近北平的ai。

ei，uei，ʮei。e部位偏央，在uei，ʮei中音程又較短。

au，iau。a是後ɑ；遇介母i變前a。u極鬆。

əu，iəu。əu的ə在p，t，ts，tʂ各組聲母後部位偏後而稍開，很像ʌ。

an，ian，uan，ʮan。a通常是平均ʌ，有時更偏後些。ian中的a總近前a。

ən，uən，ʮən。ə在k組聲母後有些變得像e。uən，ʮən中的ə實際只是過渡音。

in。i無論在哪組聲母後都讀成開ɪ。

aŋ，iaŋ，uaŋ。a都讀後ɑ。

oŋ，ioŋ。o同o，io韵。

3. 聲調

陰平由"半低"降至"低"(21)，寬式用低平調號(˩ 11)。

陽平低降(31)，有時只由"中"降至"半低"而止(32)，寬式一律用低降調號(ˎ)。

上聲由"中"升至"半高"(34)，寬式用半高平調號(˦ 44)。

陰去是高升調(ˊ 35)。

陽去是中平調(˧ 33)。

入聲由"半低"降至"低"再升至"中"(213)，寬式用低降升調號(˯ 313)。

D. 與古音比較

1. 聲母

古母今讀 発音方法及響條件 ＼ 古聲母組及影響條件	全清塞	次清塞	全濁塞 平	全濁塞 仄	次濁	清擦	濁擦 平	濁擦 仄（反）
幫組	幫：p	滂：pʻ	並：pʻ	並：p	明：m			
非組					微：u	非敷} f	奉：f	奉：f
端組 泥（一二等洪 / 三四等細）	端：t	透：tʻ	定：tʻ	定：t	泥 [n / ȵ]　來 [n / n;y][1]			
精組（洪 / 細）	精 ts / tɕ	清 tsʻ / tɕʻ	從 tsʻ / tɕʻ	從 ts		心 s / ɕ	邪 s / ɕ	邪 ? / tɕʻ, ɕ
莊組（今開 / 今合）	莊（照二） ts / tʂ	初（穿二） tsʻ / tʂʻ	崇（牀二） tsʻ / tʂʻ	崇（牀二） ts;s / tʂ		生（審二） s / ʂ	邪 s / ʂ	
知組（二等韻 其他 今開 / 今合）	知（照三） tʂ	徹（穿三） tʂʻ	澄 tʂʻ	澄 tʂ				
章組（今開 / 今合）	章（照三） tɕ / tʂ	昌（穿三） tɕʻ / tʂʻ	船（牀三） ɕ / tʂʻ,ʂ	船（牀三） s		書（審三） ɕ / ʂ	禪 ʂ	禪：tʂʻ,ʂ / ʂ

古母分讀	今開/今合	古聲組及影響條件	全清塞（見/影）	次清塞（溪）	全濁塞 仄（羣）	全濁塞 平（羣）	次濁（日/疑/喻）	清擦（曉）	濁擦 仄（匣）	濁擦 平（匣）
日母	開	止（附質）					○〔z̩;i (2)〕			
		其他					ʐ			
見組曉	開	一等	k	kʻ			ŋ	x	x	
		二等	k, tɕ	kʻ, tɕʻ			ŋ, i	x, ɕ	x, ɕ	
		三四等	tɕ	tɕʻ	tɕ	tɕʻ	ȵ	ɕ	ɕ	
	合	一二等	k	kʻ	k	kʻ	u; ○	x	x	
		蟹止若三四等	k	kʻ	k	kʻ	u	x	x	
		通舒	k	kʻ	k	kʻ	ʔ	ɕ	*	
		其他	tʂ; tɕ (3)	tʂʻ	tʂ	tʂʻ	ʅ	ʂ; ɕ (3)	ʂ	
影組	開	一等	ŋ				喻: i			
		二等	ŋ, i				*			
		三四等	i				u			
	合	一二等	u; ○				i			
		蟹止若三四等	u				ʅ			
		通	i							
		其他	ʅ							

2. 韵母

第 一 表

攝別	開 一			開 二				開 三四					
聲母	幫系	端系	見系	幫系	泥組	知莊組	見系	幫系	端系	莊組	知章組	日母	見系
果	*	o	o	a	a	a	a,ia	*	ie	*	e	ʮɛ	ie
（遇）		*				*				*			
蟹	*	ai	ai	ai	ai	ai	ai,ia	i	i	*	ï	*	i
止						*		i,ei	i:ï	ï	ï	ɚ	i
效	au	au	au	au	au	au	au,iau	iau	iau	*	au	au	iau
流	au	ne	ne	au		*		n、ne	nei	ne	ne	ne	nei
咸	*	an	an	an	*	an	an,ian	ian	ian	*	an	ʮan	ian
山	*	an	an	an	*	an	an,ian	ian	ian	*	an	ʮan	ian
宕	aŋ	aŋ	aŋ	aŋ		aŋ	aŋ,iaŋ	*	iaŋ	aŋ	aŋ	aŋ	iaŋ

攝\列	開 一 幫系	開 一 端系	開 一 見系	開 二 幫系	開 二 泥組	開 二 知組莊	開 二 見系	開 三四 幫系	開 三四 端系	開 三四 莊組	開 三四 知章組	開 三四 日母	開 三四 見系
深	*	*						in	in	ən	ən	ən	in
臻	*	ue	ue					in	in	ən	ən	ən	in
曾	ɿo·ən	ue	ue					in	in	*	ən	ən	in
梗		*	*	ɿo·ən	ən	ən	ən,in	in	in	*	ən	*	in
（通）		*				*					*		
咸入	*	a	o	*		a	a,ia	*	ie	*	e	*	ie
山入	*	a	o	a	*	a	a,ia	ie	ie	*	e	ʮe	ie
宕入	o	o	o	o	*	o	o,io	*	io	*	o	o	io
深入	e	*	e			*		*	i	e	ï	ʮ	i
臻入	e	*	e		*	*		i	i	e	ï	ɚ	i
曾入	o	e	e	e	*	e	e	i	i	e	ï	*	i
梗入	e	*		e	*	e	e	i	i	*	ï	*	i
（通入）	*	*				*					*		

第 二 表

合（合口）

攝別 ＼ 等・聲母	一 幫系	一 端系	一 見系	二 幫系	二 莊組	二 見系	三四 幫系	三四 泥組	三四 精組	三四 莊組	三四 知章組	三四 日母	三四 見系
果	o	o	o	*	*	ua	n		*				ɣe
遇	n	ne	n		*		n	h‘,i	i	ne	h	h	h
蟹	i	i	uei,uai	*	*	uai,ua	ei	*	i	*	ʯei	*	uei
止	i	*			*		ei,i;uei	i	i	ʯai	ʯei	*	uei
（效）		*			*					*	*		
（流）		*			*					*			
咸	an	an	uan		ʯan	uan	an	ian	ian	*	uæn	uæn	uæn
山	an	an	uan	*	*	uan	an;uan	ian	ian	*	uæn	*	uan
宕	*		uaŋ			uaŋ	aŋ;uan			*			uaŋ

攝別 \ 聲母	合 三四							合 二			合 一		
	見系	日母	知章組	莊組	精組	泥組	幫系	見系	莊組	幫系	見系	端系	幫系
(深)	uêh	uêh	uêh	*	in	ue	uen;ue		*	*	uen	*	ue
臻	ɬoi·ueh	ɬoi	ɬoi	*	ɬoi	ɬoi	ɬoi	ɬoi;uen	*	*	ɬoi	ɦoi	ɦoi
曾	ɬoi·ɬoi	ɦoi	ɦoi	*	ie	ie	a	ua	ɰa	*	o	o	o
梗	əh	əh	əh	*	i	i	a;ua		*	*	o	ɦoi	ɦoi
通		*	*	*	*	n	o	an	*	*	n	o	o
咸入	ɦ	*	h	*	*		n		*	*	n	ne	n
山入	ɦ	*	*	*	*		n	an	*	*	an	*	n
宕入	nei·ɦ	ne	ne	ne	ne	ne	(1)o:n	*	*	*	n	ne	(1)o:n
(深)													
臻入													
曾入													
梗入													
通													

3. 聲調

古類＼今值／今類（影響條件）		陰平	陽平	上	陰去	陽去	入
平	清	˩					
平	濁		ˎ				
上	清			˥			
上	次濁			˥			
上	全濁					˧	
去	清				ˊ		
去	濁					˧	
入	清						ˎ
入	次濁						ˎ
入	全濁					˧	

附注：

　聲母：——

　（1）來母三四等在魚韵失落聲母，'呂' y。

　（2）通攝舒聲讀i̩，其他z̩。

　（3）通入讀tɕ部位，其他tʂ部位。

　韵母：——

　（1）明母讀o，其他u。

E. 同音字表

今調	陰平 ⌐	陽平 ⌐	上 ⌐	陰去 ⌐	陽去 ⌐	入 ⌐
今韻	ï;ɚ(○後)					
廣韻	祭‖脂;之;支‖緝‖質‖職‖昔(均開口)					
p p' m f						
t t' n						
ts ts' s	師;思;斯		子 此 死;使	次;伺心;刺,賜心 四	自;字 似,士、事	
tʂ tʂ' ʂ	之;知,支‖ 隻照入 施	 遲 時	 恥 矢;始	致,至;志;翅審 世	痔‖姪‖直植 值,殖禪 示‖市‖是‖十‖ 實‖食蝕‖石	執‖質 秩澄‖赤
ʐ						
tɕ tɕ' ɳ ç						
k k' ŋ x						
○		而;兒	爾		貳二	日

今調	陰平	陽平	上	陰去	陽去	入
今韵	i					
廣韵	魚;虞‖灰;泰;祭;齊‖脂;之;支;微‖緝‖質;迄;術‖職;昔;陌三;錫					
p			比;鄙;彼	貝‖臂	敝;倍、佩‖被	鼻‖必‖逼‖碧,闢;壁
p'	披	皮	丕平			
m		梅‖靡上	米			泌秘幫去
f						
t			底	帝;對;兌定	第,隸來‖地‖笛	的
t'		堤提				
n		梨;離	禮‖履;你,李里理裏		例;內‖類‖累	立‖栗;律‖力‖歷
tɕ			己;幾	祭;計繼;最‖寄;季合	聚‖罪‖忌;技企‖集	急,及羣,吸曉‖吉;迄曉‖極羣‖積,激
tɕ'	妻,棲心‖期羣	齊‖其;企上,奇	取‖起	去魚溪;趣娶‖器;氣;悴從,悴心		七;乞‖戚,喫
ȵ		疑;宜			藝‖議義	逆
ɕ	須‖西,溪溪,奚兮匣;攜匣合‖希	徐‖隨	洗‖喜;徙璽支心	細;歲‖戲	序‖系係‖遂‖席	泣溪‖恤戌‖息‖昔
○		夷;移;遺合	以,矣			噎屑‖邑‖一,逸‖憶‖亦

今調	陰平 ⌐	陽平 ⌙	上 ⌐	陰去 ⌐	陽去 ⌐	入 ⌙
今韵	u					
廣韵	模;虞‖尤‖没;物‖屋;沃					
p p' m f			譜幫,普 府,腐奉	附奉‖婦 負奉	步	不 勃並‖卜幫, 撲,僕瀑曝並 服奉
k k' ŋ x	孤 狐乎胡		 虎	故	 户、護	骨 窟‖哭;酷 忽
○	烏	吾;無	五;武		務‖戊侯明	物‖握覺‖屋

今韵	ㄩ					
廣韵	魚;虞‖緝‖術;物‖職‖昔‖屋三;燭					
tʂ tʂ' ʂ	猪,諸 樞,區 書,虛;殊禪	除	主 鼠暑;許	著;句 去	巨;柱 樹	橘‖局 出;屈
○		如,魚,於, 余餘;儒, 愚,于	女,吕,與; 羽		遇‖玉入	入‖域‖役疫

今调	陰平↓	陽平↘	上⊣	陰去⊣	陽去⊣	入↘
今韵	a					
廣韵	麻二‖合;盍;洽;狎;乏‖曷;鎋;黠;月					
p p' m f	巴 [媽]		把 馬		拔	八 法‖髮
t t' n	 他歌 拉入	 拿	打庚 [哪]	[□](父稱)	大泰‖達 [那]	答 踏;塔 納;臘‖辣
ts ts' s	 差 沙				乍‖雜	閘‖札,軋影 插‖察 撒;殺
k k' ŋ x					 下	 鴨

今韵	ia					
廣韵	麻二‖佳‖洽;狎‖鎋;黠(均開口)					
tɕ tɕ' n̠ ɕ	家‖佳	 霞	假			甲 恰 瞎
○	鴉	牙‖[伢]			[□]‖(母稱)	鴨

今調	陰平 ⌐	陽平 ↘	上 ˥	陰去 ˥	陽去 ⊣	入 ↘
今韵	ua					
廣韵	麻二‖佳;夬‖鎋;黠(均合口)					
k	瓜			掛		刮
k'						
ŋ						
x		華		化	畫;話‖滑	
○		挖入	瓦			

今韵	ua					
廣韵	鎋(合口)					
tʂ						
tʂ'						
ʂ						刷

今調	陰平 ┘	陽平 ╯	上 ┐	陰去 ┐	陽去 ┤	入 ╰
今韵	o					
廣韵	歌;戈一‖合;盍‖曷;末‖鐸;覺;藥‖屋					
p p' m f	波,坡玻滂	婆	剖侯 麼	破		剥;縛奉 末‖莫‖木;目
t t' n	多	妥 羅;騾		舵		脱‖託 洛
ts ts' s		所魚	左		坐	作;桌,捉
tʂ tʂ' ʂ						着,酌
ẓ						若
k k' ŋ x	歌	鵝 何;和	果 我	個	禍‖合‖活‖鶴	鴿‖割‖各;角;郭 渴;閣‖確 惡 喝‖霍
○	鍋見,窩					沃沃

今調	陰平 ˩	陽平 ˪	上 ˥	陰去 ˥	陽去 ˧	入 ˩
今韵	io					
廣韵	覺;藥					
t t' n						略
tɕ tɕ' n̠ ɕ					學	爵,嚼從 覺見,確;雀精 虐 削
○						約

今調	陰平˩	陽平˥	上˧	陰去˥	陽去˧	入˩
今韵	e					
廣韵	麻三‖葉‖薛‖緝‖櫛‖德;職‖陌二;麥（均開口）					
p pʻ m f					白	北‖百伯 泊鐸並‖迫幫,拍 麥
t tʻ n						得德 忒特定 勒
ts tsʻ s					澤擇宅	則‖責 側照,測 澀‖瑟‖色
tʂ tʂʻ ʂ		蛇		［這］ 徹,撤澄入 	舌	涉‖設
k kʻ ŋ x						革;格 刻 厄 黑‖赫

今調	陰平 ⌐	陽平 ↘	上 ⌐	陰去 ⌐	陽去 ⌐	入 ↘
今韵			ie			
廣韵			戈三;麻三‖葉;業;帖‖薛;月;屑			
p p' m f			瘸入			別 撇 滅
t t' n	［爹］					帖‖鐵 列;劣
tɕ tɕ' ȵ ɕ	些	茄 邪	寫	傑;絕 謝		接‖節,結 刮見‖切 聶;業‖孽;臬 脅;協匣‖薛
○			也野		夜	葉

今調	陰平 ˩	陽平 ˩˦	上 ˧	陰去 ˥	陽去 ˧	入 ˩˦
今韵	ue					
廣韵	德(合口)					
k						國
kʻ						
ŋ						
x					或	

今韵	ɥe					
廣韵	麻三;戈三‖薛;月;屑					
tʂ						綴,拙;掘;決
tʂʻ						缺
ʂ	靴				穴	説
○			惹			熱;閲;月,越曰

今調	陰平 ˩	陽平 ˥	上 ˦	陰去 ˧	陽去 ˧
今韵	ai				
廣韵	哈;泰;皆;佳;夬(均開口)				
p p' m f		埋	擺 買	拜 派	敗
t t' n		來	乃;奶	帶 泰	待、代 賴
ts ts' s	齋	柴		寨牀 菜;蔡	在
k k' ŋ x	該;皆偕 開 哀	鞋‖還(｜有)删合	改;解 矮	蓋;介界戒,械匣 概見,愾 愛	艾 亥;害

今調	陰平 ˩	陽平 ˙	上 ˥	陰去 ˥	陽去 ˦
今韵	uai				
廣韵	泰;皆;佳;夬(均合口)				
k				怪	
kʻ			塊去	快	
ŋ					
x		懷			
○	歪曉				外

今韵	ɥai				
廣韵	脂;支(均合口)				
tʂ					
tʂʻ			揣		
ʂ				帥	

今韵	ei				
廣韵	廢‖脂;支;微				
p	卑;悲				
pʻ					
m					
f	飛非	肥		廢,肺	

今調	陰平˩	陽平˪	上˥	陰去˥	陽去˧
今韵	uei				
廣韵	灰;泰;祭;齊‖脂;支;微(均合口)				
k kʻ ŋ	龜;歸			桂	
x	灰	回	毁	彗喻;惠匣‖彙喻	會
○	威	維惟;危;爲;微,圍	委	畏	衛‖位;未

今韵	ʯei				
廣韵	祭‖脂;支(均合口)				
tʂ tʂʻ ʂ	追,錐	垂	水		瑞睡
○					鋭喻

今調	陰平 ˩	陽平 ˥	上 ˧	陰去 ˥	陽去 ˦
今韵	au				
廣韵	豪;肴;宵‖侯				
p pʻ m f	包	袍;跑 貓;茅‖謀	保 某畝	泡	 貌‖[冒](没有)
t tʻ n		桃 牢	倒、到 老	到	 鬧
ts tsʻ s			[找] 草;炒 掃	糙造	
tʂ tʂʻ ʂ	昭招			照	趙 紹
ʐ		饒			
k kʻ ŋ x		 毫	稿;攪 好	告 奧	

今調	陰平 ˩	陽平 ˧	上 ˦	陰去 ˥	陽去 ˧
今韵	iau				
廣韵	肴;宵;蕭				
p p' m f			表		廟‖謬幽
t t' n		條 燎;聊	了	釣 跳	
tɕ tɕ' ɲ ɕ	消;蕭	喬 堯 肴淆	巧	叫 孝	校効
○	妖		舀	要	

今調	陰平 ˩	陽平 ˩	上 ˥	陰去 ˥	陽去 ˧	入 ˩
今韵	ou					
廣韵	模;魚;虞‖侯;尤‖没‖屋;沃;爥					
p						
p'						
m						
f			否			
t	都		肚賭‖斗	鬥	讀	篤
t'		頭	土			突
n		奴	努		路‖漏	鹿;陸;綠
ts			走	做‖奏	助	卒‖足
ts'	初	鋤‖愁	楚		族	促
s				素;數		肅;縮
tʂ	周					竹;爥囑
tʂ'			丑			觸
ʂ					熟	屬
ʐ		柔				肉,欲$_2$喻;辱
k						
k'						
ŋ	歐		偶			
x		侯			後候	

今調	陰平 ↓	陽平 ↓	上 ㄱ	陰去 ㄱ	陽去 ㄱ	入 ↓
今韵	iəu					
廣韵	尤;幽‖屋三;燭					
t t' n	［丟］					
tɕ tɕ' ȵ ɕ	糾上 秋 休	囚;求 牛	紐	秀	就,舅	菊 畜;續燭邪
○		由猶		幼	又	育;欲₁

今調	陰平 ˩	陽平 ˨	上 ˥	陰去 ˦	陽去 ˧
今韵	an				
廣韵	覃;談;咸;銜;鹽;凡‖寒;山;删;仙;桓;元				
p			板	半	辦;伴、叛
pʻ		盤		盼	
m					慢
f		凡	反		范
t			短	旦	但
tʻ	貪	談			
n		南;藍‖難	暖		亂
ts			斬		暫‖棧
tsʻ	餐	纏澄三	慘‖剗,産生		
s	三‖山;删			算	
tʂ	沾		展		
tʂʻ			陝		
ʂ		蟬		扇	
k	干;間		感;敢‖[趕]
[砍]		
kʻ			眼	看 暗	
ŋ	安				
x		含;鹹;銜‖寒;閑		漢	

今調	陰平 ⌐	陽平 ↘	上 ⌐	陰去 ⌐	陽去 ⌐
今韵	ian				
廣韵	咸;銜;鹽;嚴;添‖山;删;仙;元;先				
p	邊		貶		變偏幫
p'				片	
m					
f					
t			典	店	
t'	天				
n		廉‖連聯			念泥添‖戀
tɕ	兼‖間		減‖剪;繭	監‖建;見	件
tɕ'	千	錢‖全			
ɲ		嚴‖年			驗‖硯
ç	仙鮮;掀軒;先;宣	賢弦	險‖癬;顯	憲	陷‖現;縣
○	煙	延;言疑三;研疑三;沿合	眼;演	厭‖晏	

今調	陰平 ˩	陽平 ˩	上 ˧	陰去 ˥	陽去 ˨
今韵	uan				
廣韵	桓;山;删;元(均合口)				
k kʻ ŋ x	官觀;關 歡		 緩匣	貫;慣 唤	 换
○	彎	完丸匣;頑	皖匣,碗		萬

今韵	ɥan				
廣韵	鹽‖仙;元;先				
tʂ tʂʻ ʂ	專 閂	 船 玄			倦
○		然;鉛緣;元,園	染‖軟;阮,遠		院

今調	陰平 ˩	陽平 ˧	上 ˥	陰去 ˧	陽去 ˦
今韵	ən				
廣韵	侵‖痕;臻;真;魂;諄;文‖登;蒸‖庚;耕;清				
p	崩				
p'		彭			
m		門			
f				奮	
t			等	頓	
t'	吞				
n		倫‖能	冷		論
ts	增‖臻‖爭		[怎]		
ts'	撐	存			
s	森‖生				
tʂ	徵‖貞,偵徹			政	鄭
tʂ'		沉‖陳,臣‖成誠			
ʂ	深‖身申	晨‖繩	審		盛
ʐ		壬‖人‖仍	忍	認	
k	跟‖耕			更	
k'		肯			
ŋ	恩				硬
x		恒	很匣		恨‖查

今調	陰平 ˩	陽平 ˪	上 ˥	陰去 ˥	陽去 ˧
今韵	uən				
廣韵	魂;文‖庚二(均合口)				
k kʻ ŋ x	坤 昏	 橫			
○	溫	聞			問

今韵	ɿuən				
廣韵	諄;文‖蒸‖清;庚三;青				
tʂ tʂʻ ʂ	均;軍 椿春 勳	唇;羣‖瓊 純			
○		雲	允尹‖永	閏日去	運‖孕開

今調	陰平 ⌐	陽平 ∨	上 ˥	陰去 ˥	陽去 ˥
今韵	in				
廣韵	侵‖真;欣;諄‖蒸‖庚;耕;清;青				
p pʻ m f	兵	貧‖瓶 民‖名	稟 品 敏	並並	命
t tʻ n	丁 聽	林‖鄰‖陵‖靈			令
tɕ tɕʻ ȵ ɕ	侵清,今‖津,巾;斤‖京荆;經 親‖輕;傾合溪 心‖新‖星腥	情 銀 尋‖旬‖行;形	頃合溪	晉進‖勁 信;迅‖性姓	近‖静 杏;幸
○	音‖因‖鶯;英	盈‖營合;榮合;螢匣合	隱	印‖應	

今調	陰平 ┘	陽平 ↘	上 ┐	陰去 ┐	陽去 ┤
今韵	aŋ				
廣韵	唐;江;陽				
p	邦				
pʻ		旁			
m		忙			
f	方	防房		放	
t	當				蕩
tʻ					
n		郎	朗		
ts	莊				撞;狀
tsʻ	倉;窗	牀			
s	桑				
tʂ	張		長		
tʂʻ					
ʂ	商	常			上尚
ʐ					讓
k	綱剛				
kʻ					
ŋ					
x					項、巷

今調	陰平 ˩	陽平 ˪	上 ˥	陰去 ˩	陽去 ˦
今韵	iaŋ				
廣韵	江;陽(均開口)				
t tʻ n	丁青				
			兩		
tɕ tɕʻ n̠ ɕ	江 香	詳祥 娘	講搶 仰	相	像象
○					樣

今韵	uaŋ				
廣韵	唐;陽(均合口)				
k kʻ ŋ x	光 	狂 黃		曠	
○	汪	王	往		旺

今調	陰平 ˩	陽平 ˪	上 ˥	陰去 ˥	陽去 ˧
今韵	oŋ				
廣韵	登‖庚二;耕‖東;冬;鍾				
p					
pʻ		朋			
m		萌			孟‖夢
f	風;封				奉
t	東				洞
tʻ	通	同	桶;統去		
n		農;隆窿;龍	攏		
ts			總		
tsʻ		崇;從			
s	鬆;嵩;松			送;宋	誦
tʂ	中;鍾			眾	
tʂʻ	充		寵		
ʂ					
k	公功;弓;恭				共
kʻ	空		恐		
ŋ		弘‖宏‖紅			
x					
○	翁				

今調	陰平 ⌐	陽平 ⌐	上 ⌐	陰去 ⌐	陽去 ⌐
今韵	ioŋ				
廣韵	庚三‖東;鍾(均合口)				
tɕ tɕ' n̠ ɕ	兄‖胸	窮 雄熊喻			
○		絨,融			用

F. 音韵特點

1. 聲母

（1）分ts與tʂ：古精組洪音全讀ts等，如'卒'tsəu,'送'soŋ；章組全讀tʂ等，如'熟'ʂəu,'充'tʂ'oŋ。

（2）莊組字今開口讀ts等，如'崇'ts'oŋ,'沙'sa；今合口讀tʂ等，如'揣'tʂ'ʮai,'刷'ʂʮa。

（3）知組二等韵字讀ts等，如'澤'tse,'桌'tso；三等韵字讀tʂ等，如'中'tʂoŋ,'專'tʂʮan。（參看D,聲母注(1)。）

（4）不分尖團，古精組細音與見系細音開口混，全讀tɕ等，如'千'='謙'tɕ'ian。

（5）見系細音合口讀tʂ等，與知章組混，如'決'='掘'tʂʮe,'許'='鼠'ʂʮ。

（6）通三入見系字，見組讀tʂ與tɕ不定，如'菊'tɕiəu；'局'tʂʮ；曉組讀ɕ，如'畜'ɕiəu；影組讀i，如'育'iəu。

（7）見系二等開口在蟹攝與梗攝入聲中不顎化，如'鞋'xai,'革'ke；其他不定，如'減'tɕian,'銜'xan,'角'ko,'學'tɕio。

（8）泥疑兩母三四等開口讀n̠，與來細音不混，如'嚴'='年'n̠ien≠'廉'

nien。泥洪音則與來混，如'農'='隆'noŋ。

（9）日母在通攝舒聲中變i，如'絨'ioŋ。

（10）疑影兩母開口洪音全讀ŋ，如'偶'ŋəu，'安'ŋan，'鴨'ŋa，'眼'ŋan。

2. 開合

（1）端系一等古合口字全變開，如'短'tan，'最'tçi，'論'nən。

（2）精組三四等古合口字也全變開，如'序'çi，'全'tç'ian。

（3）來母三四等古合口字除在遇攝中有一部分保持合口外，其他全讀開，如'類'ni，'律'ni，'戀'nian。

（4）宕攝莊組字仍保持開口，如'牀'ts'aŋ，'窗'ts'aŋ。

（5）通入知系字讀開，如'竹'tʂəu，'屬'ʂəu。

3. 韵母

（1）模韵端系與魚虞兩韵莊組字讀əu，與流攝字混，如'睹'təu='斗'təu，'鋤'ts'əu='愁'ts'əu。（入聲没屋沃燭同。）

（2）魚虞的知見兩系字全讀ʅ，如'住'tʂʅ，'句'tʂʅ，'如'ʅ，'餘'ʅ。（入聲術韵同。）

（3）蟹合一三等幫組端系與止合的端系字都讀i，如'梅'mi，'對'ti，'歲'çi，'累'ni。

（4）流攝一等幫系字讀au，與効攝字混，如'某'mau。

（5）山咸舒聲元音i在介音後仍讀a，如'減'tçian，'變'pian。

（6）深臻曾梗的舒聲全收-n尾，如'沉'tʂ'ən，'鄰'nin，'等'tən，'京'tçin。

（7）通入明母字讀o，與幫系其他字分，如'木'mo。

（8）通三入見組字讀iəu與ʅ不定，如'玉'ʅ，'菊'tçiəu。

4. 聲調

（1）分陰陽去，如'巨'tʂʅ² ≠ '句'tʂʅ²，'世'ʂi² ≠ '示'ʂi²。

（2）入聲獨立，但全濁歸陽去，如'席'çi² ≠ '昔'çi˳，'讀'təu² ≠ '篤'təu˳。

G. 故事

47 ……uʔ ni˥ puʔ teʔ niau˥ sa˩˥。 pa˥ na˥ xoŋˋ tʂ̺u̯ən˩ t'aˋ naiˋ
……屋 裏 不 得 了 煞。 把 那 □ 軍 他 來

naˋ tɕ'i˥ nə˩˥。 uʔ ni˩˥ toŋ˩ ɕi˩ təuˋ ʂ̺i˥ xoŋˋ tʂ̺u̯ən˩ zənˋ naˋ tɕ'i˥
拿 去 了。 屋 裏 東 西 都 是 □ 軍 人 拿 去

nə˩˥。 tɕia˩ ni˩˥ a˩˥ ie˥ tʂoˋ tɕi˩ nə˩˥。 pa˥ nə˥ tɕi˥ peˋ k'uai˥ tɕ'ianˋ
了。 家 裏 阿 也 着 急 了。 把 了 幾 百 塊 錢

t'a˩ xaiˋ puˋ faŋˋ tʂ̺'ʋˋ naiˋ。 na˥ ko˥ taˋ xu˥ tsoˋ tɕ'i˥ tiˋ ʂ̺iˋ
他 還 不 放 出 來。 那 個 大 戶 捉 去 的 時

xəu˥ ta˥ teˋ xɛn˥。 taŋ˩ u̯anˋ na˥ ko˩˥ taˋ xu˥ sï˥ puˋ tʂau˩。 ta˥
候 打 得 很。 當 然 那 個 大 戶 死 不 招。 大

xu˥ ti˩˥ tɕia˩ ni˩˥ mə˩˥ ɕian˥ teˋ xɛn˥ tʂoˋ tɕi˩ tiˋ, məˋ(?) teˋ
戶 的 家 裏 嚜 顯 得 很 着 急 的, 沒 得

pan˥ faˋ, kən˩ na˥ ko˥ xoŋˋ tʂ̺u̯ən˩ ʂ̺u̯eˋ a˩˥, xoŋˋ tʂ̺u̯ən˩ tɕiəuˋ
辦 法, 跟 那 個 □ 軍 説 阿, □ 軍 就

iau˥ san˩ ʂ̺i˥ k'uai˥ tɕ'ianˋ。 tan˥ t'aˋ uˋ ni˩˥ a˩˥ tʂïˋ iəu˥ san˩ peˋ
要 三 十 塊 錢。 但 他 屋 裏 阿 只 有 三 百

to˩ n̥ie˥ ə˞ˋ, tɕiəu˥ ʂ̺i˥ ie˥ pian˥ pu˥ niauˋ san˩ peˋ k'uai˥ tɕ'ianˋ,
多 ？ 兒, 就 是 也 變 不 了 三 百 塊 錢,

san˩ ʂ̺i˥ k'uai˥ tɕ'ianˋ。
三 十 塊 錢。

  tsoˋ tɕ'i˥ ʂ̺iˋ xəu˥ a˩˥, xoŋˋ tʂ̺u̯ən˩ tɕiəu˥ ta˥ teˋ xɛn˥, pa˥
  捉 去 時 候 阿, □ 軍 就 打 得 很, 把

ʂən˩ ʂaŋ˥ təuˋ ta˥ p'o˥ niau˩˥ p'iˋ。 pa˥ t'aˋ tɕ'iaŋ˥ tau˥ na˥ san˩
身 上 都 打 破 了 皮。 把 他 搶 到 那 山

ʂaŋ˩ miau˥ ni˩˥ ku̯an˩ tau˥。 iˋ ko˥ zənˋ tʂau˩ tau˥。
上 廟 裏 關 倒。 一 個 人 照 倒。

tʂau꜔ tau꜖· na꜔ ko꜔ zənꜗ a꜖·， ie꜔ ʂï꜔ xoŋꜗ tʂʯən꜕，ɕiaŋ꜔ mauꜗ
照　倒　那　個　人　阿，也　是　□　軍，　相　　貌

xən꜔ ŋo꜔ ti꜖·， manꜗ ŋo꜔ ti꜖·。 ta꜔ xu꜔ tʼoŋꜗ tʼa꜕， na꜔ ko꜖· xoŋꜗ
很　惡　的，蠻　惡　的。大　戶　同　他，那　個　□

tʂʯən꜕ ʂʯëꜗ a꜖·： "ni꜔ ɕian꜔ sən꜕， ni꜔ ʂï꜔ na꜔ ni꜖· zənꜗ a꜖·。" tʼa꜕
軍　說　阿："你　先　生，你　是　哪　裏　人　阿。"他

ʂʯëꜗ "na꜔ ni꜖·， xoꜗ tɕʼiəu꜕　zənꜗ。""ŋ꜕ xuꜗ tɕʼiəu꜕　zənꜗ a꜖·， ni꜔
說　"哪　裏　河　邱(?)人。""ŋ̍　湖　邱(?)人　阿，你

uꜗ ni꜖· iəu꜔ na꜔ ɕie꜕ zənꜗ tsai꜔ tʂe꜔ kʼuai꜔ a꜖·？" "e꜖·， puꜗ teꜗ
屋　裏　有　哪　些　人　在　這　塊　阿？""誒，不　得

niau꜔ a꜖·， ŋo꜔ uꜗ ni꜖· iəu꜔ niau꜔ xoŋꜗ tʂʯən꜕ kau꜔ nə꜖·， xoŋꜗ
了　阿，我　屋　裏　有　了　□　軍　攬　了，□

tʂʯən꜕ iau꜔ ŋo꜔ tʼoŋꜗ tau꜔ tʼa꜕ mənꜗ naiꜗ， pʼeꜗ tau꜔ ŋo꜔ taŋ꜔ xoŋꜗ
軍　要　我　同　倒　他　們　來，迫　倒　我　當　□

tʂʯən꜕。"
軍。"

　"o꜖·， ni꜔ taŋ꜔ xoŋꜗ tʂʯən꜕ taŋ꜔ tɕi꜔ ɲianꜗ nə꜖·？" "taŋ꜔ niaŋ꜔
　"哦，你　當　□　軍　當　幾　年　了？""當　兩

san꜕ ɲianꜗ nə꜖·。" "ni꜔ tʂe꜔ xau꜔ pu꜔ xau꜔ a꜖·？" "puꜗ xau꜔ ie꜔ meꜗ
三　年　了。""你　這　好　不　好　阿？""不　好　也　沒

teꜗ kai꜔，meꜗ teꜗ pan꜔ faꜗ。""puꜗ xau꜔ a꜖·，ni꜔ tɕin꜔ tʼian꜔ pa꜔
得　改，沒　得　辦　法。""不　好　阿，你　今　天　把

ŋo꜔ faŋ꜔ nə꜖· xau꜔ pa꜖·？ faŋ꜔ nə꜖· ŋo꜔ niaŋ꜔ i꜔ nəu꜔ pʼauꜗ。" tʼa꜕
我　放　了　好　吧？放　了　我　兩　一　路　跑。"他

ʂʯëꜗ： "na꜔ puꜗ ɕinꜗ pa꜖·， na꜔ xoŋꜗ tʂʯən꜕ tsau꜔ tau꜔ kʼan꜔ tʼəuꜗ
說："那　不　行　吧，那　□　軍　找　到　砍　頭

e꜖·！" "puꜗ ʂï꜔。 pan꜔ ie꜔ ni꜖· meꜗ teꜗ kuan꜔ ɕi꜔。"
誒！""不　是。半　夜　裏　沒　得　關　係。"

me˧ te˧ kuan˩ ɕi˧ nə˥, tʰa˩ pa˧ tʰa˩ kai˧ kʰai˩。 niaŋ˧ zən˥
没　得　關　係　了，他　把　他　解　開。　兩　人

tɕiəu˧ tsʰoŋ˩ na˧ ko˥ u˧ ni˥ ua˧ ko˥ kʰu˧ noŋ˥ tɕiəu˧ pʰau˥ nə˥。
就　從　那　個　屋　裏　挖　個　窟　窿　就　跑　了。

pʰau˥ nə˥， niaŋ˧ zən˥ ie˧ tɕiəu˧ san˩ ʂaŋ˧ pʰau˥ a˥。 pʰau˥ nə˥ i˧
跑　了，兩　人　也　就　山　上　跑　阿。　跑　了　一

ko˥ ye˥， pʰau˥ tau˧ pin˧ ŋa˥　　san˩ miau˧ ni˥。 na˧ miau˧ ni˥ xo˥
個　月，跑　到　病　鴨（?）山　廟　裏。　那　廟　裏　和

ʂaŋ˧ kʰan˧ tʰa˩ niaŋ˧ zən˥ na˧ ko˥ sï˧ ɕiaŋ˧，tɕiəu˧ uən˧ tʰa˩："ni˧
尚　看　他　兩　人　那　個　死　相，　就　問　他："你

na˧ nai˥ ti˥?" tʂe˧ ko˥ ta˧ xu˧ tɕiəu˧ ʂɥe˥ a˥，tʰa˩ pa˧ na˧ xoŋ˥
哪　來　的?"這　個　大　戶　就　説　阿，他　把　那　□

tʂɥən˧ paŋ˧ tɕʰi˧ nə˥。 ɥ˧ tɕian˧ iəu˧ kən˩ tʰa˩ pʰau˥ niau˧。" "o˥，
軍　綁　去　了。　遇　見　又　跟　他　跑　了。" "哦，

ni˧ pʰau˥ nə˥， xoŋ˥ tʂɥən˧ kan˧ tsən˥ pan˧ ni˥，pu˧ kʰuai˧ tsəu˥!"
你　跑　了，□　軍　趕　怎　辦　呢，不　快　走!"

tʰa˩ niaŋ˧ zən˥ a˥，ɥ˧ ʂi˧ iəu˧ pʰau˥。 pʰau˥ no˥ tʂʰən˥　na˧ ko˥
他　兩　人　阿，於　是　又　跑。　跑　洛　城（?）那　個

tɕʰin˩ tɕʰi˧ u˧ ni˥。 na˧ ko˥ tɕʰin˩ tɕʰi˧ u˧ ni˥， na˧ ko˥ tɕʰin˩ tɕʰi˧
親　戚　屋　裏。　那　個　親　戚　屋　裏，那　個　親　戚

e˥， pʰau˥ xuei˥ nai˥ niau˧，tɕiəu˧ fei˧ ʂaŋ˥ xuan˩ ɕi˧，tɕiəu˧ uən˧
誒，跑　回　來　了，　就　非　常　歡　喜，就　問

tʰa˩ mən˥ niaŋ˧ tɕʰin˩ ɕin˥。 pa˧ tʰa˩ ʂən˩ ʂaŋ˥ i˧ kʰan˧ ni˥，təu˧
他　們　兩　情　形。　把　他　身　上　一　看　呢，都

ʂï˧ ta˧ ɕi˧ u˧ niəu˥ ɕie˥。
是　打　稀　污　流　血。

四八. 浠水（太子廟）

A. 發音人履歷

發音人	48a	48b
年齡	19 歲	20 歲
原籍	浠水太子廟	浠水城
職業	學生	學生
教育程度	高中	高中
幼時語言環境	在本鄉讀書	在本地讀書
教師方言	本地	本地
住過的地方	武昌六年	武昌五年
曾否學國語	未	未
能否說別處話	不會	不會

二十五年五月八日趙元任記音

兩人語音略有不同，下述取 48a 爲準。

B. 聲韵調表

1.聲母

p	巴辦	p‘	拍朋	m	慢	f	凡
t	到洞	t‘	他談	n	拿亂理		
ts	增助	ts‘	存愁			s	素縮
tʂ	齋沾倦	tʂ‘	炒椿彙			ʂ	身勳 ʐ 柔
tɕ	減漸	tɕ‘	千錢	ȵ	紐驗	ɕ	心霞
k	跟共	k‘	肯狂	ŋ	艾恩	x	化赫
○	而厭外軟						

2.韵母

ï	自直;ɚ二日	a	八拉乍鴉	o	婆詫左若活	e	白勒蛇核
i	貝的取戲	ia	佳鴨	io	略學	ie	別爹且血
u	普屋	ua	掛挖			ue	國
ʮ	女出	ʮa	刷			ʮe	拙靴

ai	買太菜柴概	əi	碑肺	au	否牢早炒奧	ou	肚奏熟口
				iau	表料孝	iou	丟欲
uai	怪	uəi	歸				
ʮai	衰	ʮəi	綴				

an	板短慘棧暗	ən	崩頓冷森鄭恩		
ian	貶天剪險			in	稟定斤應
uan	貫萬	uən	棍橫		
ʮan	犬	ʮən	瓊閏		

aŋ	旁朗倉讓綱	oŋ	朋同從重弘

iaŋ 兩講 ioŋ 兄融

uaŋ 況

ɥaŋ 牀

3. 聲調

陰平	陽平	上	陰去	陽去	入
˩	ˎ	˥	ˊ	˧	˅
知	遲	此爾	至	士自二十	執直日

C. 聲韵調描寫

1. 聲母

　　上表二十三聲母是按音位定的。茲依發音部位分 p, t, ts, tʂ, tɕ, k, ○七組。

　　p 組 p, pʻ, m, f。p 讀音較強。

　　t 組 t, tʻ, n。n 是個變值音位，有 n, l, l̃ 三種讀法。三個音值的出現完全是不定的。一字兩次讀法不同的時候也很多。

　　ts 組 ts, tsʻ, s。發音人 48a 的這三個音部位很偏前，舌尖已抵到上齒。48b 讀得跟國音差不多。

　　tʂ 組 tʂ, tʂʻ, ʂ, ʐ。ʐ 摩擦性極小，常帶圓唇性。

　　tɕ 組 tɕ, tɕʻ, n, ɕ。tɕ, tɕʻ, ɕ 的部位偏前，有時頗像 tsi-, tsʻi-, si-。

　　k 組 k, kʻ, ŋ, x。x 有時讀舌根音，有時讀小舌音。

　　○包括 o, ɚ, i, u, ɥ 作起首音的。在這幾個元音前，有時或有 ʔ 出現。

2. 韵母

　　ï, ɚ, i, u, ɥ。ï 因聲母的不同分讀 ɹ 與 ʅ。ɚ 的末尾常帶圓唇性。i, u, ɥ 都很關。

　　a, ia, ua, ɥa。a 近標準元音 ɑ，在 i 後偏前一些。

o，io。o近標準元音o。

e，ie，ue，ɥe。e較闊。在入聲中，除去前面有i，e的，部位變得靠後些。

ai，uai，ɥai。ai的"動程"長，收尾只比i略開。

əi，uəi，ɥəi。ə的音程長，即在uəi跟ɥəi中也不顯短。

au，iau。a是後ɑ，前面有介音i則讀成平均ʌ。

ou，iou。o開，有時竟讀成ɔ。

an，ian，uan，ɥan。a常常讀前a；遇介音i略闊；緊接k組聲母之後又讀平均ʌ。

ən，uən，ɥən。ə比在əi韵中短得多。uən與ɥən韵的ə差不多只能算作"過渡音"。

aŋ，iaŋ，uaŋ，ɥaŋ。a與a，ia，ua，ɥa韵同。

oŋ，ioŋ。o較闊，音值近開ʊ。

3. 聲調

陰平由"半低"降至"低"（21），寬式用低平調號（ ˩ 11）。

陽平是中降調（ ˎ 42）。

上聲由"中"升至"半高"（34），寬式用半高平調號（ ˉ 44）。

陰去是高升調（ ˊ 35）。

陽去是中平調（ ˧ 33）。

入聲由"半低"降至"低"再升至"半低"（212），寬式用低降升調號（ ˏ 313）。

D. 與古音比較

1. 聲母

古母今讀 發音方法及影響條件 → 古聲母組及影響條件 ↓	全清塞	次清塞	全濁塞 平	全濁塞 仄	次濁	清擦	濁擦 平	濁擦 仄
幫組	幫：p	滂：pʻ	並：pʻ	並：p；pʻ⁽¹⁾	明：m			
非組			奉：f		微：u	非,敷：f		
端組（一二等 / 三四等）	端：t	透：tʻ	定：tʻ	定：t；tʻ⁽¹⁾	泥：n / ȵ（泥）、來：n			
精組 洪	精：ts	清：tsʻ	從：tsʻ	從：ts；tsʻ⁽¹⁾		心：s	邪：s	邪：s
精組 細	精：tɕ	清：tɕʻ	從：tɕʻ	從：tɕ；tɕʻ⁽¹⁾		心：ɕ	邪(?)：tɕʻ,ɕ / ɕ	
莊組 內轉	莊（照二）：ts	初（穿二）：tsʻ；tʂʻ⁽²⁾	崇（牀二）：tsʻ	崇（牀二）：ts；s		生（審二）：s；ʂ⁽³⁾ / ʂ		
莊組 外轉	莊：tʂ	初：tʂʻ	崇：tʂʻ	崇：tʂ				
知組（今開合二等韻其他 / 今合）	知：tʂ	徹：tʂʻ	澄：tʂʻ	澄：tʂ；tʂʻ⁽¹⁾				
章組（今開合 / 今合）	章（照三）：tʂ	昌（穿三）：tʂʻ	船（牀三）：ʂ / ʂ,tʂʻ	船（牀三）：ʂ		書（審三）：ʂ	禪：tsʻ,ʂ,ʐ	禪：ʂ

古母今读 / 今音影响条件	全清塞	次清塞	全浊塞(平)	全浊塞(仄)	次浊	清擦	浊擦(平)	浊擦(仄)
（古声母）	見	溪	羣	羣	日 / 疑 / 喻	曉	匣	匣
日母 止(附質) 今開					○			
日母 其他 今開					z̩,i⁴			
日母 今合					ʐ			
見組曉 開 一等	k	kʰ			ŋ	x		x
見組曉 開 二等	k,tɕ	kʰ,tɕʰ	tɕʰ	tɕ;tɕʰ¹	ŋ,i	x,ɕ		x,ɕ
見組曉 開 三四等	tɕ	tɕʰ	*	*	ŋ	ɕ		ɕ
見組曉 合 一二等	k	kʰ	kʰ	k	u;○	x		x
見組曉 合 蟹止合口 三四等	k	kʰ	tɕʰ	k	u	x		x
見組曉 合 通舒	k	kʰ	tɕʰ	k	ʔ	ɕ		*
見組曉 合 其他	tʂ;tɕ⁵	tʂʰ;tɕʰ⁵	tʂʰ	tʂ;tʂʰ¹	ʅ	ʂ;ɕ⁵		ʂ
	影				喻			
影組 開 一等	ŋ				喻:i			
影組 開 二等	ŋ,i				*			
影組 開 三四等	i				u			
影組 合 一二等	u;○				i			
影組 合 蟹止合口 三四等	u				ʅ			
影組 合 通	i							
影組 合 其他	ʅ							

2.韵母

第 一 表

開

攝	一			二				三四					
	幫系	端系	見系	幫系	泥組	知莊組	見系	幫系	端系	莊組	知章組	日母	見系
果	*	o	o	a	a	a	a,ia	*	ie	*	e	ʐɛ	ie
(遇)		*				*				*		*	
蟹	*	ai	ai	ai	ai	ai	ai,ia	i	i·i	*	ï	*	i
止		*	ai			*		i·i	i:i	ï	ï	ɚ	i
效	au	au	au	au	au	au	au,iau	iau	iau	*	au	au	iau
流	au	ou	ou					au·u	iou	ou	ou	ou	iou
咸	*	an	an	an	*	an	an,ian	ian	ian	*	an	ʐuan	ian
山	*	an	an	aŋ	*	an	an,ian	ian	ian	*	an	ʐuan	ian
宕	aŋ	aŋ	aŋ	aŋ		ʐuaŋ	aŋ,iaŋ	*	iaŋ	ʐuaŋ	aŋ	aŋ	iaŋ

攝\聲母	三四 見系	三四 日母	三四 知組章	三四 莊組	三四 端系	三四 幫系	二 見系	二 知組莊	二 泥組	二 幫系	一 見系	一 端系	一 幫系
深	in	ue	ue	ue	in	in		*	*			*	
臻	in	ue	ue	ue	in	in		*	*		ue	ue	*
曾	in	ue	ue	*	in	in		*	*		ue	ue	ɦo,ue
梗	in	*	ue	ue	in	in	un,in	ue	un	ɦo,ue		*	
(通)		*	*	*				*	*			*	
咸入	ie	*	e	*	ie	*	a,ia	a	-	-	o	a	*
山入	ie	ɥe	e	*	ie	ie	a,ia	a	*	a	o	a	*
宕入	io	o	o	*	io	*	o,io	o	*	o	o	o	o
深入	i	ʮ	ï	e	i	*		*	*			*	
臻入	i	ə	ï	e	i	i		*	*		e	e	e
曾入	i	*	ï	e	i	i		*	*	e	e	e	e
梗入	i	*	ï	*	i	i	e	e	*	e	e	*	
(通入)		*	*	*				*	*			*	

第 二 表

攝別	一			二			合（三四）						
	幫系	端系	見系	幫系	莊組	見系	幫系	泥組	精組	莊組	知章組	日母	見系
果	o	o	o	o	*	ua	*		*	no	ɦ	ɦ	ɣe̊
遇	n	no	n	n	*		n	iʮ'ʮ	i	no	ɦ	ɦ	ɦ
蟹	i	i	uei'ien		*	an'ian	ie	i	i	iaʮ	ieʮ	*	ien
止	*	*	*	*	*	an'ian	ien:ie'ʻ,i	i	i	*	ien	*	ien
（效）	*	*	*	*	*	*			*	*			
（流）	*	*	*	*	*	*			*	*			
咸	an	an	uan	*	uaŋ̍	an	an	ian	ian	*	*	uaŋ̍	uaŋ̍
山	an	an	uan	*	uaŋ̍	uan	an;uan	ian	ian	*	uaŋ̍	uaŋ̍	uaŋ̍
宕	*	*	uaŋ		*	aŋ;uaŋ	aŋ;uaŋ	*	*	*	*		uan

摄 ＼ 声母	合 三四 见系	日母	知章组	庄组	精组	泥组	帮系	合 二 见系	庄组	帮系	合 一 见系	端系	帮系
（深）	uɐn	uɐn	uɐn	*	uɪ	ue	uen；ue	*	*	*	uen	*	ue
臻	uəh	uəh	uəh	*				fio；uen	*		fio	fio	fio
曾	fioi；ueh			*	*				*			*	
梗	fioi·ioi	ioi	fio	fio	fio	fio	fio	fio·uen	*	fio	fio	*	fio
通	ioŋ	ioŋ	fio	*	fio	fio	a		*	*	o	*	o
咸入	əh	*	əh	*	ie	ie	a；ua	ua	əh	*	o	o	o
山入	h	*	h	*	*	i	o	*	*	*	ɔ	ɔ	ɔ
宕入				*									
（深入）	h	h	h	i	i	i	n	*	*	*	n	*	*
臻入	h	*	*	*	*				*	*	n	no	n
曾入	əŋ	*	h	*	*		ue	ue	*	ŋ	ue	*	*
梗入	h	*	*	*					*	*	*	*	*
通入	ŋ·ioŋ	no	no	no	no	no	n	*	*	n	n	no	n

3. 聲調

古類 \ 影響 \ 今值 \ 條件 \ 今類		陰平	陽平	上	陰去	陽去	入
平	清	˩					
	濁		˥				
上	清			˧			
	次濁			˧			
	全濁					˦	
去	清				˥		
	濁					˦	
入	清						˨˩
	次濁						˨˩
	全濁					˦	˨˩

附注：

聲母：一

(1)全濁塞與塞擦聲母在上去聲中全不送氣；在入聲中送氣或不送氣不定。

(2)止合讀tʂʻ，其他tsʻ。

(3)止合讀ʂ，其他s。

(4)通舒讀i，其他z̩。

(5)通入讀tɕ，tɕʻ，ɕ；其他tʂ，tʂʻ，ʂ。

E. 同音字表

今調	陰平˥	陽平˦	上˧	陰去˨	陽去˩	入˨
今韵	ï; ɚ(○後)					
廣韵	祭‖脂;之;支‖緝‖質‖職‖昔(均開口)					
p p‘ m f						
t t‘ n						
ts ts‘ s	師;思;斯		子 此 死;使	次;刺,賜心 四	自;字 伺心,似,士、事	
tʂ tʂ‘ ʂ	之;知 施	遲 時	恥 矢;始	致,至;志;翅審 滯澄 世‖示禪;試‖飾式入	痔、治 值植 視;市;是‖十‖實‖食蝕‖石	執‖質‖職,殖禪‖擲,隻炙 秩‖直‖赤
ʐ						
tɕ tɕ‘ ɲ ɕ						
k k‘ ŋ x						
○		而	爾		貳	日

今調	陰平 ˩	陽平 ˊ	上 ˥	陰去 ˥	陽去 ˨	入 ˋ
今韵				i		
廣韵			魚;虞‖祭;齊;灰;泰‖脂;之;支;微‖緝‖質;迄;術‖職;昔;陌三;錫			
p			比;彼	貝‖臂	敝;倍、佩‖被	必‖逼‖碧;壁
p‘	披	皮	鄙痞幫, 丕平	配	鼻並	匹,弼‖僻,闢
m		梅‖靡上	米			秘泌幫去‖密
f						
t			底	帝;對	第;兌‖地笛	的
t‘		堤提				
n		梨;離	屢去‖禮‖履;你泥,李里裏理		例;隸‖類;累	立‖栗;律‖力‖歷
tɕ			己;幾	祭;繼計;最‖寄;季見合	聚‖罪‖忌;企‖集	楫,急,及‖吉;極‖積,激
tɕ‘	妻,棲心‖期羣	齊‖其蘄;奇	取‖起	去溪魚;娶趣‖氣;悴從,粹心	技妓羣	七;乞,迄曉‖戚,喫
n̠		疑;宜	擬		藝;内灰泥‖義議	逆
ɕ	須‖西,溪谿,奚兮匣‖希	徐‖攜匣合‖隨	洗‖徙璽支心	歲‖戲	序‖系‖遂	吸‖戌恤‖息‖昔,席;析
○	依衣	夷;移;遺合	以,矣	意‖憶入		噎屑‖邑,一,逸‖亦

今調	陰平 ˩	陽平 ˧	上 ˥	陰去 ˥	陽去 ˩	入 ˩
今韵	u					
廣韵	模;虞‖尤‖没;物‖屋;沃					
p			補		步	不
p'			譜幫,普			勃‖卜幫,撲,僕瀑曝
m						没‖木;目
f	夫		府,腐奉	賦,附奉‖婦奉	負	服
k	孤		鼓	故		骨‖酷溪
k'						哭
ŋ						
x	呼	胡狐乎	虎		户	忽
○	烏	吾;無	五,午;武	惡2	務	物‖握覺‖屋

今韵	ʮ					
廣韵	魚;虞‖緝‖術;物‖職‖昔‖屋三;燭					
t						
t'						
n			女			
tʂ	猪,諸;拘		主	著;句	巨;柱	橘‖局
tʂ'	樞,區	除		去		出
ʂ	書,虛	殊	鼠暑,許		樹	述
○	於	如,魚,余餘;儒	吕來,與;羽雨	玉入	遇	入‖鬱‖域‖疫役‖玉

今調	陰平 ˩	陽平 ˊ	上 ˥	陰去 ˥	陽去 ˧	入 ˋ
今韵	a					
廣韵	麻二‖合;盍;洽;狎;乏‖曷;鎋;黠;月					
p pʻ m f	巴 [媽]		把 馬	怕	拔	八 法‖髮
t tʻ n	他歌 拉入	拿	打庚 [哪]		大泰 踏透入‖達 [那]	答 踏;塔 納;臘‖辣
ts tsʻ s					雜	撒
tʂ tʂʻ ʂ	沙			詫	乍	閘‖札 插‖刹;察 殺
k kʻ ŋ x	家 鴉	[伢]			下	

今調	陰平 ⌐	陽平 ⌐	上 ⌐	陰去 ⌐	陽去 ⌐	入 ⌐
今韵	ia					
廣韵	麻二‖佳‖洽;狎‖鎋(均開口)					
tɕ tɕʻ ɳ	家;嗟‖佳		假賈			甲 恰
ç	蝦	霞			下‖匣	狹;狎‖瞎
○	鴉	牙				鴨

今韵	ua					
廣韵	麻二‖佳;夬‖鎋;黠(均合口)					
k kʻ ŋ	瓜			掛		刮
x				化	畫;話	滑
○	蛙‖挖入	[娃]	瓦			挖

今韵	ʅa					
廣韵	鎋(合口)					
tʂ tʂʻ ʂ	[抓]					刷

今調	陰平 ⌐	陽平 ⟍	上 ⌐	陰去 ⌐	陽去 ⊣	入 ⟍
今韵	o					
廣韵	歌;戈一‖合;盍‖曷;末‖鐸;覺;藥					
p	波,坡玻滂					剥
p'		婆	剖侯			
m			麽(‖事)			末‖莫
f						縛
t	多				舵	
t'			妥			脱‖託
n		羅;騾				洛
ts			左	坐		作
ts'	搓					
s			所魚			
tʂ						桌,捉;酌
tʂ'						
ʂ						
ʐ̩						若
k	歌		果	個;過		鴿‖割‖各;郭
k'				課		渴;闊‖確
ŋ		鵝	我			惡
x		何			禍‖盍‖活	合‖喝‖鶴;霍
○	鍋見,窩			臥		沃沃

今調	陰平 ˩	陽平 ˧	上 ˥	陰去 ˩	陽去 ˥	入 ˩
今韵	io					
廣韵	覺;藥(均開口)					
t t' n						略
tɕ tɕ' n̠ ɕ					嚼	角;覺 雀精 虐 學;削
○						約

今調	陰平 ˩	陽平 ˧	上 ˥	陰去 ˥	陽去 ˧	入 ˩
今韵	e					
廣韵	麻三‖葉‖薛‖緝‖櫛‖德;職‖陌二;麥;昔(均開口)					
p p' m f					白	北‖百伯 泊鐸‖迫幫,拍 麥
t t' n						得德 忒,特 勒
ts ts' s					澤擇宅	則‖責 側莊,測 澀‖瑟‖色
tʂ tʂ' ʂ	遮	蛇	者	[這]	舌	徹,澈 涉‖設
k k' ŋ x					核	格;革 刻 厄 黑;赫

今調	陰平˩	陽平˦	上˥	陰去˨	陽去˧	入˩
今韵	ie					
廣韵	麻三‖葉;業;帖‖薛;月;屑					
p p' m f					別	撇 滅
t t' n	[爹]					帖‖鐵 劣
tɕ tɕ' nʑ ɕ	些	茄 邪	姐 且 寫		傑;絶 謝	接;刲‖節,結 切 聶;業‖孽 脅;恊‖血曉合
○		爺	也野			葉‖謁

今調	陰平˥	陽平˩	上˥	陰去˩	陽去˥	入˩
今韵	ue					
廣韵	德‖麥(均合口)					
k k' ŋ x					或	國 獲

今韵	ɥe					
廣韵	麻三;戈三‖薛;月;屑					
tʂ tʂ' ʂ	靴					拙;掘;決 缺 説
○		惹				熱;閲;月,越曰

今調	陰平 ˩	陽平 ˥	上 ˥˩	陰去 ˥˩	陽去 ˥˩
今韵	ai				
廣韵	咍;泰;皆;佳;夬				
p p' m f		埋	買	拜 派	敗 賣
t t' n		來	乃;奶	帶 太泰	待、代 賴
ts ts' s	哉	柴		再 菜;蔡	在
tʂ tʂ' ʂ	齋				寨
k k' ŋ x	該;皆 開 哀	孩;鞋‖還(丨有)删合	改;解 矮	蓋;介界戒,械匣 概見,愾 愛	艾 亥;害

今調	陰平 ˩	陽平 ˊ	上 ˥	陰去 ˥	陽去 ˥
今韵	uai				
廣韵	泰;皆;佳;夬(均合口)				
k				怪	
k'			塊₂去	會(⼘計)見;塊₁;快	
ŋ					
x		懷			壞
○	歪曉				外

今韵	ʮai			
廣韵	脂;支(均合口)			
tʂ				
tʂ'			揣	
ʂ	衰			帥

今韵	ei			
廣韵	廢‖脂;支;微(均合口)			
p	卑;悲;碑			
p'				
m				
f	非飛	肥	匪	廢;肺

今調	陰平⌐	陽平ㄟ	上⊣	陰去ㄟ	陽去⊣
今韵	uəi				
廣韵	灰;泰;祭‖齊‖脂;支;微(均合口)				
k	龜;歸		鬼		跪
k'					
ŋ					
x	灰	回	毀		會;惠
○	威	危;爲;微			衛‖位;未

今韵	uɐi				
廣韵	祭‖脂;支(均合口)				
tʂ	追;錐			綴	
tʂ'	吹	垂			
ʂ			水	睡褌	瑞
○					鋭喩

今調	陰平 ㄥ	陽平 ㄟ	上 ㄱ	陰去 ㄱ	陽去 ㄐ
今韵	au				
廣韵	豪;肴;宵‖侯;尤				
p pʻ m f	包 貓₁明平	袍;跑 毛‖謀	保 某畝 否		 貌‖[冒](没有)
t tʻ n	刀 牢		倒	到	道 鬧
ts tsʻ s			早 草 嫂		造皂
tʂ tʂʻ ʂ	昭		[找] 炒	照	趙
ʐ		饒			
k kʻ ŋ x	高	 敖 毫	稿;攪 考 好	告 奧	

今調	陰平˩	陽平˥	上˥	陰去˥	陽去˦
今韵	iau				
廣韵	肴;宵;蕭‖幽				
p p' m f	 貓₂ 	 苗 	表 	 	 廟‖謬
t t' n	雕 	 條 	 了	 跳 	 料
tɕ tɕ' ɲ ç	驕 敲 消;蕭	 堯 肴淆	攪 小;曉	教;叫 孝	 校効
○	妖			要	

今調	陰平 ˥	陽平 ˩	上 ˥	陰去 ˥	陽去 ˧	入 ˩
今韵	ou					
廣韵	模;魚;虞‖侯;尤‖没‖屋;沃;燭					
t	都		肚‖斗	鬥	杜	讀;篤
t'		徒‖頭			毒	突‖禿
n		奴	努		路‖漏	鹿;陸;六
ts			走	做‖奏	助	卒‖足
tsʻ	初	愁	楚		族	促
s				素		宿
tʂ	周					竹
tʂʻ		鋤牀二	丑			
ʂ				獸		熟
ʐ		柔			肉;辱	
k				够		
kʻ			口			
ŋ			偶			
x		侯			後候	

今韵	iou					
廣韵	尤;幽‖屋三;燭					
t	［丟］					
tʻ						
n						
tɕ	糾上		九久		就,舊	菊
tɕʻ	秋	囚;求				曲
ɲ		牛	紐			
ɕ	休					畜;續燭邪
○		由猶,尤	有	幼‖育入	又	育;欲

今調	陰平 ˩	陽平 ˎ	上 ˥	陰去 ˥	陽去 ˧
今韵	an				
廣韵	覃;談;咸;銜;鹽;凡‖寒;山;删;仙;桓;元				
p	班		板	半	辦;瓣;伴
p'		盤		盼;判,叛並	
m					慢
f		凡	反		范
t	單,擔(拿)		短	旦	但
t'	貪	團			
n		南;藍‖難	暖		難;亂
ts					暫
ts'	餐		慘		
s	三‖酸			算	
tʂ	沾		斬	戰	棧
tʂ'			剗,産審		
ʂ	衫‖山;删	禪	陝	扇	
ʐ			染		
k	干;間		感;敢		
k'				看	
ŋ	安		眼	暗	岸
x		含;鹹‖寒		漢	陷‖汗;限

今調	陰平 ˩	陽平 ˧	上 ˥	陰去 ˥	陽去 ˧
今韵	ian				
廣韵	咸;銜;鹽;嚴;添‖山;刪;仙;元;先				
p	邊		貶	變	辨、便
pʻ		便₂(|宜)		徧帮,片	
m					面
f					
t			點‖典	店	
tʻ	天		舔		
n		廉‖連聯			戀
tɕ	監‖間		減‖簡;剪	監‖諫;建;見	件;健
tɕʻ	謙‖千	鉗‖錢;全	淺		
nɕ	研疑平	嚴‖年			驗;念‖硯
ɕ	仙;軒;先;宣	銜‖閑	險‖鮮癬;選	憲	限;縣匣合
○	煙	鹽‖言疑三	掩‖眼;演	晏	

今韵	uan				
廣韵	桓;山;刪;元(均合口)				
k	官;觀;鰥關		管	貫;慣	
kʻ			皖匣		
ŋ					
x	歡	完丸	緩匣	喚	換
○	彎	頑	碗		萬

今調	陰平˩	陽平˥	上˧	陰去˧	陽去˥
今韵	ɥan				
廣韵	删;仙;元;先(均合口)				
tʂ	專		捲		倦
tʂʻ		船	犬		
ʂ	門	玄			
○	冤	然;緣鉛,員圓;圜	軟;遠	怨	院

今韵	ən				
廣韵	侵‖痕;臻;真;魂;諄;文‖登;蒸‖庚;耕;清				
p	崩		本		
pʻ					
m		門			悶
f	分₁			奮	分₂
t			等	頓	
tʻ	吞				
n		倫‖能	冷		論
ts	臻增‖爭				
tsʻ	撐	存			
s	森‖孫‖生				
tʂ	真‖徵‖貞,偵徹			政	陣‖鄭
tʂʻ		沉‖陳,臣‖程成誠			
ʂ	深‖身申	神	審		甚‖盛
ʐ		壬‖人‖仍			任
k	跟‖耕			亘‖更	
kʻ			肯		
ŋ	恩				硬‖恨
x		痕	狠匣		恨

今調	陰平 ˥	陽平 ˦	上 ˩	陰去 ˥	陽去 ˦
今韵	uən				
廣韵	魂;文‖庚二(均合口)				
k				［棍］	
kʻ	坤				
ŋ					
x	昏	魂‖橫			
○	温	文聞	穩		問

今韵	uən				
廣韵	諄;文‖清;庚三;青				
tʂ	均;軍		準		
tʂʻ	椿,春	唇;羣‖瓊			
ʂ	勳	純			
○		雲‖榮	忍,允‖永		閏

今調	陰平˩	陽平˄	上˥	陰去˥	陽去˧
今韵	in				
廣韵	侵‖真;欣;諄‖蒸‖庚;耕;清;青				
p p' m f	兵	貧‖瓶;平 民‖萌	稟 品 敏	並並	病 命
t t' n	丁	林‖鄰‖陵‖靈	領	訂 聽	定 令
tɕ tɕ' ŋ ɕ	侵,今金‖津,巾; 斤‖京荆;經 欽‖輕;傾合溪 心‖新‖星腥	 秦‖情 銀‖凝 尋‖旬‖行;形	錦 請;頃合溪 醒	進晉‖勁 信迅‖性姓	近‖静 杏;幸
○	音陰‖因‖鶯,英	盈;迎	引;隱	印‖應	

今調	陰平 ˩	陽平 ˊ	上 ˥	陰去 ˩	陽去 ˦
今韵	aŋ				
廣韵	唐;江;陽				
p pʻ m f	邦 方,芳	旁 忙 房防	莽	胖	
t tʻ n	湯	堂 郎	朗		蕩
ts tsʻ s	倉 桑				
tʂ tʂʻ ʂ	張 昌 商	長₁ 常	長₂		丈 上
ʐ					讓
k kʻ ŋ x	綱剛	昂			項、巷

今調	陰平⌐	陽平乀	上⌐	陰去⌐	陽去⌐
今韵	iaŋ				
廣韵	江;陽(均開口)				
t / tʻ / n		良	兩		
tɕ / tɕʻ / ȵ / ç	江|||[剛] 香鄉	詳祥 娘	講 仰	 向	匠 像邪 像象
○	央	羊			

今韵	uaŋ				
廣韵	唐;陽				
k / kʻ / ŋ / x	光 荒	狂		曠,況[1]曉	
○	汪	王	往		旺

今韵	ʮaŋ				
廣韵	江;陽				
tʂ / tʂʻ / ʂ	莊 窗	牀		況[2]	狀 撞澄

今調	陰平 ˩	陽平 ˩	上 ˥	陰去 ˩	陽去 ˩
今韵	oŋ				
廣韵	登‖庚二;耕‖東;冬;鍾				
p pʻ m f	 風;封	朋			 孟‖夢 奉
t tʻ n	東 通	 同 農;隆;龍	董 桶;統去 攏	 痛	洞 弄
ts tsʻ s	 鬆;嵩;松	 崇;從,松	總	 送;宋	 誦
tʂ tʂʻ ʂ	中;鍾 充	 重	種 寵		重
k kʻ ŋ x	公功;弓;恭 空	 弘‖宏‖紅	 孔;恐	供	共
○	翁				

今調	陰平⌐	陽平ᐟ	上⌐	陰去⌐	陽去⌐
今韵	ioŋ				
廣韵	庚三‖東;鍾(均合口)				
tɕ tɕʻ ȵ ɕ	兄‖胸兇	窮 雄熊喻			
○		絨;融茸	勇		用

F. 音韵特點

1. 聲母

(1)分ts與tʂ：

　　a.精組洪音全讀ts等,如'此'tsʻï,'送'soŋ;章組全讀tʂ等,如'純'ʂuən,'政'tʂən。

　　b.莊組内轉在止攝合口中讀tʂ等,如'衰'ʂuai;其他讀ts等,如'助'tsəu,'士'sï。外轉全讀tʂ等,如'沙'ʂa,'窗'tʂʻuaŋ。

　　c.知組梗攝二等韵字讀ts等,如'擇'tsʻe,'撑'tsʻən;其他讀tʂ等,如'張'tʂaŋ,'篆'tʂuan。

(2)不分尖團,古精組細音與見系細音開口混,都讀tɕ等,如'消'ɕiau='囂'ɕiau。

(3)見系合口細音讀ʂ等,如'玄'ʂuan。

(4)見組在通三入聲中讀tʂ或tɕ等不定,如'局'tʂu,'曲'tɕʻiou。

(5)見系二等開口在蟹攝與梗攝入聲中全不顎化,如'艾'ŋai,'革'ke;其他不定,如'講'tɕiaŋ,'幸'ɕin,'巷'xaŋ,'硬'ŋən。

(6)全濁塞及塞擦聲母在入聲中送氣或不送氣不定,如'及'tɕi,'雜'tsʻa。

(7)泥來兩母洪音混，如'能'nən＝'倫'nən；細音不混，如'聶'ȵie≠'列'nie。

(8)日母在通攝聲中讀無聲母，如'絨'ioŋ。

(9)疑母三四開口讀ȵ，與泥混，如'硯'ȵian＝'念'ȵian。

(10)疑影兩母開口洪音全讀ŋ，如'偶'ŋou，'歐'ŋou。

2.開合

(1)端系一等字古合口全讀開，如'亂'nan，'存'tsʻən，'兌'ti。

(2)精組三四等字古合口全讀開，如'徐'ɕi，'絶'tɕʻie。

(3)來母三四等古合口字除在遇攝中有一部分仍保持合口外，其他全讀開，如'律'ni，'戀'nian，'累'ni。

(4)通入知系字讀開，如'熟'ʂou，'竹'tʂou。

3.韵母

(1)模韵端系與魚虞兩韵莊組字讀ou，與流攝字混，如'路'nou＝'漏'nou，'做'tsou＝'奏'tsou。（入聲没屋沃燭韵的端系莊組字同。）

(2)魚虞的知見系字都讀ʮ，如'書'ʂʮ，'虛'ʂʮ。（入聲術韵同。）

(3)蟹攝一三等合口幫組端系字與止攝合口端系字都讀i，如'貝'pi，'對'ti，'歲'ɕi，'類'ni。

(4)流攝幫系字（除'負'等讀u的）讀au，與効攝字混，如'畝'mau，'否'fau。

(5)山咸舒聲元音在介音i後仍讀a，如'貶'pian，'簡'tɕian。

(6)深臻曾梗舒聲都收-n尾，如'森'sən，'生'sən，'巾'tɕin，'凝'ȵin。

(7)通三入見系字，見組讀ʮ或iou不定，如'玉'ʮ，'曲'tɕʻiou；曉影兩組全讀iou，如'畜'ɕiou，'欲'iou。

4.聲調

(1)分陰陽去，如'倍'＝'備'pi²≠'背'pi²。

(2)入聲獨立，但全濁一部分歸陽去，如'不'puₔ，'直'tʂʅₔ；但'或'xue²，'絶'tɕʻie²。

G. 會話

48 a： ni˧ tɕia˩ kuəi˧ ɕin˧ a˩˙?
你 家 貴 姓 阿?

48 b： ɕin˧ tʰaŋ˩。
姓 湯。

a： ɕin˧ tʰaŋ˩ e˩。ni˧ tɕi˧ ʂï˩ nai˩ ti˩ e˩˙?
姓 湯 誒。你 幾 時 來 的 誒?

b： ŋo˧ tɕiaŋ˩ ɚ˩˙ nai˩ ti˩。
我 剛(音江) 兒 來 的。

a： ɕin˧ tʰaŋ˩。o˥, tʰaŋ˩ mo˧ sï˩ a˩˙?
姓 湯。哦, 湯 麼 事 阿?

b： tʰaŋ˩ tɕin˧ ɕin˩。
湯 錦 心。

a： o˩, tɕiou˧ ȵiaŋ˧ ȵiau˧, ni˧ nau˩˙。ni˧ tsai˧, tɕia˩ fu˧ tʂʮ˧
哦, 久 仰 了, 你 老。你 在, 家 府 住

no˧ i˩ kʰuai˧ ɚ˩˙?
哪 一 塊 兒?

b： ŋo˧ tsai˧ tɕʰi˩ ʂʮəi˧ ɕian˧ tʂʰən˧ ni˩。
我 在 浠① 水 縣 城 裏。

a： ni˧ u˩ ni˩˙ ʂï˩ mo˧ sï˩ zən˧ ne˩˙, ni˧ u˩ ni˩˙?
你 屋 裏 是 麼 事 人 嘞, 你 屋 裏?

b： e˥, iou˧ fu˧ tɕʰin˩ a˩˙。
誒, 有 父 親 阿。

a： ni˧ fu˧ tɕʰin˩ tʰa˩ tɕiau˧ tsou˧ mo˧?
你 父 親 他 叫 做 麼?

---

① "浠水"原名"蘄水",發音人此處照舊名讀"蘄水"。

b：eˈ——tɕiau˧ tsoˋ ɕin˩。
　　誒—— 叫　作　新 。

a：ŋˈ，tsoˋ ɕin˩，naˈ ŋo˧ mənˈ fu˧ tɕʰin˩ ʂ̩ˈ xau˧ pʰoŋˋ iou˧
　　唔，作　新 ，那　我　們　父　親　是 好　朋　友

　　aˈ。
　　阿 。

b：ni˧ ɕin˧——naˈ?
　　你　姓 —— 啦?

a：ŋo˧ ɕin˧——eˈ——puˈ kan˧，ɕin˧ tʂʰənˋ。
　　我　姓 —— 誒 —— 不　敢，姓　程 。

b：ni˧ tɕiau˧ mo˧ saˈ?
　　你　叫　麼　煞?

a：tʂ̺ʮˋ fu˩。
　　拙　夫 。

b：xau˧，xau˧，ŋo˧ xuəi˧ koˈ，ie˧ xuəi˧ koˈ iˈ xuəi˘。
　　好，好，我　會　過，也　會　過　一　回 。

a：xuəi˧ ko˧ iˈ xuəi˘，tsai˧ na˧ niˈ xuəi˧ ti˧ eˈ?
　　會　過　一　回，在　哪　裏　會　的　誒?

b：ŋo˧ tsai˧ tɕʰiˋ ʂuəi˧ kai˩ ʂaŋ˩ tʰin˧ tauˈ ni˧ tsai˧ ʂʮˋ mo˧
　　我　在　浠　水　街　上　聽　倒　你　在　説　麼

　　si˩。
　　事 。

a：na˧ ŋo˧ xue˧ tʂe˧ ʂ̩˧ ʂəˈ məˈ kʰe˘ zən˘，iau˧ xau˧ ti˘ pʰoŋˋ
　　那　我　或　者　是　什　麼　客　人，要　好　的　朋

　　iou˧。ʂ̩˧ puˈ ʂ̩˧? tɕiou˧ ʂ̩˧ in˩ ni˧ fu˧ tɕʰin˩ ŋo˧ fu˧ tɕʰin˩
　　友 。 是　不　是? 就　是　因　你　父　親　我　父　親

　　fəi˩ ʂan˩ ti˧ xau˧，ɚˋ ni˧ uˋ niˈ iou˧ ʂ̩˘ tɕʰi˧ ko˧ tiˈ。
　　非　常　的　好，而　你　屋　裏　有　時　去　過　的 。

b: ŋo˦ tɕ'i˦ ko˦ i˨ niaŋ˦ xuəi˩, ŋo˦ mau˦ xuəi˦ ko˦。
　 我　去　過　一　兩　回，　我　冒(沒有)　會　過。

a: ni˦ mau˦ xuəi˦ ko˦ na˩?
　 你　冒　會　過　啦?

b: ni˦ u˨ ni˩ tou˩ xau˦ ne˩?
　 你　屋　裏　都　好　嘞?

a: ŋo˦ u˨ ni˩ tou˩ xau˦。
　 我　屋　裏　都　好。

b: ŋ˩, ni˦ fu˦ tɕ'in˩ ɕian˦ tsai˦ xau˦ ne˩?
　 唔，你　父　親　現　在　好　嘞?

a: ŋo˦ fu˦ tɕ'in˩ ɕian˦ tsai˦, tɕiou˦ sï˦ mau˦ te˨ sï˦ a˩。tsai˦
　 我　父　親　現　在，　就　是　冒　得　事　阿。　在

　 u˨ ni˩ fu˦ ɕian˩, me(i)˨ iou˦ sï˦ tɕ'in˩。
　 屋　裏　賦　閑，　沒　有　事　情。

b: e˩, t'in˦ ʂue˩ ni˦ tɕie˨ niau˦ sau˦ tsï˩ niau˦?
　 誒，聽　説　你　接　了　嫂　子　了?

a: e˩, tɕie˨ niau˦ sau˦ tsï˩ niau˩。
　 誒，接　了　嫂　子　了。

b: ni˦ ɕian˦ tsai˦ ni˦ tʂu˦ na˦ i˨ ko˩ ɕio˨ ɕiau˦ a˩?
　 你　現　在　你　住　哪　一　個　學　校　阿?

a: ŋo˦ ɕian˦ tsai˦ tsai˦ tʂoŋ˦ xua˨ ta˦ ɕio˨。
　 我　現　在　在　中　華　大　學。

b: ni˦ ɕian˦ tsai˦ tʂu˦ na˦ i˨ pan˩ na˩?
　 你　現　在　住　哪　一　班　阿?

a: ŋo˦ ɕian˦ tsai˦ tʂu˦ tɕiou˦ sï˦ kau˦ tʂoŋ˦ ɚ˦ ɕia˦。
　 我　現　在　住　就　是　高　中　二　下。

b: o˩, ɕio˨ ɕiau˦ ni˩ koŋ˦ k'o˦ ne˩?
　 哦，學　校　裏　功　課　嘞?

a：ɕioʊ˧ ɕiau˦ ni˩ koŋ˧ kʰo˧ kau˦ te˩ pu˧ xau˥，tʂən˩ tsau˩ kau˩，
　　學　校　裏　功　課　攬　得　不　好，　真　糟　糕，

　　kʰau˦ ᴜ˩ kʰau˦ tou˩ pu˦ tɕi˩ ke˩。
　　考　月　考　都　不　及　格。

b：ni˧ ɕian˧ tsai˧ ni˧ ʂï˩ tsoʊ˧ tou˧ a˧˩，xai˩ ʂï˩ tɕi˩ sou˩ a˧˩？
　　你　現　在　你　是　走　讀　阿，　還　是　寄　宿　阿？

a：ŋo˧ tsoʊ˧ tou˧ a˧˩。ŋo˧ tɕia˩ ni˧˩ tsai˧ tʂe˩ ni˧˩ tʂᴜ˧˩。
　　我　走　讀　阿。我　家　裏　在　這　裏　住。

b：o˩，ni˧ tɕia˩ ni˧˩ tsai˧ na˧ kʰuai˦ tʂᴜ˧ a˧˩？
　　哦，　你　家　裏　在　哪　塊　住　阿？

a：ŋo˧ tsai˧ tɕʰi˩ ʂuəi˥，tsai˧ na˧ ko˧˩ u˧ tʂʰaŋ˩，ɕi˩ ta˧
　　我　在　浠　水，　在　那　個　武　昌，　西　大

　　san(>ŋ)˩ kai˩，tɕʰi˩ ʂï˩ ɚ˧˩ xau˧。ni˧ tɕia˧ zo˩ ioʊ˧ ɕian˩
　　三　　街，　七　十　二　號。　你　假　若　有　閑

　　kʰoŋ˥ ti˩ ʂï˩ xou˧，tau˩ ŋo˧ na˧ ni˧˩ tɕʰi˥ uan˩ ɚ˧˩ i˩ uan˩？
　　空　的　時　候，　到　我　那　裏　去　玩　兒　一　玩？

b：xau˦，ŋo˧ ioʊ˧ kʰoŋ˥ ŋo˧ tɕiou˩ nai˩ uan˩。
　　好，　我　有　空　我　就　來　玩。

a：fəi˩ ʂaŋ˩ ti˩ xuan˩ in˩，tin˧ xuan˩ in˩。
　　非　常　的　歡　迎，　頂　歡　迎。

b：xau˦，xau˦，ŋo˧ ioʊ˧ kʰoŋ˥ ŋo˧ tɕiou˩ nai˩。
　　好，　好，　我　有　空　我　就　來。

a：in˩ uəi˩ tʰoŋ˩ ɕiaŋ˩，kʰo˧ i˧ pu˧ pi˩ na˧ iaŋ˩ ti˩ kʰe˩ tɕʰi˩。
　　因　爲　同　鄉，　可　以　不　必　那　樣　的　客　氣。

b：xau˦，xau˦。ni˧ ɕian˧ tsai˧ ʂaŋ˧ na˧ ni˧˩ tɕʰi˥ a˧˩？
　　好，　好。你　現　在　上　那　裏　去　阿？

a：ŋo˧ ɕian˧ tsai˧ ɕiaŋ˧ xai˩ tsai˧ ɕioʊ˧ ɕiau˦ ni˧˩，ɕian˩ ɕio˩
　　我　現　在　想　還　在　學　校　裏，　想　學

çiau˥ xai˩ iou˥ tian˥ sï˥ tɕʻin˩, çio˩ çiau˥ ni˧˨ tɕin˩ tʻian˩
校　　還　有　點　事　情，　學　校　裏　今　天

çia˥ u˥ xai˩ iou˥ kʻo˥。
下　午　還　有　課。

b：ni˥ çia˥ u˥ ni˥ iau˥ ʂï˥ iou˥ kʻoŋ˥ ti˧˨ ʂï˩ xou˥, tɕiou˥ tau˥
你　下　午　你　要　是　有　空　的　時　候，　就　到

ŋo˥ na˥ ni˧˨ tɕʻi˥ uan˩?
我　那　裏　去　玩?

a：çia˥ u˥ kʻo˥ i˥。
下　午　可　以。

四九. 黄梅（李陵口）

A. 發音人履歷

發音人	49a	49b
年齡	18 歲	14 歲
原籍	黄梅李陵口	黄梅孔壟鎮
職業	學生	學生
教育程度	高中	初中
幼時語言環境	在本鄉讀書	同左
教師方言	本地話	同左
住過的地方	武昌	武昌
曾否學國語	未	未
能否説別處話	不會	不會

二十五年五月十日吳宗濟記音

　　兩個發音人的口音都受武漢話的影響很深，讀單字時還好，會話裏面武漢話的成分竟比本地話還多。恰巧黄梅的陰平調值很像武漢的陽平調值，陽平調值又像武漢的陰平調值，這樣一混亂了，會話中某音究竟是某字就很難決定。因此，本報告中會話一項只好從闕。

B. 聲韵調表

1. 聲母

p 卑敗	p' 跑瓶	m 梅		f 方肺

t 帶但　　　 t' 貪泰　　　 n 拿奴　 l 理連

ts 左昭棧鄭　 ts' 倉柴愁寵　　　　　　　　 s 三沙熟

tɕ 己漸追　　 tɕ' 巧齊船　 ȵ 年虐　　　　 ɕ 玄消稅

k 歌共　　　 k' 快狂　　　 ŋ 訛安　　　　 x 黃赫回

○ 壬爾鴉聞遠

2. 韵母

ï 子式;ə而若　 a 馬打雜家　 o 婆多捉我　 e 蛇舌;æ百特則厄

i 貝地齊序　　 ia 爹佳也　　 io 略學　　　 ie 野絕;iæ撇帖切

u 勃故　　　　 ua 化掛　　　　　　　　　　 ue 或;uæ國

y 女除入　　　 ya 靴刷　　　　　　　　　　 ye 靴惹;yæ說

ai 買泰柴解帥　 ei 肺悲　　 au 保桃草好　 eu 某杜丑侯

iau 表聊叫　 ieu 劉菊幼

uai 懷　　　　 uei 桂毀

yei 追　　 yau 饒　　　 yeu 柔

an 扮談慘漢　 on 短門　 ɛn 沾扇　　 ən 半門冷沉能云

iɛn 片廉監　　　　　　 in 稟丁陵新

uan 貫　　　　　　　　　　　 uən 橫昏

yɛn 篆染　　 yən 均瓊

aŋ 忙蕩窗剛　　　　 oŋ 朋同宋恐

iaŋ 兩講　　　　　　 ioŋ 兄窮

uaŋ 光

yaŋ 讓

3.聲調

陰平	陽平	上	陰去	陽去	入
˩	˦	ˊ	˧	˧	˨
安	平人	展女	正	柱扇謝合	竹局入

C. 聲韵調描寫

1.聲母

　　黃梅聲母，依音位定爲二十個。以下分p,t,ts,tɕ,k,○六組述之。

　　p組p,pʻ,m,f。m的鼻音很重，往往引起後面元音的鼻化，如'買'或讀mãi，'謬'或讀mĩau。

　　t組t,tʻ,n,l。n與l分別很清楚，範圍大致同國音。發音人也偶有讀得例外的，如'拿'讀la，恐怕是武漢話的影響。n,l與洪音配；與細音拼合就讀成舌面前音ɲ，音值與n迥然不同，所以讓它另成一個音位，歸入tɕ組。

　　ts組ts,tsʻ,s。讀法與國音同。

　　tɕ組tɕ,tɕʻ,ɲ,ɕ。tɕ,tɕʻ,ɕ三者在開口韵前讀單純的舌面前音；在合口韵前則又或多或少的加上了舌尖作用，就成爲tʃ,tʃʻ,ʃ。

　　k組k,kʻ,ŋ,x。x有時也讀爲小舌音。

　　○包括以元音o,ə,i,u,y起首的音。在ə之前差不多總有ʔ出現。y的音值見下。

2.韵母

　　ï僅有舌尖前音ɿ讀。ə部位偏前。

　　i是較開的。但在tɕ組聲母後或無聲母時，前面又都帶個半元音j。

　　u讀得很鬆。

y很緊，在ts組聲母後有時帶點ʮ的色彩。

a，ia，ua，ya。a近標準元音ɑ，只是在介音i後偏前些。

o，io。讀得較開。

e，ie，ue，ye與æ，iæ，uæ，yæ。e出現於今陰平，陽平，上，陰去，陽去五調中。æ只限於入聲。e是開ɛ。æ只比標準前[a]略關。

ai，uai。ai讀與國音同。

ei，uei，yei。e在uei中部位偏央。

au，iau，yau。a是後ɑ，u鬆。

eu，ieu，yeu。e部位靠後而關。在ieu中，e又變得很短，只成爲i與u中間的過渡音。

an，uan。a是平均A。

on。o同o韵。

ɛn，iɛn，yɛn。ɛ在介音i後部位變得靠前些。

ən，uən，yən。ə短，n尾長。在yən中，ə實際上只是y與n之間的過渡音。

in。i是開ɪ。

aŋ，iaŋ，uaŋ。a全讀平均A。

oŋ，ioŋ的o關。

3. 聲調

陰平是低平調（ ˩ 11）。

陽平是高降調（ ˥˧ 53）。

上聲由"半高"升至"高"（45），寬式用高升調號（ ˧˥ 35）。

陰去由"半低"升至"高"（25），寬式用低升高調號（ ˩˥ 15）。

陽去是中平調（ ˧ 33）。

入聲是中降調（ ˦˨ 42）。

D. 與古音比較

1. 聲母

古母今分讀及影響條件 \ 古韵母組及影響條件			全清	次清	全濁 平	全濁 仄	次濁	清擦	濁擦 平	濁擦 仄
幫組			幫:p	滂:pʻ	並:pʻ	並:p;pʻ⁽¹⁾	明:m			
非組							微:u	非 敷:f	奉:f	
端組泥	一二等 洪		端:t	透:tʻ	定:tʻ	定:t;tʻ⁽¹⁾	泥 n̠/n 來:l			
	三四等 細									
精組	洪		ts	tsʻ	tsʻ	ts;tsʻ⁽¹⁾		心 s	邪 s	邪 s
	細		tɕ	tɕʻ	tɕʻ	tɕ;tɕʻ⁽¹⁾		ɕ	? ɕ	tɕʻ,ɕ
莊組	內轉		莊(照二) ts	初(穿二) tsʻ	崇(牀二) tsʻ	崇(牀二) ts;s		生:s;ɕ⁽²⁾(審二)		
	外轉									
知組	梗二等韵 其他		知 ts	徹 tsʻ	澄 tsʻ	澄 ts;tsʻ⁽¹⁾				
			tɕ	tɕʻ	tɕʻ	tɕ;tɕʻ⁽¹⁾				
章組	今開 今合 今開 今合		章(照三) ts	昌(穿三) tsʻ	船(牀三) s	船(牀三) tsʻ,s		書(審三) s	禪 s	禪 ts,s
			tɕ	tɕʻ	ɕ	tɕʻ,ɕ		ɕ	ɕ	tɕ,ɕ

古聲母分讀 / 古聲母組及影響條件（发音方法及影響條件）

見組曉

條件（今讀 開/合）	見（全清塞）	溪（次清塞）	羣（全濁塞 平）	羣（全濁塞 仄）	疑（次濁）	曉（清擦）	匣（濁擦 平）	匣（濁擦 仄）
開 一等	k	kʻ	tɕʻ	tɕ;tɕʻ[1]	ŋ	x		x
開 二等	k,tɕ	kʻ,tɕʻ	*	*	ŋ,i	x,ɕ		x,ɕ
開 三四等	tɕ	tɕʻ	kʻ	k	ȵ	ɕ		ɕ
合 一二等	k	kʻ	tɕʻ	k	u:ŋ	x		x
合 蟹止合三四等	k	kʻ			u	x		x
合 通舒	k	kʻ			ʔ	ɕ		*
合 其他	tɕ	tɕʻ	tɕʻ	tɕ;tɕʻ[1]	y	ɕ		ɕ

影組

條件（今讀 開/合）	影（全清塞）	喻（次濁）
開 一等	ŋ	
開 二等	ŋ,i	
開 三四等	i	喻:i
合 一二等	u;○	*
合 蟹止合	u	u
合 通	i	i
合 其他	y;○[4]	y;○ ○[4]

日母

條件（今讀 開/合）	日（次濁）
今開 止	○
今開 其他	○;i[3]
今合	y

2. 韵母

第 一 表

開

攝別 \ 聲母	幫系	端系	見系	幫系	泥組	知組莊	見系	幫系	端系	莊組	知章組	日母	見系
（等）	一	一	一	二	二	二	二	三四	三四	三	三四	三四	三四
果	*	o	o	a	a	a	a,ia	*	ie,ia	*	e,a	ye	ie,ia
（遇）		*				*						*	
蟹	*	ai	ai	ai	ai	ai	ai,ia	i	i	*	ï		i
止		*				*		i,ei	i;ï	ï	ï	e	i
效	au	au	au	au	au	au	au,iau	iau	iau	*	au	yau	iau
流	eu	eu	eu			*		eu,u	ieu	eu	eu	yeu	iau
咸	*	on;an[1]	an		*	an	an,iɛn	iɛn	iɛn	*	ɛn	yɛn	iɛn
山	*	an	an	an	*	an	an,iɛn	iɛn	iɛn	*	ɛn	yɛn	iɛn
宕	aŋ	aŋ	aŋ	aŋ		aŋ	aŋ,iaŋ	*	iaŋ	aŋ	aŋ	yaŋ	iaŋ

攝別	開 一 幫系	開 一 端系	開 一 見系	開 二 幫系	開 二 泥組	開 二 知組莊	開 二 見系	開 三四 幫系	開 三四 端系	開 三四 莊組	開 三四 知組章	開 三四 日母	開 三四 見系
深	*	*						in	in	ən	ən	ən	in
臻	*	ən	ən					in	in	ən	ən	ən	in
曾	ən·uə	ən	ən					in	in	*	ən	ən	in
梗		*		ən·iə	ən	ən	ən·in	in	in	*	ən	*	in
(通)	o·uə	*						*	*	*	*	*	
咸入	*	a	o	a	*	a	a·ia	*	iæ	*	æ	*	æ
山入	*	a	o	a	*	a	a·ia	iæ[2]	iæ	*	æ	yæ	æ
宕入	o	o	o	o	*	o	o·io	*	io	*	o	e	io
深入	*	*						*	i	æ	ï	y	i
臻入	*	æ						i	i	æ	ï	e	i
曾入		*						i	i	æ	ï	*	i
梗入	æ	æ	æ	æ	*	æ	æ	i	i	*	ï	*	i
(通入)	*	*						*	*	*	*	*	*

第 二 表

攝＼聲母	一 幫系	一 端系	一 見系	二 幫系	二 莊組	二 見系	三四 幫系	三四 泥組	三四 精組	三四 莊組	三四 知章組	三四 日母	三四 見系
果	o	o	o		*	ua	u	i,y	*				ye,ya
遇	u	eu	u					*	i	eu	y	y	y
蟹	i	i	uei,ua		*	uai,u	ei	i	i	*	yei	*	uei
止		*		*	*		i,ei;uei	i	i	ai	yei	*	uei
（效）		*		*	*					*			
（流）		*			*					*			
咸		ɔn		*	ɔn	uan	an	iɛn	iɛn	*	*		
山	uɛ	*	uan	*	*	uan	an;uan	iɛn	iɛn	*	yɛn	yɛn	yɛn
宕	*		uaŋ				aŋ;uaŋ			*	yɛn	yɛn	uaŋ

摄\声母	合 一 帮系	合 一 端系	合 一 见系	合 二 帮系	合 二 庄组	合 二 见系	合 三四 帮系	合 三四 泥组	合 三四 精组	合 三四 庄组	合 三四 知章组	合 三四 日母	合 三四 见系
（深）	ue	ue	uen		*	*	uen，ue	ue	in	*	yæn	ue	yen；uæ (3)
臻	ue	ue	foŋ	*	*	foŋ；uen	foŋ	ue		*	yæn		yen；uen (3)
曾	foŋ	foŋ	oŋ				oŋ	foŋ	oŋ	oŋ	oŋ	ioŋ	ioŋ，oŋ
梗	*	*	*				a	iæ	iæ	*	yæ	*	yæ
通	o	o	uæ		*	ua	a；ua	iæ	iæ	*	yæ		
咸入	o	o	o		*	o	o	iæ	iæ	*			
山入	eu	eu	u	*	ya	ua	æn	i	i	*	yæ	*	y
宕入	*	*	æn		*		o	i	*	*			
（深入）				*	*		æ	i	*	*		*	i
臻入	u	eu	u		*	u	æn	i	i	*	y	y	y
曾入		*	æn		*		*	eu	eu	eu	y	*	y
梗入	*		u	*	*	uæ	*	eu	eu	eu	y	*	y
通入	u；o (4)	eu	u		*	u	u；o (4)	eu	eu	eu	eu	yeu	ieu，y

3.聲調

古類 \ 今值條件 \ 今類		陰平	陽平	上	陰去	陽去	入
平	清	˧					
平	濁		˦				
上	清			˦			
上	次濁			˦			
上	全濁					˧	
去	清				˦		
去	濁					˧	
入	清						˥
入	次濁						˥
入	全濁					˧	˥

附注：

聲母：—

（1）全濁塞及塞擦聲母在仄聲中,上去全不送氣,入聲送氣或不送氣不定。

（2）山入'刷'字讀ɕ-；其他全s-。

（3）通舒讀i-,其他〇。

（4）臻梗兩攝舒聲〇；其他y。

韵母：—

（1）覃韵on；談韵an。

（2）入聲全濁今讀陽去者æ變e。

（3）見曉兩組yən；影組ən。

（4）明母讀o；其他u。

E. 同音字表

今調	陰平 ˩	陽平 ˊ	上 ˥	陰去 ˧	陽去 ˧	入 ˋ
今韻	ï;ə(〇後)					
廣韻	祭‖脂;之;支‖藥‖緝‖質‖職‖昔(均開口)					
p p' m f						
t t' n l						
ts	之;知,支‖隻入		子	致,至;置,志;翅審	自;字,痔	執‖姪,質
ts'		遲	恥;此	滯澄‖次;刺,賜心	直值植,殖禪	秩‖擲,赤
s	師;思;斯,施	時	矢;使;始	世‖四;試‖式入	示;似,士、事,市;是‖十‖實‖食蝕‖石	識
tɕ tɕ' ɲ ç						
k k' ŋ x						
〇		而	爾		貳二	日‖若

今調	陰平 ˩	陽平 ˊ	上 ˩	陰去 ˋ	陽去 ˧	入 ˋ
今韵	i					
廣韵	魚;虞‖祭;齊;灰;泰‖脂;之;支;微‖緝;質;迄;術‖職‖昔;陌三;錫					
p			比;彼	貝‖臂;秘泌	敝;倍;佩‖卑幫平,被	必‖逼‖碧;壁
p'	披		鄙幫,丕平		鼻並去	弼‖愎‖僻,闢
m		梅‖靡上	米			
f						
t	堆		底	帝;對;兌定	第‖地	的
t'		堤提			笛‖禿屋透入	
n			你			
l		驪‖梨;離	屢去‖禮‖履;李里理		例;麗‖類;累	隸去‖立‖栗;律‖力‖歷
tɕ			己;幾	祭;計繼;最‖奇;季合見	聚‖罪‖忌,技妓企‖集	急,及,吸曉‖吉‖極;積;激
tɕ'	妻,棲心‖期羣	齊,溪溪‖其;奇	起	趣娶‖脆‖器;氣悴從,粹心		七;乞,迄曉‖戚,喫
nʑ		疑;宜			藝;内‖義議	逆
ɕ	須‖西‖希	徐‖奚;攜匣合‖徙支心上;隨	洗‖璽支心	歲‖戲	序‖系‖遂‖習‖席	泣溪‖戌恤‖息‖昔
○	衣依	夷;移;遺合	以,矣	意‖憶入	異	噎屑‖邑‖逸‖亦

今调	陰平 ˩	陽平 ˧	上 ˥	陰去 ˧	陽去 ˧	入 ˧
今韵	u					
廣韵	模;虞‖尤‖没;物‖屋;沃					
p			補		步	不
pʻ			譜幫,普			勃‖卜幫,撲,僕曝瀑没
m						
f	婦奉上		府,腐奉	附奉	父‖負‖服	
k	孤			故		骨
kʻ						哭;酷
ŋ						
x		狐乎胡	虎		户	忽
○	烏	吾;無	五;武		務‖戊侯明	屋

今韵	y					
廣韵	魚;虞‖緝‖術;物‖職‖昔‖屋三;燭					
t						
tʻ						
n			女			
l						
tɕ	猪;諸;拘樞,區	除	主	著;句	巨;柱,俱平見	橘
tɕʻ						出;屈‖曲
ȵ						
ɕ	書,虚,殊禪		鼠暑,許		樹	
○		如,魚,於影,餘余;儒,愚	吕來,與;羽		遇	入‖鬱‖域‖疫役‖玉

今調	陰平˩	陽平˦	上˧	陰去˥	陽去˨	入˩
今韵	a					
廣韵	麻二‖合;盍;洽;狎;乏‖曷;鎋;點;月					
p	巴		把			八
p‘					拔	
m	[媽]		馬			
f						法‖髮
t			打庚			答‖達
t‘	他₂歌					塔端,踏;塔
n		拿	[哪]			納
l	拉入					臘‖辣
ts						雜‖札
ts‘				詫		插‖刹;察
s	沙	蛇				撒;殺
k	家₁					甲₁
k‘						
ŋ						鴨
x					下	瞎

今調	陰平 ˩	陽平 ˥	上 ˩	陰去 ˩	陽去 ˥	入 ˥
今韵	ia					
廣韵	麻‖佳‖洽;狎(均開口)					
t t' n l	[箸]					
tɕ tɕ' ȵ ɕ	家₂‖佳	茄 霞	假賈			甲₂ 恰 狹;挾帖
○	鴉	牙	也₂			

今調	陰平 ˩	陽平 ˦	上 ˧	陰去 ˥	陽去 ˧	入 ˩
今韵	ua					
廣韵	麻二‖佳;夬‖鎋;黠（均合口）					
k k' ŋ	瓜			掛		刮
x				化	畫;話‖滑	
○	蛙	瓦				

今韵	ya					
廣韵	戈三‖鎋（均合口）					
tɕ tɕ' n̠ʑ						
ɕ	靴					刷

今調	陰平 ˩	陽平 ˊ	上 ˥	陰去 ˧	陽去 ˧	入 ˋ
今韵	o					
廣韵	歌;戈一‖合;盍‖曷;末‖鐸;覺;藥‖屋					
p pʻ m f	波,玻坡旁	婆				剝;縛奉 末‖莫‖木;目
t tʻ n l	多 他₁拖	陀 羅;騾	妥		舵	 脫‖託 洛
ts tsʻ s			左 所魚		坐	作;桌,捉;酌
k kʻ ŋ x	歌	 鵝;訛 何	果 我	個	 禍‖合‖鶴	鴿‖割‖各;角;郭 確 遏‖惡 盍‖喝‖霍
○	鍋見,窩				握影入	

今調	陰平 ⌐	陽平 ╱	上 ⌐	陰去 ╲	陽去 ⊣	入 ╲
今韵	io					
廣韵	覺;藥(均開口)					
t t' n l						略
tɕ tɕ' ɲ ç				嚼 學	覺;腳 雀精 虐 削
○						約

今調	陰平 ┘	陽平 ∕	上 ˥	陰去 ∧	陽去 ˧	入 ˅
今韵	e					æ
廣韵	麻三‖葉‖薛‖緝‖櫛‖德;職‖陌二;麥(均開口)					
p p' m f						北‖百伯迫 泊鐸‖拍 麥
t t' n l			[這]	特		得德 勒
ts ts' s		蛇		擇 舌		則;側‖責 徹,澈‖測‖澤宅 涉‖設‖澀‖瑟‖色
k k' ŋ x						格;革 刻 厄 黑‖赫

今調	陰平 ˩	陽平 ˊ	上 ˥	陰去 ˋ	陽去 ˧	入 ˇ
今韵	ie					iæ
廣韵	麻三‖葉;業;帖‖薛;月;屑					
p p' m f						別;癟 撇 滅
t t' n l						帖‖鐵 列;劣
tɕ tɕ' ɲ ɕ	嗟 邪	 寫			 絕 謝‖穴匣合	接;刮‖傑;竭;節;結 切 聶;業‖孽;臬 脅;協‖薛
○			也$_1$ 野			葉

今調	陰平┘	陽平ㄚ	上ㄱ	陰去ㄟ	陽去┤	入ㄟ
今韵	ue					uæ
廣韵	末‖物‖德‖麥(均合口)					
k k' ŋ x						國 闊 活‖或‖獲
○						物

今韵	ye					yæ
廣韵	麻三‖薛;月;屑					
tɕ tɕ' n̠ ɕ	 靴					綴₂;拙;決 掘;缺 説
○			惹			熱;閲;月,越曰

今調	陰平 乛	陽平 ㄟ	上 ㄱ	陰去 ㄟ	陽去 ㄣ
今韵	ai				
廣韵	泰;皆;佳;夬‖脂				
p p' m f		埋	買	拜 派	敗
t t' n l	[奶](祖母稱‖)		乃;奶	帶 泰	待、代 賴
ts ts' s	齋	柴		菜;蔡 寨牀‖帥	在
k k' ŋ x	該;皆偕 開 哀	孩;鞋	改;解 矮	蓋;介界,戒,械匣 概見;愾 愛	艾 亥;害

今調	陰平⌐	陽平〤	上⌐	陰去〥	陽去⊣
今韵	uai				
廣韵	泰;皆;佳;夬(均合口)				
k				怪	
kʻ				塊;快	
ŋ					
x		懷			
○	歪曉				外

今韵	ei				
廣韵	廢‖脂;支;微				
p	悲;碑				
pʻ					
m					
f	飛	肥		廢,肺	

今韵	uei				
廣韵	灰;泰;祭;齊‖脂;支;微(均合口)				
k	龜;歸			桂	
kʻ				會(‖計)見	
ŋ					
x	灰		毀	慧喻‖諱	會;惠
○	威	惟維;危,爲;微,圍	委	畏	衛;位;未,彙

今調	陰平 ˥	陽平 ˩	上 ˦	陰去 ˥	陽去 ˧
今韵	yei				
廣韵	祭‖脂;支(均合口)				
tɕ tɕʻ n̥ ɕ	追	垂		綴₁ 税	睡瑞
○				鋭喻	

今韵	au				
廣韵	豪;肴;宵				
p pʻ m f	包 貓明平	袍;跑	保		貌‖[冒](没有)
t tʻ n l		桃 牢	老	到	鬧
ts tsʻ s	昭	草;炒 掃		照	造皂;趙 紹
k kʻ ŋ x		毫	攪 好	告 奥	

今調	陰平 ˩	陽平 ˦	上 ˥	陰去 ˩	陽去 ˧
今韵	iau				
廣韵	肴;宵;蕭				
p pʻ m f			表		 謬幽
t tʻ n l		條 燎;聊		弔	
tɕ tɕʻ ȵ ɕ	消;囂;蕭	喬 肴淆	巧 曉	叫 孝	 校効
○	妖	堯			

今韵	yau				
廣韵	宵				
○		饒			

今調	陰平 ˩	陽平 ˥	上 ˥	陰去 ˩	陽去 ˥	入 ˥
今韵	eu					
廣韵	模;魚;虞‖侯;尤‖没‖屋;沃;燭					
p pʻ m f		謀	剖 某畝 否			
t tʻ n l		頭 奴	賭肚‖斗 務	鬥	杜 漏	讀;篤 突 鹿;陸六;綠
ts tsʻ s	周 初	鋤‖愁	走 楚‖丑	做‖奏 素;數‖獸	助 熟	卒‖竹;足,燭囑 族;促,觸 肅,縮,叔;續;屬
k kʻ ŋ x	歐	侯	偶		後候	

今調	陰平 ˩	陽平 ˦	上 ˥	陰去 ˨	陽去 ˧	入 ˨
今韵	ieu					
廣韵	尤;幽‖屋三;燭					
t t' n l	〔丟〕					
		劉				
tɕ tɕ' n̩ ɕ	糾上 秋	囚,求 牛	紐		就,舅	菊;局 畜
○		由猶,尤		幼‖育入		欲

今韵	yeu					
廣韵	尤‖屋三;燭					
○		柔				肉;辱

今調	陰平 ┘	陽平 ⟋	上 ⌐	陰去 ⟍	陽去 ⊣
今韵	an				
廣韵	覃;談;咸;銜;凡‖寒;山;删;元				
p p' m f		凡	板 反	扮 盼	辦 范‖飯
t t' n l		談 南男‖難 藍		旦 歎	
ts ts' s	餐 三;衫‖山;删		産		暫‖棧
k k' ŋ x	干;間 安	含;鹹‖寒;閑;還合	感;敢;減 眼	諫 暗‖晏 漢	陷‖限

今韵	uan				
廣韵	桓;山;删;元				
k k' ŋ x	官觀;鰥		緩匣;皖匣	貫;慣 喚	換
○	彎	完丸匣;頑	碗		萬

今調	陰平 ⌐	陽平 ⌐	上 ⌐	陰去 ⌐	陽去 ⌐
今韵	on				
廣韵	覃‖桓‖删				
t tʻ n l	端 貪		短 暖		 亂
ts tsʻ s	 門		慘	 算	

今韵	ɛn				
廣韵	鹽‖仙(均開口)				
ts tsʻ s	沾		展 陝	 扇	

今調	陰平˩	陽平ˊ	上˥	陰去˥	陽去˨
今韵	iɛn				
廣韵	咸;銜;鹽;嚴;添‖山;刪;仙;元;先				
p pʻ m f	邊		貶	偏幫,片	辨;辯
t tʻ n l	天	廉‖連聯	典	店	戀
tɕ tɕʻ ɳ ɕ	監‖間 謙‖千 仙鮮;軒掀;先;宣	鉗‖錢;全 嚴‖言;年 嫌‖賢弦	剪‖繭 險‖癬	建;見 研疑平 憲	漸‖件 驗;念‖硯 現;縣合
○	煙	沿;鉛沿合	眼;演	厭‖晏	

今韵	yɛn				
廣韵	鹽‖仙;元;先				
tɕ tɕʻ ɳ ɕ	專	船 玄			篆;倦
○		然;元,園	染‖軟;遠		院

今調	陰平⌐	陽平˧	上˥	陰去˩	陽去˥
今韵	ən				
廣韵	桓‖侵‖痕;臻;真;魂;諄;文‖登;蒸‖庚;耕;清				
p	崩			半	伴
pʻ		彭		叛,判並	
m	分	門			
f				奮	
t			等	頓	
tʻ	吞				
n		能			
l		倫	冷		論
ts	臻‖增;徵‖争;貞,偵徹			政	鄭
tsʻ	撑	沉‖陳,臣;存‖成城			
s	森,深‖身申‖生	晨‖繩	審		盛
k	跟‖更;耕				
kʻ			肯懇		
ŋ	恩				硬
x		恒			恨‖杏
○		壬‖人;雲‖仍	忍;允尹‖永		任‖認;閏;運‖孕

今調	陰平 ┘	陽平 ˊ	上 ˥	陰去 ˋ	陽去 ˧
今韵	uən				
廣韵	魂;文‖庚二(均合口)				
k					
kʻ	坤				
ŋ					
x	昏	橫			
○	溫	聞	穩		問

今韵	yən			
廣韵	諄;文‖清(均合口)			
tɕ	均			
tɕʻ	椿,春‖傾	羣‖瓊	頃	
nʑ				
ɕ	勛	唇純		

今調	陰平 ˩	陽平 ˧	上 ˥	陰去 ˧	陽去 ˩
今韵	in				
廣韵	侵‖真;欣;諄‖蒸‖庚;耕;清;青				
p p' m f	兵	貧‖瓶;平 民‖名	稟 品 敏	並並	病 命
t t' n l	丁	林‖鄰‖陵‖靈		聽	定 令
tɕ tɕ' n̠ ɕ	今‖津,巾;斤‖京荊;經 侵,欽‖輕 心‖新‖星腥	秦 銀 尋‖旬‖行;形		晉進‖勁 信‖性姓	近‖静 幸
○	音‖因‖鶯;英	盈,營合,螢匣合	引,隱	印‖應	

今調	陰平 ˩	陽平 ˧	上 ˩	陰去 ˩	陽去 ˧
今韵	aŋ				
廣韵	唐;江;陽				
p	邦				
pʻ		旁			
m		忙			
f	方	防房			
t					蕩
tʻ					
n					
l		郎	朗		
ts	張,莊		長,掌		撞;狀
tsʻ	倉,窗	牀			
s	桑;商	常			上尚
k	剛綱				
kʻ					
ŋ					
x					項、巷

今調	陰平 ˩	陽平 ˊ	上 ˥	陰去 ˋ	陽去 ˧
今韵	iaŋ				
廣韵	江;陽(均開口)				
t tʻ n l	丁青 	 	 兩		
tɕ tɕʻ n̥ ɕ	江 香	 祥詳 娘 	講 仰 	 向	 象像

今韵	uaŋ				
廣韵	唐;陽(均合口)				
k kʻ ŋ x	光 	 狂 黃		 曠;況曉 	
○	汪	王	往		旺

今韵	yaŋ				
廣韵	陽(開口)				
○					讓

今調	陰平 ˩	陽平 ˧˥	上 ˧	陰去 ˧˥	陽去 ˨
今韵	oŋ				
廣韵	登‖庚二;耕‖東;冬;鍾				
p					
pʻ		朋			
m		萌			孟‖夢
f	風;封				奉
t	東				洞
tʻ	通	同	桶;統去		
n		農			
l		隆;龍	攏		
ts	中;鍾		總	衆	
tsʻ	充	崇	寵		
s	嵩;鬆;松			送;宋	誦
k	公功;弓;恭				共
kʻ	空		恐		
ŋ	翁				
x		弘‖宏‖紅			

今調	陰平 ˩	陽平 ˧	上 ˥	陰去 ˩	陽去 ˧
今韵	ioŋ				
廣韵	庚三‖東;鍾(均合口)				
tɕ tɕʻ ȵ ɕ	兄‖胸	窮 熊雄喻			
○		榮‖絨,融;茸			用

F. 音韵特點

1. 聲母

（1）ts與tʂ不分,古精組洪音與知系的今開音全讀ts等,如'則'ʼtsæ,'斬'tsan,'帥'ʼsai,'趙'ʼtsau。

（2）不分尖團,古精組細音與見系細音開口混,全讀tɕ等,如'漸'＝'件'tɕiɛn。

（3）知系今合口字讀tɕ等,與見系細音合口混,如'書'＝'虛'ɕy,'篆'＝'倦'tɕyɛn。

（4）見系二等開口音在蟹攝與梗攝入聲中全不顎化,如'矮'ŋai,'赫'xæ;其他不定,如'眼'ŋan,iɛn,'家'ka,tɕia,'硬'ŋɘn,'幸'ɕin。

（5）全濁塞及濁擦聲母在仄聲中,上去聲全不送氣,如'在'tsai,'鄭'tsɘn;入聲則送氣或不送氣不定,如'白'ʼpæ,'直'ʼtsʻï。

（6）n與l分,如'難'nan≠'藍'lan。

（7）泥疑兩母三四等開口全讀ȵ,如'年'ȵiɛn,'硯'ȵiɛn。

（8）日母字全讀無聲母,如'饒'yau,'人'ʼɘn,'絨'ioŋ。

（9）疑影兩母開洪音全讀ŋ,如'偶'ŋeu,'惡'ŋo。

2. 開合

　　(1)古一等合口韵的端系字今讀開，如'罪'tɕi，'論'lən，'篤'teu。（但山攝主要元音變o，與開口的a不同，如'短'ton。）

　　(2)精組三四等古合口字全讀開，如'聚'tɕi，'歲'ɕi，'遂'ɕi，'絕'tɕ'ie，'旬'ɕin，'足'tseu。

　　(3)來母三四等古合口字除在遇攝中有一部分保持合口外，其他全讀開，如'類'li，'戀'liɛn，'律'li，'綠'leu。

　　(4)宕攝知（除日母）組二等莊組二三等字仍保持開口，如'撞'tsaŋ，'牀'ts'aŋ。

　　(5)通入知系字皆讀開，如'竹'tseu，'屬'seu。

　　(6)日母無論開合口，凡元音ə者一律讀開，如'閨'ən，'若'ə；其他讀合，如'饒'yau，'肉'yeu，'然'yɛn，'惹'ye；但通攝舒聲字則讀i，如'絨'ioŋ。

3. 韵母

　　(1)果攝三等韵有e與a兩讀，如'蛇'se，sa；'靴'ɕye，ɕya。

　　(2)模韵端系與魚虞兩韵的莊組字讀eu，與流攝字混，如'肚'='斗'teu，'楚'='丑'ts'eu。

　　(3)魚虞兩韵的知系字讀y，與見系字混，如'柱'='巨'tɕy，'如'y='餘'y。

　　(4)蟹攝合口一三等的幫組端系與止攝合口的端系字都讀i，如'倍'pi，'內'ni，'歲'ɕi，'隨'ɕi。

　　(5)止攝日母字讀ə，不捲舌，如'而'ə。宕攝入聲的日母字也讀同這一類，如'若'ə。

　　(6)覃韵的端精組字讀on，與談韵an分，如'慘'ts'on，'貪't'on；其餘混，如'南'nan（覃），'藍'lan（談）。

　　(7)桓韵幫系字讀ən，如'半'pən；端系字讀on，如'暖'non。

　　(8)山咸舒聲三四等元音無介音i時也變ɛ，與一二等異，如'沾'tsɛn，'扇'sɛn。

　　(9)末韵見系字讀uæ，與幫端系的o分，如'闊'k'uæ。（今變陽去的元音爲e，如'活'xue²。）

(10)深臻曾梗舒聲全收n尾,如'稟'pin,'本'pən,'陵'lin,'更'kən。

(11)物韵微母字讀uæ,如'物'uæ。

(12)通入明母字讀o,如'木'mo。

(13)通三入見組字讀ieu或y不定,如'菊'tçieu,'局'tçy。

4.聲調

(1)分陰陽去,如'背'pi^{2}≠'倍'pi^{2}='備'pi^{2}。

(2)入聲獨立,但全濁一部歸陽去,如'石'sï^{2}。

五〇. 廣濟

A. 發音人履歷

發音人	50a	50b
年齡	19 歲	17 歲
原籍	廣濟武穴	同左
職業	學生	學生
教育程度	高中	初中
幼時語言環境	在本鄉讀書	同左
教師方言	本地	有話本地話的,有説外路話的
住過的地方	武昌四年	武昌二年
曾否學國語	未	未
能否説別處話	不會	不會

二十五年五月八日吳宗濟記音

B. 聲韵調表

1. 聲母

p	保辦	p‘	盼跑	m	米		f 方
t	倒蕩	t‘	通頭	n	南	l 藍理	
ts	祭齋鄭	ts‘	齊愁恥				s 西蛇
tʂ	錐倦	tʂ‘	純缺				ʂ 税勳
tɕ	接舅	tɕ‘	秋求	ȵ	紐業		ɕ 消霞
k	過共	k‘	開狂	ŋ	我愛		x 好昏
○	而饒未云						

2. 韵母

ï 子飾;ʅ二日　　i 己逆　　u 卜杜促吾　　ʮ 女去域

iu 丟就欲

a 巴答刹匣　　o 婆託左過　　e 北特蛇刻

ia 佳鴨　　io 略學　　ie 滅爹姐刮

ua 掛滑　　　　ue 國

ʮe 靴越

ai 埋泰柴概　　ei 米內祭緝　　au 貌老紹好　　eu 否頭丑侯

iau 表了曉

uai 快　　uei 桂未

ʮai 揣　　ʮei 垂

ã 范歡慘監　　õ 短閂　　ɛ̃ 半吞陝肯　　ən 分論成沉

iɛ̃ 片店剪嫌　　in 陵丁鄰今

uã 萬　　uɛ̃ 慣　　uən 坤橫

ɣ̃ 專　　　　ɣən 純永

aŋ	旁湯莊剛	ʌŋ	朋桶中宏
iaŋ	兩講	iʌŋ	兄窮
uaŋ	狂		

3. 聲調

陰平	陽平	上	陰去	陽去	入
┤	ˇ	˥	˩	˩	ˊ
知	牀	展五	正	似共雜	急六續

C. 聲韵調描寫

1. 聲母

廣濟聲母，今定爲二十三個。以下分 p, t, ts, tʂ, tɕ, k, ○ 七組述之。

p組 p, pʻ, m, f。pʻ送氣强，遇前高元音 i 就讀得像 pɕi。

t組 t, tʻ, n, l。n 與 l 分別得很清楚，範圍大致同國音。n 只與洪音配。遇細音就讀成舌面前音 ɲ，音值迥異，歸入 tɕ 組。

ts組 ts, tsʻ, s。讀法與國音同。

tʂ組 tʂ, tʂʻ, ʂ。三者捲舌的程度不大，并且只與合口音配。

tɕ組 tɕ, tɕʻ, ɲ, ɕ。tɕ, tɕʻ, ɕ 的部位極偏前。

k組 k, kʻ, ŋ, x。x 的部位比 k, kʻ, ŋ 都靠後些。

○包括元音 o, ɚ, i, u, ʮ。

2. 韵母

ï僅有舌尖前音 ɿ 一讀。

i 近標準元音 i。

u 在 p, k 兩組聲母後或無聲母時都是很圓的。在 t, ts 兩組後，聲韵之間總有個過渡音ə,雖然短,却很顯著。iu用嚴式音標也當寫作iᵊu。

ʮ是捲舌不多的圓唇舌尖後音。

a,ia,ua。a的部位極靠後。

o,io。o讀得較開。無聲母時,前面總加上個u。

e,ie,ue,ʮe。除去前面有i,e總是較開的。在今入聲中,無論有沒有介音i,e都變得像ɛ。

ai,uai,ʮai。ai的收尾通常只到e,有時也到ɪ的部位。

ei,uei,ʮei。e部位偏前而極關,所以嚴格的説,這個複元音應當是ɪi。uei與ʮei更可以寫成ui與ʮi,因爲這裏面的e已經不顯著了。

au,iau。a是後ɑ;遇介音i則偏前。

eu。e長,u鬆。

ã,õ,ɛ̃。三音的鼻化程度不一致。ã的鼻音僅達元音的後半,并且還有個極短而弱的韵尾n存在。õ與ɛ̃是完全鼻化了的,也没有鼻韵尾存在。

ən,uən,ʮən。韵尾n長而强,主要元音ə短而弱。

in。i比i韵開。

aŋ,iaŋ,uaŋ。a同au,iau韵的a。

ʌŋ,iʌŋ。ʌ相當於o的開唇,却比o開。

3. 聲調

陰平由"中"降至"半低",寬式用半低平調號(˩22)。

陽平由"半高"降至"低"(41),寬式用低降調號(˩31)。

上聲由"中"升至"半高"(34),寬式用半高平調號(˦44)。

陰去由"半低"升至"高"(25),寬式用高升調號(˧35)。

陽去是低平調(˩11)。

入聲由"低"升至"半高"(14),寬式用低升調號(˨13)。

D. 與古音比較

1. 聲母

表頭（對角）：古聲母分合及影響條件／今讀及影響條件；發音方法及影響條件

古聲母組	古聲母分合及影響條件	今讀及影響條件	全清 塞	次清 塞	全濁 塞（平）	全濁 塞（仄）	次濁	清 擦	濁 擦（平）	濁 擦（仄）
幫組	一二等 三四等	幫組	幫：p	滂：pʻ	並：pʻ	並：p；pʻ[1]	明：m			
		非組					微：u	非：敷 f		奉：f
端組 泥			端：t	透：tʻ	定：tʻ	定：t；tʻ[1]	泥：n／ȵ 來：l			
精組	洪		精：ts	清：tsʻ	從：tsʻ	從：ts；tsʻ[1]		心：s	邪：s	邪：s；ɕ
	細		精：tɕ	清：tɕʻ	從：tɕʻ	從：tɕ；tɕʻ[1]		心：ɕ	邪：ɕ	
莊組	內轉		莊（照二）：ts	初（穿二）：tsʻ	崇（牀二）：tsʻ	崇（牀二）：ts；s		生（審二）：s		
	外轉		莊（照二）：tʂ	初（穿二）：tsʻ；tʂʻ[2]	崇（牀二）：tʂʻ					
知組	梗二等韵 其他	今開	知：ts	徹：tsʻ	澄：tsʻ	澄：ts				
		今合 今合	知：tʂ	徹：tʂʻ	澄：tʂʻ	澄：tʂ				
章組		今開	章（照三）：ts	昌（穿三）：tsʻ	船（牀三）：tsʻ，ʂ	船（牀三）：ts；s		書（審三）：s	禪：tsʻ；s	禪：s
		今合	章（照三）：tʂ	昌（穿三）：tʂʻ	船（牀三）：tʂʻ	船（牀三）：tʂ；ʂ		書（審三）：ʂ	禪：tʂʻ；ʂ	禪：ʂ

古聲組及影響條件	今讀 今(附質)	開/合	條件	全清塞	次清塞	全濁塞 平	全濁塞 仄	次濁	清擦	濁擦 平	濁擦 仄
				見	溪	羣	羣	疑	曉	匣	匣
日母								○ (日)			
日母								i			
日母								ʐ			
見組曉	開		一等	k	kʰ	tɕʰ	tɕ;tɕʰ(1)	ŋ	x		x
見組曉	開		二等	k,tɕ	kʰ,tɕʰ	*	*	ŋ,i	x,ɕ		x,ɕ
見組曉	開		三四等	tɕ	tɕʰ	kʰ	k	n̠	ɕ		ɕ
見組曉	合		一二等	k	kʰ	tɕʰ	k	u;○	x		x
見組曉	合		蟹止合三四等	k	kʰ			u	x		x
見組曉	合		通舒					(?)	ɕ		*
見組曉	合		其他	ʈʂ;tɕ(3)	ʈʂʰ	ʈʂʰ	ʈʂ,ʈʂʰ(1)	ʐ	ʂ;ɕ(4)		ʂ
影組	開		一等	ŋ				喻:i			
影組	開		二等	ŋ,i				*			
影組	開		三四等	i							
影組	合		一二等	u;○				u			
影組	合		蟹止合	u				i			
影組	合		通三四等	i				ʐ			
影組	合		其他	ʐ							

2. 韵母

第一表

開

攝	一			二				三四					
	幫系	端系	見系	幫系	泥組	知莊組	見系	幫系	端系	莊組	知章	日母	見系
果	*	o	o	a	a	a	a,ia	*	ie	*	e	ʮɛ	ie,ia
(遇)		*				*				*	*	*	
蟹	*	ai	ai	ai	ai	ai	ai,ia	ei	ei	*	ï	*	i
止		*				*		ei	ei;i	ï	i	ɚ	i
效	au	au	au	au	au	au	au,iau	iau	iau	*	au	iau	iau
流	eu	eu	eu					eu,u	iu	eu	eu	iu	iu
咸	*	ã	ã,ɛ̃	ã	*	ã	ã,iɛ	iɛ	iɛ	*	ɛ	ʮɛ	iɛ
山	*	ã	ã,ɛ̃	ã	*	ã	ã,iɛ	iɛ	iɛ	*	ɛ	ʮɛ	iɛ
宕	aŋ	aŋ	aŋ	aŋ		aŋ	aŋ,iaŋ	*	iaŋ	aŋ	aŋ	iaŋ	iaŋ

攝列＼聲母・等・呼	開 一 幫系	開 一 端系	開 一 見系	開 二 幫系	開 二 泥組	開 二 知組莊組	開 二 見系	開 三、四 幫系	開 三、四 端系	開 三、四 莊組	開 三、四 知組章	開 三、四 日母	開 三、四 見系
深		*						in	in	ɛ̃	ən	in	in
臻	*	ɛ̃	ɛ̃					in	in	ɛ̃	ən	in	in
曾	ɥv·ne	ɛ̃	ɛ̃					in	in	*	ən	in	in
梗		*		[ʮv, ɛ̃]	ɛ̃	ɛ̃	ɛ̃, in	in	in	*	ən	*	in
（通）		*				*					*		
咸入	*	a	o	a	*	a	a, ia	*	ie	*	e	*	ie
山入	*	a	o	a	*	a	a, ia	ie	ie	*	e	ɥe	ie
宕入	o	o	o	o	*	o	o, io	*	io	*	o	io	ie
深入		*				*		*	ei	e	ï	ʮ	i
臻入	e	*	e		*	*		ei	ei	e	ï	ɚ	i
曾入	e	e	e			*		ei	ei	e	ï	*	i
梗入	e	*	e	e	*	e	e	ei	ei	*	ï	*	i
（通入）	*	*				*				*	*		

第二表

呼	合	合	合	合	合	合	合	合	合	合	合	合	合
等	三四	三四	三四	三	三	三	三	二	二	二	一	一	一
聲母 ＼ 攝別	見系	日母	知章組	莊組	精組	泥組	幫系	見系	莊組	幫系	見系	端系	幫系
果	ɥɛ			*	*			ua	*		o	o	o
遇	ʮ	ʮ	ʮ	u	ei	ei, ʮ	u		*		u	u	u
蟹	uei	*	ɥei	*	ei	*	ei, uei	uai, ua	*		uei, uai	ei	ei
止	uei	*	ɥei	ai, ɥai	ei	ei	ei		*	*	*	*	*
（效）				*					*				
（流）				*					*				
咸	ʑ̃	ʑ̃	ʑ̃	*	ɛ̃	ɛ̃	ã	uɛ̃	õ	*	uɛ̃	õ	ɛ̃
山	ʑ̃	ʑ̃	ʑ̃	*	ɛ̃	ɛ̃	ã; uã		*		ɥan	*	*
宕	ɥan	ʑ̃	ʑ̃	*			aŋ; uaŋ		*				

呼	合												
等	三／四							二			一		
攝＼聲母	見系	日母	知組章	莊組	精組	泥組	幫系	見系	莊組	幫系	見系	端系	幫系
(深)	*	*	*	*	*	*	*	*	*	*	*	ue	ue
臻	[ivɿ]	[ivɿ]	[ivɿ]	*	in	in	uen:ue	[ivɿ:uen]	*	*	uen	ue	ue
曾	[ivɿ]	*	*	*	*	*	[ivɿ]	*	*	*	[ivɿ]	[ivɿ]	[ivɿ]
梗	[ivɿ]	[ivɿ]	[ivɿ]	[ivɿ]	[ivɿ]	[ivɿ]	[ivɿ]	[ivɿ:uen]	*	*	[ivɿ]	[ivɿ]	[ivɿ]
通	iu	*	*	*	ie	ie	a	ua	a	*	o	o	o
咸入	*	*	*	*	*	*	*	*	*	*	*	*	*
山入	*	*	*	*	ie	ie	a:ua	ua	a	*	o	o	o
宕入	əh̩	əh̩	əh̩	*	ie	ie	o	ua	*	*	o	o	o
(深入)	h̩	*	*	*	*	*	*	*	*	*	*	*	*
臻入	h̩	*	h̩	*	ei	ei	n	n	*	*	n	n	n
曾入	h̩	*	n	*	*	*	*	*	*	ue	ue	*	*
梗入	h̩	*	h̩	*	ei	ei	n	n	*	*	n	n	n
通入	h̩·iu	iu	n	n	u	u	u:o:n(1)	*	*	*	u	u	o:u:n(1)

3. 聲調

古類＼今值今類＼影響條件		陰平	陽平	上	陰去	陽去	入
平	清	┐					
平	濁		┘				
上	清			┐			
上	次濁			┐			
上	全濁					┘	
去	清				╱		
去	濁					┘	
入	清						╱
入	次濁						╱
入	全濁					┘	╱

附注：

聲母：——

（1）全濁塞及塞擦聲母在仄聲中，上去聲全不送氣，入聲送氣或不送氣不定。

（2）今合口讀tʂ‘，開口ts‘。

（3）通入‘菊’字讀tɕ，其他tʂ。

（4）通入讀ɕ，其他ʂ。

韵母：——

（1）明母字讀o，其他u。

E. 同音字表

今調	陰平┘	陽平╯	上┐	陰去┐	陽去┘	入╱
今韵	ï；ʅ（〇後）					
廣韵	祭‖脂；之；支‖緝‖質‖職‖昔（均開口）					
p p' m f						
t t' n l						
ts ts' s	之；知，支 師；思；斯，施	 遲 時	子；姊 恥，伺心去；此 矢；使，始	致，至；置，志；翅審 滯澄‖次；刺，賜心 世‖四	自；字，痔‖姪‖直‖隻照入 值植，殖禪 示；似，士、事，市；是‖十‖實‖食蝕‖石	執‖質‖擲 秩‖赤 識飾
tʂ tʂ' ʂ						
tɕ tɕ' ȵ ɕ						
k k' ŋ x						
〇		而	爾		貳二	日

今調	陰平˦	陽平˨	上˥	陰去˥	陽去˨	入˨
今韵	i					
廣韵	祭;齊‖脂;之;支;微‖緝‖質;迄‖職;昔;陌三;錫(均開口)					
tɕ			己;幾	計繼‖紀;寄;季合	忌;技妓	急級,及‖吉‖極‖激
tɕ'	期羣	其;奇		去魚溪‖器;氣		乞,迄曉‖喫
n̠		疑;宜	你		藝‖義議	逆
ç	溪溪,兮奚匣;携匣合‖希			戲	系	泣溪,吸‖恤心術
○	衣依	夷;移;遺合	以已,矣	意‖憶入	[□](母稱)	噎屑‖邑‖一,逸

今調	陰平˧	陽平˩	上˧	陰去˥	陽去˨	入˧
今韵	u					
廣韵	模;魚;虞‖尤‖没;物‖屋;沃					
p			譜幫,普	鋪	步	不
p'						勃‖卜幫,撲,僕曝瀑
m						
f			府,腐奉		父、附‖負婦‖服	福
t	都		肚賭		杜‖讀	篤
t'						突
n		奴	努		怒	
l					路	鹿;六陸;綠
ts			祖	做	助	卒‖竹;足,燭囑
ts'	初	鋤	楚		族	促,觸
s				素;數	熟	肅,縮;屬
k	孤			故		骨;酷溪
k'						哭
ŋ						
x		狐乎	虎		戶	忽
○	烏	吾;無	五午;武		務‖戊侯明‖ [□](個=那個)	物‖握覺‖屋;沃

今調	陰平˩	陽平˩	上˥	陰去˥	陽去˩	入˥
今韵	iu					
廣韵	尤;幽‖屋;燭					
t t‘ n l	［丟］					
tɕ tɕ‘ n̠ɕ ɕ	糾上 秋 休	因,求 牛	紐		就,舅	菊 畜,續
○		柔,由猶	有	幼		肉,育;辱,欲

今韵	ʮ					
廣韵	魚;虞‖緝‖術;物‖職‖昔‖屋三;燭					
t t‘ n l			女			
tʂ tʂ‘ ʂ	豬,諸;拘 樞,區 書,虛;殊禪	除	主 鼠暑,許	著;句 去	巨;柱、住,俱平 樹	橘‖局 出;屈‖曲
○		如,魚,於影,餘余,于;儒,愚	呂來,與;羽	玉入	遇	入‖鬱‖域‖役疫

今調	陰平 ˩	陽平 ˨	上 ˥	陰去 ˩	陽去 ˨	入 ˩
今韵	a					
廣韵	麻二‖合;盍;洽;狎;乏‖曷;鎋;黠;月					
p	巴		把			八
p'				怕	拔	
m	[媽]		馬			
f						法‖髮
t			打庚		大泰	答搭‖達
t'	他歌				踏透入	塔
n		拿	[哪]		[那]	納
l	拉入					臘;辣
ts				乍牀	雜	閘‖札,軋影
ts'	差					插‖察
s	沙					刹穿;殺;刷
k	家					甲
k'						
ŋ		[伢]				
x					下‖匣	

今韵	ia					
廣韵	麻‖佳‖洽;狎‖鎋(均開口)					
tɕ	家;嗟‖佳		假	嫁		甲
tɕ'						恰
n̥						
ɕ		霞			下	狹‖瞎
○	鴉	牙	也			鴨

今調	陰平 ┘	陽平 ⌐	上 ┐	陰去 ┐	陽去 ┘	入 ↗
今韵	ua					
廣韵	麻二‖佳;夬‖鎋;黠(均合口)					
k	瓜			掛		刮
kʻ						
ŋ						
x		華		化	畫;話‖滑	
○	蛙		瓦			挖

今韵	o					
廣韵	歌;戈一‖侯‖合;盍‖曷;末‖鐸;覺;藥‖屋					
p	波,坡玻滂					剝;縛奉
pʻ		婆				
m			麽(‖事)‖母			末‖莫‖木;目
f						
t	多				舵	
tʻ			妥			脫‖託
n						
l		羅;騾				洛
ts			左		坐	作;桌,捉;酌
tsʻ						
s			所魚			
k	歌		果	個;過		鴿‖割‖各閣;郭
kʻ				課		闊‖確
ŋ		鵝	我			惡
x		何河			禍‖合‖活‖鶴	盍‖喝‖霍
○	鍋見,窩					

今調	陰平˩	陽平˪	上˥	陰去˥	陽去˩	入˩
今韵	io					
廣韵	覺;藥					
t t' n l						略
tɕ tɕ' n̠ ɕ					學	覺角‖爵,嚼,脚 雀精 虐 削
○						若,約

今調	陰平˩	陽平˪	上˥	陰去˥	陽去˩	入˪
今韵	e					
廣韵	麻三‖葉‖薛‖緝‖質‖德;職‖陌二;麥(均開口)					
p pʻ m f					白	北‖百 泊鐸並‖迫幫,拍 麥
t tʻ n l					特	得德 忒 勒
ts tsʻ s		蛇‖舌入			澤宅	則‖責‖[這] 徹,撤‖側照,測 聶娘‖涉‖設‖瑟‖色
k kʻ ŋ x					[□](=他)	格;革 刻 厄 黑‖赫

今調	陰平 ┙	陽平 ┘	上 ┑	陰去 ┐	陽去 ┙	入 ┘
今韵	ie					
廣韵	戈三;麻三‖葉;業;帖‖薛;月;屑					
p pʻ m f						撇 滅
t tʻ n l	[爹]					帖‖鐵 列;劣
tɕ tɕʻ ȵ ɕ	 些	 茄 邪	姐 寫		傑;絶 謝‖脅;協‖穴合	接;刮‖竭;節,結 妾‖切 業‖孽 薛
○			也野			葉‖謁

今調	陰平˧	陽平˩	上˥	陰去˧	陽去˥	入˥
今韵	ue					
廣韵	德（合口）					
k kʻ ŋ x						國 或

今韵	ɥe					
廣韵	戈三‖薛;月;屑					
tʂ tʂʻ ʂ	 靴					綴,拙;決 缺 說
○						熱;閱;月,越曰

今調	陰平˩	陽平˪	上˥	陰去˧	陽去˩
今韵	ai				
廣韵	泰;皆;佳;共‖脂				
p p' m f		埋	買	拜 派	敗
t t' n l		來	乃;奶	帶 泰	待、代 賴
ts ts' s	齋	柴		再 菜;蔡 寨㴲‖帥合	在
k k' ŋ x	該;皆偕 開 哀	鞋‖還(丨有)删合	改;解 矮	蓋;介界戒,械匣 概 愛	 艾 亥,害

今調	陰平 ˧	陽平 ˩	上 ˥	陰去 ˥	陽去 ˨
今韵	uai				
廣韵	泰;皆;佳;夬(均合口)				
k				怪	
kʻ				會(|計)見;快	
ŋ					
x	歪曉	懷			

今韵	ⱴai				
廣韵	支(合口)				
tʂ					
tʂʻ			揣		
ʂ					

今調	陰平 ˩	陽平 ˪	上 ˥	陰去 ˥˩	陽去 ˩	入 ˪
今韵	ei					
廣韵	魚;虞‖祭;齊;灰;泰;廢‖脂;之;支;微‖緝‖質‖職‖昔;陌三;錫					
p	卑;悲;碑		比;彼	貝‖臂	敝;倍、佩‖被	必‖逼‖碧;壁
p'	披		鄙幫,丕平			僻,闢
m		梅	米‖靡		妹‖泌秘幫	
f	飛	肥		廢,肺		
t			底	帝;對	弟、第‖地	的
t'		堤提			隸來‖笛‖禿屋 內	
n						
l		梨;離	屢去‖禮‖履;李里裏		例;麗‖利;類 累;彙	立‖栗;律‖力‖歷
ts				祭;濟;最 娶趣‖脆‖	聚‖罪‖集	積
ts'	妻,棲心	齊		悴從,粹心		緝‖七
s	須‖西	徐‖隨	洗‖璽徙支心	細;歲	序‖遂‖席	戌‖息

今調	陰平 ˥	陽平 ˦	上 ˧	陰去 ˥	陽去 ˨
今韵	uei				
廣韵	灰;泰;祭;齊‖脂;支;微(均合口)				
k	龜;歸			桂‖貴	
kʻ					
ŋ					
x	灰		毀	篲邪;惠匣	會
○	威	危,爲	委	畏	衛;位;爲;未

今韵	ʮei				
廣韵	祭‖脂;支(均合口)				
tʂ	追,錐				
tʂʻ		垂			
ʂ				稅,睡禪,鋭喻	瑞

今調	陰平 ˩	陽平 ˥	上 ˥	陰去 ˥	陽去 ˩
今韵	au				
廣韵	豪;肴;宵				
p pʻ m f	包	袍;跑			貌‖[冒](没有)
t tʻ n l		桃 牢	倒 老	到 鬧	
ts tsʻ s	朝,昭		草;炒 掃	照	造皂;趙 紹
k kʻ ŋ x		毫	攪 好	告 奧	

今調	陰平┘	陽平˅	上┐	陰去˥	陽去└
今韵	iau				
廣韵	肴;宵;蕭				
p pʻ m f		貓	表		
t tʻ n l		條 燎;聊	 了	釣 跳	
tɕ tɕʻ n̠ɕ ɕ	消;蕭	喬 肴;淆	巧 小;曉	叫 孝	校効
○	妖	饒;堯		要	

今調	陰平˧	陽平˩	上˥	陰去˧	陽去˨
今韵	eu				
廣韵	侯;尤				
p pʻ m f		謀	某畝 否		剖溚上
t tʻ n l		頭	斗	鬥	漏
ts tsʻ s	周 收	愁	走 丑	奏 獸	
k kʻ ŋ x	歐	侯	偶		後候

今調	陰平 ˧	陽平 ˨	上 ˥	陰去 ˧	陽去 ˨
今韵	ã				
廣韵	覃;談;咸;銜;凡‖寒;山;删;元				
p			板		辦
p'				盼	
m		蠻			慢
f		凡	反		范
t					旦端
t'	貪	談		歎	
n		南‖難			
l		藍			
ts			斬	站	暫‖棧
ts'	餐		慘		
s	三;衫‖山;删				
k	監		敢		
k'				看	
ŋ			［俺］		
x		含;鹹;銜			陷₁‖限

今韵	uã				
廣韵	元(合口)				
○					萬

今調	陰平 ˩	陽平 ˩	上 ˥	陰去 ˥	陽去 ˩
今韵	õ				
廣韵	桓;删(均合口)				
t tʻ n l			短 暖		亂
ts tsʻ s	閂			算	

今調	陰平 ˩	陽平 ˩	上 ˧	陰去 ˥	陽去 ˩
今韵			ɛ̃		
廣韵			覃;談;鹽‖寒;仙;桓‖侵;痕;臻‖登‖庚二;耕		
p pʻ m f		彭		半 判,叛並	
t tʻ n l	吞	能	等 冷		
ts tsʻ s	沾‖臻‖增‖争 森‖生	蟬	展 陝	扇	
k kʻ ŋ x	干‖跟‖更;耕 安‖恩	恒	感;減咸見 肯	暗 漢	硬 恨

今調	陰平 ˩	陽平 ˩	上 ˥	陰去 ˥	陽去 ˩
今韵	iɛ̃				
廣韵	咸;銜;鹽;嚴;添‖山;刪;仙;元;先				
p	邊		貶		辨;辯
p‘				片	
m					面
f					
t			典	店	電
t‘	天				
n					
l		廉‖連聯			練;戀
tɕ	監‖間		剪	建;見	漸‖件
tɕ‘	謙‖千	鉗‖錢;全			
ȵ	研疑平	嚴‖年			驗;念‖硯
ɕ	仙鮮;軒掀;先;宣	嫌‖閑;弦賢	險‖顯	憲	陷₂‖現;縣合
○	煙	然;延;言;鉛沿合	眼;演	厭‖晏	

今韵	uɛ̃				
廣韵	桓;山;刪(均合口)				
k	官;鰥			慣	
k‘					
ŋ					
x		寒開	緩匣	喚	換
○	彎	完匣;頑	碗		

今調	陰平˩	陽平˪	上˥	陰去˥	陽去˩
今韵	uẽ				
廣韵	鹽‖仙;元;先				
tʂ	專				篆,倦
tʂʻ		船			
ʂ		玄			
○		元,園	染‖軟;遠		院

今韵	ən				
廣韵	侵‖真;魂;諄;文‖登;蒸‖耕;庚三;清				
p	崩		本		
pʻ					
m		門‖明			
f	分			奮	
t				頓	
tʻ					
n					
l		倫			論
ts	徵‖貞,偵徵		[怎]	政	鄭
tsʻ		沉‖陳,臣;存‖程,成誠			
s	深‖身申	晨‖繩	審		盛

今調	陰平˥	陽平˩	上˥	陰去˥	陽去˩
今韵	uən				
廣韵	魂;文‖庚二				
k kʻ ŋ x	坤 昏	 橫			
○	温	聞			問

今韵	yən				
廣韵	諄;文‖清;庚三;青(均合口)				
tʂ tʂʻ ʂ	均 椿,春 勳	 脣,羣‖瓊 純			
○		雲‖營;榮;螢匣	允尹‖永		閏

今調	陰平 ˩	陽平 ˩	上 ˥	陰去 ˥	陽去 ˩
今韵	in				
廣韵	侵‖真;欣;諄‖蒸;庚;耕;清;青				
p	兵		禀	並並	
p'		貧‖平;瓶	品		
m		民‖萌;民			命
f					
t	丁				
t'		庭		聽	
n					
l		林‖鄰‖陵‖靈			令
tɕ	侵清,今‖津,巾;斤‖京荆;經		境	進晉	近‖静
tɕ'	欽‖親‖輕;傾合	秦	頃合		
ȵ		銀;凝			
ɕ	心‖新‖星腥	尋‖旬‖行;形		信‖性	杏;幸
○	音‖因‖鷪;英	壬‖仍‖盈	忍;隱‖影	印‖應	認;孕

今調	陰平˩	陽平˪	上˥	陰去˥	陽去˥
今韵	aŋ				
廣韵	唐;江;陽				
p	邦				
p'		旁			
m		忙			
f	方	防房			
t	當				蕩
t'	湯				
n					
l		郎	朗		
ts	椿;張,莊		長,掌		狀
ts'	倉;窗;昌	長,牀	撞澄		
s	桑;商	常			上尚
k	綱剛				
k'					
ŋ					
x					項、巷

今調	陰平˧	陽平˨	上˥	陰去˥	陽去˩
今韵	iaŋ				
廣韵	江;陽(均開口)				
t t' n l			兩		
tɕ tɕ' ȵ ɕ	江;將 襄,香鄉	詳祥 娘	講 仰	像邪	象
○					讓,樣

今韵	uaŋ				
廣韵	唐;陽(均合口)				
k k' ŋ x	光	狂 黄	廣	曠;況曉	
○	汪	王	往		旺

今調	陰平⌐	陽平⌐	上⌐	陰去⌐	陽去⌐
今韵	ʌŋ				
廣韵	登‖庚二;耕‖東;冬;鍾				
p					
p'		朋			
m					孟‖夢
f	風;封				奉
t					
t'	通	同	桶;統去		
n		農			
l		隆;龍	攏		
ts	中;鍾			衆	
ts'	充	崇	寵		
s	鬆;松			送;宋	
k	公功;弓;恭				共
k'	空		恐		
ŋ					
x		弘‖宏‖紅			
○	翁				

今韵	iʌŋ				
廣韵	庚三‖東;鍾(均合口)				
tɕ					
tɕ'		窮			
n̠ʑ					
ɕ	兄‖胸	雄熊喻			
○		絨,融;茸			用

F. 音韵特點

1. 聲母

(1)tʂ與ts不分，古精組洪音與知系今開口音都讀ts等，如'自'tsï，'帥'sai，'周'tseu，展tsɛ̃。

(2)知系今合口音讀tʂ等；如'揣'tʂʻʮai，'綴'tʂʮei，'純'ʂʮən。（廣濟雖然有ts又有tʂ，但是ts等只限於開口，tʂ等只限於合口，在同一韵母之前沒有ts與tʂ兩種聲母）。

(3)不分尖團，古精組洪音與見系細音開口混，全讀tɕ等，如'津'＝'巾'tɕin。

(4)見系合口細音讀tʂ等，與知系合口混，如'書'＝'虛'ʂʮ，'倦'＝'篆'tʂʮɛ̃。

(5)見系二等開口音在蟹攝與梗攝入聲中不顎化，如'哀'ŋai，'解'kai，'赫'xe，'革'ke；在其他各攝中不定，如'眼'iɛ̃，'限'xã，'更'kɛ̃，'幸'ɕin。

(6)全濁塞及塞擦聲母在入聲中送氣或不送氣不定，如'及'tɕi，'直'tsʻï。

(7)泥來兩母洪細音全分，如'納'na≠'辣'la，'年'ȵiɛ̃≠連liɛ̃。

(8)古日母字全讀無聲母，如'而'ɚ，'饒'iau，'壬'in，'染'ʮɛ̃。

(9)疑母三四等開口音讀ȵ，與泥母混，如'仰'ȵiaŋ，'業'ȵie。

(10)疑影兩母開口洪音全讀ŋ，如'鵝'ŋo，'惡'ŋo。

2. 開合

(1)蟹攝與臻攝舒聲的一等合口端系字今全讀開，如'對'tei，'內'nei，'存'tsʻən，'論'nən。

(2)精組三四等合口字（除通攝入聲）全讀開，如'歲'sei，'序'sei，'絕'tɕʻie，'旬'ɕin，'松'sʌŋ。

(3)來母三四等合口除通攝入聲讀合又遇攝一部分讀合外，其他全讀開，如'類'lei，'戀'liɛ̃，'律'lei，但'六'lu，呂y。

（4）宕攝知組二等與莊組二三等字仍保持開口，如'撞'ts‘aŋ,'窗'ts‘aŋ,'狀'tsaŋ。

3. 韵尾

（1）咸山兩攝舒聲鼻韵尾全失，元音鼻化，如'范'fã,'展'tsẽ,'短'tõ。

（2）深臻曾梗舒聲開口一二等韵（讀同通攝的唇音字與顎化的見系字除外）與三等韵的莊組字都失鼻韵尾，元音鼻化，如'吞't‘ẽ,'恒'xẽ,'冷'lẽ,'耕'kẽ,'森'sẽ,'臻'tsẽ。[①]

（3）深臻曾梗舒聲在上述以外的都收n尾，如'稟'pin,'昏'xuən,'徵'tsən,'幸'ɕin。

4. 韵母元音

（1）模韵端系與魚虞兩韵的莊組字讀u，不與流攝字混，如'杜'tu,'數'su。（入聲沒屋沃燭諸韵同。）

（2）魚虞兩韵的知見系字元音同，如'儒'='餘'ʮ,'鼠'='許'ʂʮ。（入聲術韵同。）

（3）蟹攝三四等，一等合口，與止攝的幫端兩系字全讀ei，如'祭'tsei,'米'mei,'倍'pei,'對'tei,'比'pei,'離'lei。（止開精組字讀i，不在此例。）

（4）咸攝與山攝開口舒聲的見系字，一等讀ã或ẽ不定，如'敢'kã,'感'kẽ,'看'k‘ã,'安'ŋẽ;二等在純粹聲母後的讀a，在顎化聲母後的讀ɛ，如'監'kã,tɕiɛn,'限'xan,'晏'iɛn。

（5）山攝舒聲合口一二等見系字全讀ẽ，如'官'kuẽ,'彎'uẽ。一等幫系字也讀ẽ，如'半'pẽ。

（6）山舒聲合口一等端系字與二等莊組字讀õ，如'短'tõ,'暖'nõ,'算'sõ,'閂'sõ。

（7）山咸舒聲三四等字全讀ẽ，如'沾'tsẽ,'念'ȵiẽ,'篡'tʂuẽ,'玄'ʂuẽ。

（8）深臻曾梗舒聲開口一二等（除讀同通攝的唇音字與顎化的見系字）

與三等的莊組字讀ɛ̃，與山咸的一部分混，如'森'sɛ̃，'吞'tʻɛ̃，'能'nɛ̃，'耕'kɛ̃，'彭'pʻɛ̃。[①]

(9)通舒元音爲ʌ，如'洞'tʌŋ，'窮'tɕʻiʌŋ。

(10)通入明母字讀o，如'木'mo。

(11)通三入見系字讀ʮ或iu不定，如'菊'tɕiu，'局'tʂʮ。

5.聲調

(1)分陰陽去，如'致'tsï꜔ ≠ '痔'tsï꜕ = '治'tsï꜕。

(2)入聲獨立，但全濁一部歸陽去，如'滑'xua꜕。

G. 會話

50 a：n̩i˦ ɕiɛ̃˩ tsai˩ tɕiau˦ tsu˦ mo˦ sï˩ a˧˦?
你　現　在　叫　做　麼　事　阿?

50 b：ŋo˦ tɕiau˦ tsu˧˦ tsʻən˧ kuaŋ˦ xua˩。
我　叫　做　程　光　華。

a：n̩i˦ tʂʮ˩ tsai˩ na˦ i˧˦ kʻuai˦ ti˧˦ a˧˦?
你　住　在　哪　一　塊　的　阿?

b：tʂʮ˩ tsai˩ u˦ tsʻaŋ˦。
住　在　武　昌。

a：n̩i˦ ɕiɛ̃˩ tsai˩ sï˩ tu˩ ʂʮ˦ a˧˦, xai˩ sï˩ tsu˩ sï˩ a˧˦?
你　現　在　是　讀　書　阿，還　是　做　事　阿?

b：ŋo˦ ɕiɛ̃˩ tsai˩ tu˩ ʂʮ˦。
我　現　在　讀　書。

a：tsai˩ sən˧˦ mo˧˦ tei˩ faŋ˦ tu˩ ʂʮ˦ a˧˦?
在　什　麼　地　方　讀　書　阿?

b：tsai˩ u˦ tsʻaŋ˦ tsʌŋ˦ xua˩。
在　武　昌　中　華。

---

① 曾擴'崩'讀pən，不讀pʻɛ̃，似乎是當作合口字。（比較'本'pən。）

a：tsʌŋ˥ xua˥ tu˩ ʂʮ˩ a˩˥, ȵi˥ iu˥ xau˥ to˥ tʰʌŋ˥ ɕio˩ a˩˥?
　　中　華　讀　書　阿，你　有　好　多　同　學　阿？

b：iu˥ i˩ tɕʻiẽ˥ to˥ tʰʌŋ˥ ɕio˩。
　　有　一　千　多　同　學。

a：e˩, ȵi˥ a˩˥, in˩ pu˩ in˩ te˩˥ in˥ a˩˥?
　　誒，你　阿，認　不　認　得　人　阿？

b：in˩ te˩˥。
　　認　得。

a：in˩ te˩˥ sï˩ mo˥ tsï˥ in˥ nie˩˥?
　　認　得　是　麼　子　人　呢？

b：in˩ te˩˥ ta˩ kai˥ sï˩ in˩ te˩˥ tʰʌŋ˥ ɕiaŋ˥ tɕiu˩ sï˩。
　　認　得　大　概　是　認　得　同　鄉　就　是。

a：in˩ te˩˥ iu˥ xau˥ to˥ in˥ a˩˥?
　　認　得　有　好　多　人　阿？

b：in˩ te˩˥ iu˥ san˥ sï˩ to˥ ko˥。
　　認　得　有　三　十　多　個。

a：ȵi˥ ɕiẽ˩ tsai˩ xau˥ pa˩˥?
　　你　現　在　好　吧？

b：e˩, xai˥ xau˥。
　　誒，還　好。

a：ȵi˥ ɕiʌŋ˥ tei˩ tɕi˥ ko˥ a˩˥?
　　你　兄　弟　幾　個　阿？

b：ŋo˥ ɕiʌŋ˥ tei˩ iu˥ san˥ ko˥。
　　我　兄　弟　有　三　個。

a：ȵi˥ sï˩ ta˩ tei˩˥ sï˩ ɕiau˥ tei˩˥ a˩˥?
　　你　是　大　的　是　小　的　阿？

b：ŋo˥ sï˩ ta˩ tei˩˥。
　　我　是　大　的。

a：n̠i˧ ɕiẽ˩ tsai˩ iu˧ tɕi˧ sei˧ l(i)au˩˙?
你　現　在　有　幾　歲　　了?

b：ŋo˧ ɕiẽ˩ tsai˩ iu˧ i˩ sï˩ tsʻei˩ sei˧。
我　現　在　有　一　十　七　歲。

a：n̠i˧ liaŋ˧ tei˩ tei˩ ne˩˙?
你　兩　弟　弟　呢?

b：tei˩ tei˩˙ i˧ ko˩˙ i˧ sï˩ ɚ˩ sei˧，i˧ ko˩˙ i˧ sï˩ sei˧。
弟　弟　一　個　一　十　二　歲，一　個　一　十　歲。

a：n̠i˧ iu˧ mei˩ mei˩˙　mau˩　iu˧?
你　有　妹　妹　冒(=没)　有?

b：mau˩ iu˧ mei˩ mei˩˙。
冒　有　妹　妹。

a：n̠i˧ ɕiẽ˩ tsai˩ tɕia˧ tʻin˨ fu˩ mo˧ xai˨ tsai˩ pa˩˙?
你　現　在　家　庭　父　母　還　在　吧?

b：tɕia˧ tʻin˨ fu˩ mo˧ tsai˩。
家　庭　父　母　在。

a：n̠i˧ fu˩ tɕʻin˧ lau˧ ka˧ xai˨ xau˧ pa˩˙?
你　父　親　老　家　還　好　吧?

b：e˩, tʻo˧ fu˧。
誒，託　福。

a：n̠˧ mo˧ tɕʻin˧ ne˩˙?
n̠˧　母　親　呢?

b：mo˧ tɕʻin˧ ie˧ xai˨ xau˧。
母　親　也　還　好。

a：n̠i˧ tsai˩ tsʻən˨ sï˩ tʂʮ˩ tau˧ tsu˧ mo˧ sï˩ a˩˙?
你　在　城　市　住　倒　做　麼　事　阿?

b：tsʻən˨ sï˩ tʂʮ˩ tau˧ kʻai˧ pʻu˧ tsï˩˙。
城　市　住　倒　開　舖　子。

a：kʰai˦ pʰu˥ tsï˥·，o˩，sɛ̃˦ i˦ xai˩ xau˧ pa˥·?
　　開　舖　子，　哦，　生　意　還　好　吧?

b：sɛ̃˦ i˦ pu˩ xau˧，tse˩ ko˥· sï˩ xeu˧。
　　生　意　不　好，　這　個　時　候。

a：ŋo˧ ie˧ sï˩ kuaŋ˧ tsei˦ ɕiɛ˦ tei˧ in˩。
　　我　也　是　廣　濟　縣　的　人。

b：na˩ n̠i˦ pu˥ kau˧ ŋo˧ sï˩ tʰʌŋ˦ ɕiaŋ˦ ma˥·? n̠i˦ ɕiɛ˦ tsai˩
　　那　你　不　攪　我　是　同　鄉　嗎?　你　現　在

　　tʂʮ˩ tsai˩ na˦ tei˥· a˥·?
　　住　在　哪　底　阿?

a：ŋo˧ tʂʮ˩ tsʌŋ˦ xua˩ lei˥·。
　　我　住　中　華　裏。

b：n̠i˦ ie˧ tʂʮ˩ tsai˩ tsʌŋ˦ xua˩，ŋo˧ tsən˦ mau˩ kʰan˧ tɕiɛ˦ n̠i˦
　　你　也　住　在　中　華，　我　怎　冒　看　見　你

　　sa˥·?
　　煞?

a：na˩ ŋo˧ xue˩ sï˩ ɕiɛ˦ tɕʰiɛ˩ pu˥ in˩ sï˩ a˥·，xue˩ sï˩ ŋo˧
　　那　我　或　是　先　前　不　認　識　阿，　或　是　我

　　tau˦ uai˩ miɛ̃˩ tʂʰʮ˩ lə˥·。
　　到　外　面　去　了。

b：tʂʰʮən˦ tʰiɛ̃˦ li˥·，n̠i˦ mən˥· fu˦ saŋ˩ ti˥· seu˦ tsʰən˩ ni˥·?
　　春　天　裏，　你　們　府　上　的　收　成　呢?

a：fu˦ saŋ˩ ti˥· seu˦ tsʰən˩ tsa˦ pu˥ to˦ iau˩ lə˥· tɕiu˩ sï˩。
　　府　上　的　收　成　差　不　多　要　了　就　是。

b：ɕiɛ˦ tsai˩ n̠i˦ tɕia˦ tʰin˩ tsaŋ˦ kʰuaŋ˦ kʰʌŋ˧ pʰa˦ xai˩ xau˧?
　　現　在　你　家　庭　狀　況　恐　怕　還　好?

a：tɕia˦ tʰin˩ tsaŋ˦ kʰuaŋ˦ pu˥ ɕin˩ a˥·。
　　家　庭　狀　況　不　行　阿。

b：pu˩ ɕin˩ a˩˙！

不　行　阿！

a：pu˩ ko˧ sï˩ tu˩ ʂʯ˩ tɕʻia˩ tɕʻia˩˙ tei˩˙，te˩ liau˧ tɕiu˩ sï˩ tei˩˙。

不　過　是　讀　書　恰　　恰　　的，　得　了　　就　是　的。

b：ɕiɛ̃˩ tsai˩ mə˩˙ iu˧ to˧ sau˧ xua˩ ʂʯɛ˩ lə˩˙。

現　在　没　有　多　少　話　说　了。

b：e˥。

誒。

b：ŋo˧ mən˩˙ na˩……

我　們　那……

a：ɕia˩ tsʻï˧ tsai˧ xuei˩ pa˩˙？

下　次　再　會　吧？

五一. 蘄春（漕河）

A. 發音人履歷

發音人	51a	51b
年齡	15 歲	16 歲
原籍	蘄春漕河	蘄春城内
職業	學生	學生
教育程度	中學	中學
幼時語言環境	在本鄉讀書	在本鄉讀書
教師方言	本鄉話	本地話
住過的地方	武昌五年	武昌一年
曾否學國語	未	未
能否説別處話	能説武昌話	同左

二十五年五月八日趙元任記音

按：兩人口音不同，下述以 51a 爲主。

B. 聲韵調表

1. 聲母

p	剝備	pʻ	派袍	m	門	f	髮
t	頓道	tʻ	妥桃	n	南拉栗		
ts	左齋助	tsʻ	草柴鋤			s	素生
tʂ	知棧倦	tʂʻ	詫察罩			ʂ 收帥玄	ʐ 人
tɕ	祭件	tɕʻ	切鉗	ɳ	虐年	ɕ	先霞
k	街共	kʻ	看狂	ŋ	惡眼偶	x	貨灰
○	窩二堯微云						

2. 韵母

ï	四直;ə貳日	ɔ	把打雜沙家	o	婆脫坐桌歌	e	白特蛇	aʔ	北勒瑟設黑
i	敝地罪徐	iɔ	佳匣	io	略學	ie	滅爹協切		
u	不孤屋	ɕɔ	蛙掛					uaʔ	國
ʮ	女暑局出	ʮɔ	刷			ʮe	靴	ʮaʔ	決

ai	敗帶才該	əi	悲肺	au	跑某牢曹紹好	əu	都走竹後
				iau	表條巧	iəu	丟休菊
uai	怪	uəi	桂威				
ʮai	帥	ʮəi	垂				

an	板談餐展感		ən	本等爭審跟	
ian	辨點監陷				in 兵林斤凝
uan	換		uən	坤橫	
ʮan	閂		ʮən	均瓊	

aŋ	邦蕩倉掌巷		oŋ	朋通崇寵弘
iaŋ	兩講		ioŋ	兄窮
uaŋ	黃			
ɥaŋ	牀			

3. 聲調

陰平	陽平	上	陰去	陽去	入
˥	˩	˦	˧	˦	˨
專	陳文	丑女	蓋	近大用白	急宅物

C. 聲韵調描寫

1. 聲母

　　上表聲母二十三個是按音位定的。茲分 p, t, ts, tʂ, tɕ, k, ○ 七組述其音值。

　　p組 p, p‘, m, f。p是硬性的。

　　t組 t, t‘, n。n是個變值音位，在細音前大致全讀n；在洪音前則讀n或l不定，有時也讀成鼻化的l。

　　ts組 ts, ts‘, s。部位靠前，舌尖差不多到齦與齒之間。

　　tʂ組 tʂ, tʂ‘, ʂ, ʐ。tʂ, tʂ‘, ʂ的捲舌程度遠不及北平音那樣大，舌尖只在齦顎之間。ʐ較偏後，摩擦性也很小。

　　tɕ組 tɕ, tɕ‘, ɲ, ɕ。tɕ, tɕ‘, ɕ部位偏後。ɲ讀得很鬆。

　　k組 k, k‘, ŋ, x。x在u前總略帶雙唇作用。

　　○包括元音 o, ɚ, i, u, ʅ 起首的音。i, o之前常有喉閉塞ʔ出現。u有時讀成唇齒輕接的ʋ。

2. 韵母

　　i在ts組聲母後讀 ɿ，tʂ組（除ʐ）後讀ʅ。ʅ部位偏前。ɚ實際是ʌr；有时嘴唇也圓一點，就很像ɔr。

i讀得很緊。在tɕ組聲母後，聲韵母之間總有個j產生。無聲母時，前面總帶個ʔ，並不讀成ji。

u比標準元音u略開。

ʮ相當於ɿ的圓唇。

ɔ，iɔ，uɔ，ʮɔ。ɔ的部位近標準元音ɔ，但是嘴唇不夠那麼圓。

o，io。o較開。在入聲中，後面有時跟個ʔ。

e，ie，ʮe；aʔ，uaʔ，ʮaʔ。e，ʮe只出現於陰平，陽平，上，陰去，陽去五調中；aʔ，uaʔ，ʮaʔ只限於入聲；ie各調中全有。e近標準元音e，只在i後略關。a部位平均。

ai，uai，ʮai。ai的起頭很關，只到æ的部位。

əi，uəi，ʮəi。əi只有p組；uəi只有k組；ʮəi只有tʂ組字。ə全很短。

au，iau。讀法近北平音。

əu，iəu。əu不與p組聲母配。在t，ts，tʂ三組聲母後ə的部位平均；在k組聲母後則變爲ʌ。

an，ian，uan，ʮan。a的部位介乎前a與平均ʌ之間，在k組聲母後又偏後些。在ian中，a總是比較關。

ən，uən，ʮən。ə部位偏後，音程較長。在uən與ʮən中，除去無輔音聲母時，又短一點，而且音彩也不顯著了。

aŋ，iaŋ，uaŋ，ʮaŋ。a是後ɑ。

oŋ，ioŋ。o同o，io韵。

3.聲調

陰平是中降調(˧˨ 42)。

陽平低降(31)，有時由"半低"降至"低"(21)，寬式一律用低降調號(˧˩ 31)。

上聲由"中"升至"半高"(34)，寬式用半高平調號(˦ 44)。

陰去由"半低"升至"高"(25)，寬式用低升高調號(˩˥ 15)。

陽去是中平調(˧ 33)。

　　入聲的音高是跟陽平一樣的,與陽平調的異點就是音程比陽平短促,
現在用短低,降調號(⏌21)來代表它。

D. 與古音比較

1. 聲母

古母今讀（發音方法及影響條件）／古聲組及影響條件		全清塞	次清塞	全濁塞 平	全濁塞 仄	次濁	清擦	濁擦 平	濁擦 仄
幫組		幫：p	滂：pʻ	並：pʻ	並：p	明：m			
非組						微：u	非敷：f	奉：f	奉：f
端組 泥	一二等	端：t	透：tʻ	定：tʻ	定：t	泥：n ／ nȵ 來：n			
	三四等								
精組	洪	精：ts	清：tsʻ	從：tsʻ	從：ts		心：s	邪：？	邪：s
	細	精：tɕ	清：tɕʻ	從：tɕʻ			心：ɕ	邪：ɕ	
莊組	內轉	莊（照二）：ts；tʂ[2]	初（穿二）：tsʻ；tʂʻ[1]	崇（牀二）：tsʻ；tʂʻ	崇（牀二）：tʂ；ts		生（審二）：s；ʂ[1] ／ ʂ；s		
	外轉								
知組	極二等韻	知：tʂ	徹：tʂʻ	澄：tʂʻ	澄：tʂ				
	其他								
章組	今開合 今開 今合	章（照三）：tʂ	昌（穿三）：tʂʻ	船（牀三）：ʂ			書（審三）：ʂ	禪：tʂʻ；ʂ	禪：ʂ

古母分法及发音方法及影响条件 ＼ 今读	古韵组及影响条件		全清塞（见/影/日）	次清塞（溪）	全浊塞（羣）平	全浊塞（羣）仄	次浊（疑/喻/日）	清擦（晓）	浊擦（匣）平	浊擦（匣）仄
日母	今开	止（附质）					○			
日母	今开	其他					z,i[3]			
日母	今合						ʐ			
见组晓	开	一等	k	kʻ			ŋ	x		x
见组晓	开	二等	k,tɕ	kʻ,tɕʻ			ŋ,i	x,ɕ		x,ɕ
见组晓	开	三四等	tɕ	tɕʻ	tɕʻ	tɕ	n.	ɕ		ɕ
见组晓	合	一二等	k	kʻ			u;○	x		x
见组晓	合	蟹止合	k	kʻ			u	x		x
见组晓	合	通舒	k	kʻ	kʻ	k	ʔ	ɕ		*
见组晓	合	其他	tʂ;tɕ[4]	tʂʻ	tʂʻ	tʂ	ʐ	ʂ;ɕ[5]		ɕ
影组	开	一等	ŋ				喻:i			
影组	开	二等	ŋ,i							
影组	开	三四等	i				*			
影组	合	一二等	u;○				u			
影组	合	蟹止合通	u				i			
影组	合	三四等	i				ʐ			
影组	合	其他	ʐ							

2. 韵母

第 一 表

開

摄別 ＼ 等・声母	一 帮系	一 端系	一 见系	二 帮系	二 泥組	二 知莊	二 见系	三四 帮系	三四 端系	三四 莊組	三四 知章	三四 日母	三四 见系
果	*	o	o	ɔ	ɔ	ɔ	ɔ,iɔ	*	ie	*	e	ɥe	ie,e
(遇)						*							
蟹	*	ai	ai	ai	ai	ai	ai,iɔ	i	i	*	ï	*	i
止		*			*	*		i	i;ï	ï	ï	ɚ	i
效	au	au	au	au	au	au	au,iau	iau	iau	*	au	au	iau
流	au	ne	ne					au,n	nei	ne	ne	ne	nei
咸	*	an	an	an	*	an	an,ian	ian	ian	*	an	ɥan	ian
山	*	an	an	an	*	an	an,ian	ian	ian	*	an	ɥan	ian
宕	aŋ	aŋ	aŋ	aŋ	*	ɥaŋ	aŋ,iaŋ	*	iaŋ	ɥaŋ	aŋ	ɥaŋ	iaŋ

攝＼聲母	見系	日母	知章組	莊組	端系	幫系	見系	知莊組	泥組	幫系	見系	端系	幫系
開 / 等	三、四						二				一		
深	in	ueh,	ue	ue	in	in		*	*			*	
臻	in	ue·ueh,	ue	ue	in	in	ue	*	ue		ue	ue	*
宕	in	ueh,	ue	*	in	in					ue	ue	io·ue
梗	in	*	ue	*	in	in			ue			*	
（通）			*	*			in·ue	ue	ue	io·ue	ue	ue	io·ue
咸入	ie	*	aʔ(1)	*	ie	*	ɔ,ɔ	ɔ	*		o	ɔ	*
山入	ie	uaʔ	aʔ	*	ie	ie	ɔ,ɔ	ɔ	*	ɔ	ɔ	ɔ	*
宕入	io	o	o	*	io	*	o,io	o	*	o	o	o	o
深入	i	ʮ	ɿ	aʔ	i	*					*	*	aʔ
臻入	i	ɘ	ɿ	aʔ	i	i					*	*	
曾入	i	*	ɿ	aʔ	i	i		aʔ			aʔ	*	aʔ
梗入	i	*	ɿ	*	i	i	aʔ	aʔ	*	aʔ	aʔ	aʔ	
（通入）		*	*			i	aʔ	aʔ					

第 二 表

攝別（聲母）	幫系	端系	見系	幫系	莊組	見系	幫系	泥組	精組	莊組	知章組	日母	見系
呼	合												
等	一	一	一	二	二	二	三四	三四	三四	三四	三四	三四	三四
果	o	o	o	o	*	cn	n	h'i	*	ne	h	h	əǐ
遇	n	ne	n	n	*	cn·ian	ie	*	i	*	h	h	h
蟹	i	i	ian·ien	i	*	cn'ian	ien;ie'i	i	i	ieñ	ieñ	*	ien
止	*	*	*	*	*	*	*	i	i	*	ieñ	*	ien
（效）	*	*	*	*	*	*	*	*	*	*	*	*	
（流）	*	*	*	*	*	*	*	*	*	*	*	*	
咸	an	an	uan	*	*	uan	an;uan	ian	ian	*	ieñ	h	ien
山	*	an	ɥan	*	ɥan	uan	an;uan	ian	ian	*	*	ɥaŋ	ɥan
宕	an	*	ɥan	*	*	ɥan	aŋ;uan	*	*	*	ɥaŋ	ɥaŋ	ɥan

攝別 \ 呼 / 等 / 聲母	合												
	一			二			三四						
	幫系	端系	見系	幫系	莊組	見系	幫系	泥組	精組	莊組	知章組	日母	見系
（深）	*			*			*						
臻	ən	ən	uən	*			ən;uən	ən	in	*	ʮən	ʮən	ʮən
曾	*		oŋ	*			*						
梗	*			*		uən;oŋ	*						ʮən,ioŋ
通	oŋ	oŋ	oŋ	*			oŋ	oŋ	oŋ	oŋ	oŋ	ioŋ	oŋ,ioŋ
咸入	*			*			ɔ	*					
山入	o	o	o	*	ʮɔ	uɔ	ɔ;uɔ	ie	ie	*	ʮa^{ʔ}	*	ʮa^{ʔ}
宕入	*		o	*			o	*					
（深入）	*			*			*						
臻入	u	əu	u	*			u	i	i	*	ʮ	*	ʮ
曾入	*		ua^{ʔ}	*			*						ʮ
梗入	*			*		ua^{ʔ}	*						ʮ
通入	u;oŋ[(2)]	əu	u	*			u;oŋ[(2)]	əu	əu	əu	əu	əu	iəu,ʮ

3. 聲調

古類 ＼ 影響條件 ＼ 今值類		陰 平	陽 平	上	陰 去	陽 去	入
平	清	˩					
平	濁		˩				
上	清			˥			
上	次 濁			˥			
上	全 濁					˦	
去	清				˧˥		
去	濁					˦	
入	清						˨˩
入	次 濁						˨˩
入	全 濁					˦	˨˩

附注：

聲母：—

(1)莊組内轉初生兩母在止攝合口讀tʂʻ與ʂ，其他讀tsʻ與s。

(2)莊組外轉蟹攝字讀ts等，其他讀tʂ等。

(3)通攝舒聲讀i，其他z̩。

(4)通入'菊'字讀tɕ，其他tʂ。

(5)通入讀ɕ，其他ʂ。

韵母：—

(1)今讀陽去者aʔ變e。凡aʔ，uaʔ，ɣaʔ韵之aʔ同。

(2)通攝入聲明母讀oŋ，其他u。

E. 同音字表

今調	陰平	陽平	上	陰去	陽去	入
今韻	ï；ɚ(〇後)					
廣韻	祭‖脂；之；支‖緝‖質‖職‖昔(均開口)					
p p' m f						
t t' n						
ts ts' s	師；思；斯		子 此 使	次；刺,賜心 四	自；字 伺心,似、寺,士、事	
tʂ tʂ' ʂ	知；之 施	 遲 時	 恥 矢；始	致,至；志；翅審 滯澄 世‖示牀；試,市禪‖式入	痔 值植直澄,殖禪 是‖十‖$食_1$‖石	執‖姪,質‖擲 秩澄‖赤 實‖$食_2$蝕,飾識
ʐ						
tɕ tɕ' ɲ ɕ						
k k' ŋ x						
〇		而；兒	爾		貳	日

今調	陰平 ˎ	陽平 ˎ	上 ˥	陰去 ˏ	陽去 ˥	入 ˎ
今韻	i					
廣韻	魚;虞‖祭;齊;泰;灰‖脂;之;支;微‖緝‖質;迄;術;職‖昔;陌三;錫					
p			比	貝‖臂	敝‖卑幫平,被	泌去‖必‖逼‖碧;壁
pʻ	披	陪	鄙幫,丕平	配		弼並‖僻,闢並
m		梅‖靡上	米			秘幫去
f						
t			底	帝;對;兌	弟;第,隸來‖地	的
tʻ		堤提			笛定入	
n		梨;離	屢去‖禮‖履;你,李里理裡		例‖類;累	立‖栗;律‖力‖歷
tɕ			己;幾	祭;計繼;最‖記;寄;季見合	娶清上,聚‖罪‖忌;技妓‖集	緝清,急,及‖吉;即,極‖積;激
tɕʻ	妻,棲心‖期羣	齊‖其薪;奇	起	去魚溪‖脆‖器;氣;悴從,粹心		七;迄曉‖戚,喫
ȵ		疑;宜			藝;內‖義議	逆
ɕ	須‖西,溪溪;兮匣‖希	徐;奚,攜合匣‖隨	璽徙支心	歲;細‖戲	序‖系‖遂;席	泣溪,吸‖戌‖息
○	衣依	夷;移;遺合	已以,矣	意‖憶入	肆	噎屑‖邑‖一,逸‖亦

今調	陰平↘	陽平↙	上┐	陰去↗	陽去┤	入↘
今韵	u					
廣韵	模;虞‖尤‖没;物‖屋;沃					
p					步	不
p'			譜幫,普			勃並‖卜幫,撲,僕曝瀑
m						
f			府,腐奉	附奉‖負₂ 婦奉	父‖負₁	服
k	孤			故		骨
k'						哭;酷
ŋ						
x		狐乎胡	虎		戶、護	忽
○	烏	吾;無	五;武		務‖戊侯明	物₁‖握覺‖屋

今韵	ʮ					
廣韵	魚;虞‖緝‖術;物‖職‖昔‖屋三;燭					
t						
t'						
n			女			
tʂ	猪,諸;拘俱		主	著,巨₁ 距羣;句	巨₂;柱住	橘‖局
tʂ'	樞穿,區書,虛;殊禪	除		去		出;屈,掘‖曲
ʂ			暑鼠,許		樹	
○		如,魚,於影,餘余;儒,于	呂來,與;羽	玉入	預;遇	入‖鬱‖域‖疫役

今調	陰平˩	陽平˩	上˥	陰去˩	陽去˥	入˩
今韵	ɔ					
廣韵	麻二‖合;盍;洽;狎;乏‖曷;鎋;黠;月					
p	巴		把			八
p'					拔並	
m	[媽]		馬			
f						法‖髮
t			打庚		大泰	答搭‖達
t'					踏透入	塔
n	拉入	拿	[哪]			納;臘‖辣
ts					雜	
ts'			詫			
s						
tʂ						閘‖札
tʂ'						插‖察
ʂ	沙					殺
k	家					
k'						
ŋ		[伢]				
x					下	瞎

今調	陰平ˋ	陽平ˊ	上˥	陰去ˋ	陽去˩	入ˋ
今韵	iɔ					
廣韵	麻‖佳‖洽;狎‖鎋;黠(均開口)					
tɕ	家;嗟‖佳		假			甲
tɕʻ						恰
ȵ						
ɕ		霞				狹;匣‖挾帖
○	鴉	牙				鴨

今韵	uɔ					
廣韵	麻二‖佳;夬‖鎋;黠(均合口)					
k	瓜			掛		刮
kʻ						
ŋ						
x		華		化	畫;話‖滑	
○	蛙		瓦			挖

今韵	uɔ					
廣韵	鎋(合口)					
tʂ						
tʂʻ						
ʂ						刷

今調	陰平 ╲	陽平 ╲	上 ⌐	陰去 ╱	陽去 ┤	入 ╲
今韻	o					
廣韻	歌;戈一‖合;盍‖曷;末‖鐸;覺;藥					
p	波,坡玻㳶					剝;縛奉
pʻ		婆	剖侯			
m			麼(‖事)			末‖莫
f						
t	多				舵	
tʻ		馱(拿也)	妥			脫‖託
n		羅;㬎				洛
ts			左		坐	作;捉
tsʻ						
s			瑣‖所魚			
tʂ						桌;酌
tʂʻ						
ʂ						
ʐ						若
k	歌哥		果	個;過		鴿‖割‖各;角;郭
kʻ			可			闊
ŋ		鵝	我			遏‖惡
x		何河		貨	禍	合‖喝;活‖鶴;霍‖或德
○	鍋見,窩					

今調	陰平ㄟ	陽平ㄥ	上ㄱ	陰去ㄟ	陽去ㄱ	入ㄥ
今韵	io					
廣韵	覺;藥(均開口)					
t t' n						略
tɕ tɕ' nʑ ɕ					學	覺;爵,嚼,脚 確;雀精 虐 削
○						約

今調	陰平ˇ	陽平ˇ	上˥	陰去ˊ	陽去˩	入ˇ
今韵	e					$a^ʔ$
廣韵	麻三‖葉‖薛‖緝‖櫛‖德;職‖陌二;麥(均開口)					
p					白	北‖百
pʻ						泊鐸‖迫幫,拍
m						麥
f						
t			[這]			得德
tʻ						
n						勒
ts						則‖澤宅擇‖責
tsʻ						側照,測
s						矗娘,涉審‖瑟‖色
tʂ			[這]			隻炙
tʂʻ						徹,澈
ʂ		蛇			舌	設
k						格;革
kʻ		茄				刻
ŋ						厄
x						黑;赫

今調	陰平↘	陽平↙	上┤	陰去⊣	陽去┤	入↓
今韻	ie					
廣韻	麻三‖葉;業;帖‖薛;月;屑					
p p' m f						撒 滅
t t' n	[爹]				特定入	帖‖鐵 列;劣
tɕ tɕ' ɳ ɕ	些				謝‖協‖穴合	接;刮‖傑;竭;節,結;絕 切 業;孽 脅‖薛;屑
○		爺	野也			葉‖謁

今韻	ua?					
廣韻	德(合口)					
k k' ŋ x						國
○						物₂物

今調	陰平 ↘	陽平 ↗	上 ┤	陰去 ↗	陽去 ┤	入 ↘
今韵	ɥe					ɥaʔ
廣韵	麻三;戈三‖薛;月;屑					
tʂ						拙;掘;決
tʂʻ						缺
ʂ	靴					説
○			惹			熱;閲;月,越曰

今調	陰平 ↘	陽平 ↗	上 ┤	陰去 ↗	陽去 ┤
今韵	ai				
廣韵	咍;泰;皆;佳;夬(均開口)				
p				拜	敗
pʻ				派	
m		埋	買		賣
f					
t				帶	待、代
tʻ				泰	
n			乃;奶		
ts	齋			再	在;寨
tsʻ		才;柴		菜;蔡	
s					
k	該;皆;街		改;解	蓋;介戒,械匣	
kʻ	開		塊去	概見,懇	
ŋ	哀		矮	愛	艾
x		孩;偕見,諧;鞋‖ 還(有)删合			害;亥

今調	陰平ˇ	陽平ˊ	上˥	陰去ˇ	陽去˩
今韵	uai				
廣韵	皆;佳;夬(均合口)				
k				怪	
kʻ				快	
ŋ					
x		懷			
○	歪曉				外

今韵	ʅuai				
廣韵	脂;支(均合口)				
tʂ					
tʂʻ		揣			
ʂ				帥	

今韵	əi				
廣韵	廢‖脂;支;微				
p	悲;碑				避被;備
pʻ				佩灰並	
m			每灰		
f	飛	肥	匪	廢,肺	

今調	陰平˥	陽平˩	上	陰去	陽去
今韵	uəi				
廣韵	灰;泰;祭;齊‖脂;支;微(均合口)				
k kʻ ŋ	龜;歸			桂‖貴	
x	灰	回	毀	彗喻;惠匣	會
○	威	惟維;危,爲;微,圍	委	畏	衛‖位;爲;未

今韵	ɥəi				
廣韵	祭‖脂;支(均合口)				
tʂ tʂʻ ʂ	追,錐	垂		綴 稅	
○					銳喻

今調	陰平 ˅	陽平 ˅	上 ˧	陰去 ˦	陽去 ˧
今韵	au				
廣韵	豪;肴;宵‖侯;尤				
p	包				
p'		袍;跑			
m	貓明平	謀	某畝		貌‖[冒](没有)
f		否			
t			倒	到	道
t'		桃			
n		牢			鬧
ts					
ts'		曹	草;炒穿	糙造	
s			掃		
tʂ	昭			照	趙
tʂ'	抄				
ʂ					紹
ʐ		饒			
k			攪	告	
k'					
ŋ					
x		毫	好		

今調	陰平 ˋ	陽平 ˊ	上 ˉ	陰去 ˊ	陽去 ˧
今韵	iau				
廣韵	肴;宵;蕭‖幽				
p pʻ m f			表		
t tʻ n	挑	條 燎;聊	了	釣 跳	
tɕ tɕʻ n̠ɕ ɕ	消;蕭	喬橋 肴涍	巧 鳥端 曉	叫 孝	謬明 校;
○	妖	堯		要	

今調	陰平 ˩	陽平 ˩	上 ˥	陰去 ˩	陽去 ˥	入 ˩
今韵	əu					
廣韵	模;魚;虞‖侯;尤‖没‖屋;沃;濁					
t	都		肚賭‖斗	鬬	杜	讀;篤
tʻ		頭	土			突‖禿
n		奴	努		路‖漏	鹿;陸六;綠
ts			走	做‖奏	助‖就尤從	卒足
tsʻ	初	鋤‖愁	楚			族;促
s				素;數		肅;縮
tʂ	周州					竹;燭囑
tʂʻ			丑			觸
ʂ	收,受襌去			獸	熟	屬
ʐ		柔				肉;辱
k				够		
kʻ						
ŋ	歐		偶			
x		侯			後	

今韵	iəu					
廣韵	尤;幽‖屋三;燭					
t	[丟]					
tʻ						
n						
tɕ	糾上				就,舅	菊
tɕʻ	秋	囚,求				
ȵ		牛	紐			
ɕ	休					畜;續邪
○		由猶尤	有友	幼		育;欲

今調	陰平ˇ	陽平ˊ	上ˇ	陰去ˋ	陽去ˉ
今韻	an				
廣韻	覃;談;咸;銜;鹽;凡‖寒;山;刪;仙;桓;元				
p p' m f		 凡	板 反	半;扮 判,叛並;盼 	辦 慢 范
t t' n	 貪 	 談 南;藍‖難	短 暖	 歎 	旦端 難;亂
ts ts' s	 餐 三		斬照 慘 	 算	暫
tʂ tʂ' ʂ	沾 衫‖山;刪	 蟬₁ 蟬₂	展 剷,産審 陝	 扇	棧
k k' ŋ x	干;間 嵌 安 	 含;銜;鹹‖寒	感;敢‖[趕] 眼 	 看 暗 漢	

今調	陰平˥	陽平˩	上˦	陰去˥	陽去˨
今韵	ian				
廣韵	咸;銜;鹽;嚴;添‖山;刪;仙;元;先				
p p' m f	邊			褊幫,片	
t t' n	天	田 廉‖連聯	點‖典	店	
tɕ tɕ' ŋ ɕ	監‖間 謙‖千 仙;鮮;軒掀; 先;宣	錢;全 嚴‖年 銜;嫌‖閑;弦賢	減‖剪;繭 攆;研平 險‖癬	諫;建;見 憲陷‖限;現; 縣合	漸‖件 驗;念‖硯
○		延;言;鉛沿合	眼;演	厭‖晏	

今調	陰平 ↘	陽平 ↘	上 ㄱ	陰去 ㄱ	陽去 ㄱ
今韵	uan				
廣韵	桓;山;删;元(均合口)				
k k' ŋ x	官觀			貫;慣	
		還	緩匣	唤	换
○	彎	完丸匣	碗;晚		萬

今韵	ɥan				
廣韵	鹽‖删;仙;元;先(均合口)				
tʂ tʂ' ʂ	專				篆,倦
		船			
	閂	玄			
○		然;元,園	染‖軟;遠		皖桓匣;院;阮上

今調	陰平 ˅	陽平 ˅	上 ˧	陰去 ˄	陽去 ˧
今韵	ən				
廣韵	侵‖痕;臻;真;諄;文‖登;蒸‖庚;耕;清				
p	崩		本		
p'		彭			
m		門			
f	分			奮	
t			等	頓	
t'	吞				
n		倫‖能	冷		論
ts	曾‖爭				
ts'	撐	存‖曾			
s	森‖生				
tʂ	徵‖貞,偵徹			政	鄭
tʂ'		沉‖陳,臣‖成誠			
ʂ	深‖身申	晨‖繩	審		盛
ʐ		人			
k	跟‖耕			更	
k'					
ŋ	恩				硬
x		恒	很匣		恨

今調	陰平	陽平	上	陰去	陽去
今韻	uən				
廣韻	魂;文‖庚二				
k					
kʻ	坤			困	
ŋ					
x	昏	橫			
○	温	聞	穩		問

今韻	ʮən				
廣韻	侵‖諄;文‖蒸‖耕‖庚三;清;青				
tʂ	鈞均				
tʂʻ	椿,春	脣,羣‖瓊			
ʂ	勳	純	迥匣		
○		壬‖雲‖仍‖榮;螢匣	忍;允尹‖永		認;聞;運‖孕喻開

今調	陰平ˋ	陽平ˊ	上˥	陰去ˊ	陽去˧
今韵	in				
廣韵	侵‖真;欣;諄‖蒸‖庚;耕;清;青				
p	兵		稟	並並	
p'		貧‖瓶;平	品		
m		民‖名	敏憫		命
f					
t	丁				
t'				聽	
n		林‖鄰‖陵‖靈			令
tɕ	今金‖津,巾;斤‖京荆;經			進晉	近;静
tɕ'	侵,欽‖親‖輕	秦‖情	傾平、頃		
ɲ		凝			
ɕ	心‖新‖星腥	尋‖旬‖行;形		信‖性姓	杏;幸
○	音‖因‖鶯;英	銀‖盈;營	隱‖影	應‖印	

今調	陰平ˋ	陽平ˊ	上˥	陰去ˊ	陽去˦
今韵	aŋ				
廣韵	唐;江;陽				
p	邦				
p'		旁			
m		忙			
f	方	房防		放	
t					蕩
t'					
n		郎	朗		
ts					
ts'	倉				
s	桑				
tʂ	張		掌		
tʂ'	昌			唱	
ʂ	商	常			上尚
k	綱剛				
k'					
ŋ					
x					項、巷‖查庚

今調	陰平ㄟ	陽平ㄥ	上ㄱ	陰去ㄣ	陽去ㄒ
今韵	iaŋ				
廣韵	江;陽(均開口)				
t tʻ n		糧	兩		
tɕ tɕʻ n̠ ɕ	江;將 香鄉	詳祥 娘	講 仰 響		像邪
○		楊			樣

今韵	uaŋ				
廣韵	唐;陽(均合口)				
k kʻ ŋ x	光	狂 黄		曠;況曉	
○	汪	王	往		望;旺

今韵	ʅaŋ				
廣韵	江;陽				
tʂ tʂʻ ʂ	莊 窗	牀			撞澄
○					讓

今调	陰平˩	陽平˩	上˧	陰去˥	陽去˧	入˩
今韵	oŋ					
廣韵	登‖庚二;耕‖東;冬;鍾					
p						
p'		朋				
m		萌	母侯		孟‖夢	木;目
f	風;封				奉	
t	東				洞	
t'	通	同	桶;統去			
n		農;隆;龍	攏		弄	
ts			總			
ts'		崇				
s	鬆;嵩;松			送;宋	誦	
tʂ	中;鍾			衆		
tʂ'	充		寵			
ʂ						
k	公功工;弓;恭				共	
k'	空₁		恐	空₂		
ŋ						
x		弘‖宏‖紅				
○	翁					

今調	陰平˥	陽平˩	上˧	陰去˥	陽去˦	入˩
今韵	ioŋ					
廣韵	庚三‖東;鍾（均合口）					
tɕ tɕʻ n̩ ɕ	兄‖胸	窮 雄熊喻				
○		絨,融;茸			用	

F. 音韵特點

1. 聲母

(1)ts與tʂ分，古精洪音全讀ts等，如'促'tsʻəu；'三'san；章組全讀tʂ等，'純'ʂuən，'質'tʂï。

(2)莊組內轉在止攝合口讀tʂ等，如'帥'ʂuɐi；其他讀ts等，如'助'tsəu，'生'sən。外轉在蟹攝讀ts等，如'柴'tsʻai；其他讀tʂ等，如'棧'tʂan，'沙'ʂɔ。（效攝僅問了一個'炒'字，讀tsʻau。不知其他的字是否也讀ts等。）

(3)知組梗攝二等韵字有歸ts等，如'撑'tsʻən，'宅'tsʻaʔ；其他全歸tʂ等，如'桌'tʂo，'趙'tʂau。

(4)不分尖團，古精組細音與見系細音開口都讀tɕ等，如'西'='希'ɕi。

(5)見系合口細音讀tʂ等，如'許'ʂu，'決'tʂuaʔ。

(6)通三入見系字，見組讀tɕ或tʂ不定，如'菊'tɕiəu，'局'tʂu；曉組全讀ɕ，如'畜'ɕiəu。

(7)見系二等開口在蟹攝與梗攝入聲中不顎化，如'鞋'xai，'革'kaʔ；在其他各攝中不定，如'攬'kau，'巧'tɕʻiau，'講'tɕiaŋ，'巷'xaŋ。

(8)泥母洪音與來混，細音不混，如'納'='臘'na，'年'ɳian≠'連'nian。

(9)日母在通攝舒聲及止攝開口，又質韵中失落，如'絨'ioŋ，'而'ɚ，

‘日’ɚ；此外今開口讀z̩，如‘柔’zəu，今合口讀ʮ，如‘熱’ʮaʔ，‘認，閏’ʮən。

（10）疑母三四等開口音讀ȵ，與泥細音混，如‘硯’＝‘念’ȵian。

（11）疑影兩母開口洪音全讀ŋ，如‘艾’ŋai，‘安’ŋan。

2. 開合

（1）一等合口韵的端系字全讀開口，如‘內’ni，‘短’tan，‘存’tsʻən。

（2）三四等合口韵的精組字也全讀開，如‘聚’tɕi，‘隨’ɕi，‘全’tɕʻian，‘戌’ɕi。

（3）來母三四等合口字除在遇攝有一部保持合口外，其他全讀開口，如‘類’ni，‘劣’nie，‘倫’nən。

（4）通入知系字讀開，如‘竹’tʂəu，‘屬’ʂəu。

（5）日母開口在果咸山宕深曾攝變合，如‘惹’ʮe，‘染’ʮan，‘讓’ʮaŋ，‘壬’ʮən，‘仍’ʮən，在臻舒開合不定，如‘人’zən，但‘忍’ʮən。

3. 韵尾

（1）深臻曾梗舒聲全收n尾，如‘林’nin，‘臣’tʂʻən，‘應’in，‘硬’ŋən。

（2）入聲今a韵有ʔ尾，如‘涉’ʂaʔ；‘月’ʮaʔ，‘澀’saʔ，‘北’paʔ。

4. 韵母元音

（1）麻韵二等字讀ɔ，如‘巴’pɔ，‘鴉’iɔ。（入聲覃談曷的端系字與洽狎錯黠諸韵同）。

（2）模韵端系與魚虞兩韵的莊組字讀əu，與流攝混，如‘肚’＝‘斗’təu，‘鋤’＝‘愁’tsʻəu。（入聲没屋沃燭的端系莊組字同）。

（3）魚虞兩韵的知見系字混，如‘著’＝‘句’tʂʮ，‘如’＝餘ʮ。

（4）蟹合一三等幫組端系與止合端系字全都i，如‘貝’pi，‘兌’ti，‘歲’ɕi，‘累’ni。

（5）流攝幫系字（‘婦’等讀u的除外）讀au，與效攝字混，如‘某’mau，‘否’fau。

（6）山咸兩攝舒聲元音在i後仍讀a，如‘貶’pian，‘限’ɕian。

（7）通入明母字讀oŋ，如‘目’moŋ。

5. 聲調

（1）分陰陽去，如‘四’sï² ≠‘似’sï² =‘寺’sï²。

（2）入聲獨立，但全濁一部歸陽去，如‘食’şï²。

G. 會話

51 a： heꜛ，niꜗ tşeꜜ uəiꜗ kuəiꜜ çinꜜ aꜜ·？
　　　嘿， 你 這 位 貴 姓 阿？

51 b： çinꜜ uaŋꜜ aꜜ·。
　　　 姓 王 阿。

　a： çinꜜ uaŋꜜ. niꜗ tşeꜜ koꜜ· şïꜗ noꜗ tiꜜ· zənꜜ aꜜ·，fuꜗ saŋꜗ？
　　　 姓 王。 你 這 個 是 哪 底 人 阿， 府 上？

　b： ŋoꜗ sïꜗ tɕ‘iꜜ tsəuꜜ aꜜ·。
　　　 我 是 蕲 州 阿。

　a： tɕ‘iꜜ tsəuꜜ aꜜ·. niꜗ şïꜗ tʂ‘ənꜜ niꜗ tʂ‘ənꜜ uaiꜗ aꜜ·？
　　　 蕲 州 阿。 你 是 城 裏 城 外 阿？

　b： tʂ‘ənꜜ uaiꜗ aꜜ·。
　　　 城 外 阿。

　a： tsoꜗ tʂ‘ɥaŋꜜ. iauꜜ taʔꜜ tɕiꜗ t‘ianꜜ k‘oꜗ iꜗ tauꜜ，toꜗ kaiꜜ？
　　　 坐 船。 要 得 幾 天 可 以 到， 大 概？

　b： tsoꜗ iꜜ t‘ianꜜ paꜜ·。
　　　 坐 一 天 吧。

　a： oꜛ，niꜗ fuꜗ şaŋꜗ xaiꜜ iəuꜗ şənꜗ moꜜ· zənꜜ aꜜ·？
　　　 哦， 你 府 上 還 有 什 麼 人 阿？

　b： xaiꜜ iəuꜗ fuꜗ tɕ‘inꜜ· aꜜ· muꜗ tɕ‘inꜜ·。
　　　 還 有 父 親 阿 母 親。

　a： niꜗ iəuꜗ mə(i)ꜜ iəuꜗ koꜜ koꜜ· çioŋꜜ tiꜜ· laꜜ·？
　　　 你 有 沒 有 哥 哥 兄 弟 啦？

　b： iəuꜗ
　　　 有。

a：tʂeˊ koˈ ɕiaŋˇ niˈ tʰəu˧ fəi˧ niˈ? niˈ ʂəuˇ mə(i)ˇ iəu˧ ʂəuˇ
　　這　個　鄉　裏　土　匪　呢?　你　受　沒　有　受

　　ʂənˇ moˈ in˧ ɕiaŋ˧ niˈ，niˈ tɕioˇ niˈ?
　　什　麼　影　響　呢，　你　家　裏?

b：mə(i)ˇ iəu˧ aˈ，tʰəu˧ fəi˧ naiˇ tauˇ tsəuˇ pʰauˇ aˈ。
　　沒　有　阿，　土　匪　來　到　就　跑　阿。

a：tʂeˊ koˈ niˈ tauˇ tsʻïˊ ti˧ naiˇ i˧ tɕinˈ iəu˧ tɕiˇ n̦ianˇ nəˈ?
　　這　個　你　到　此　地　來　已　經　有　幾　年　了?

b：iˇ n̦ianˇ。
　　一　年。

a：iˇ n̦ianˇ。niˈ tauˇ tʂeˈ naiˇ tsai˧ ʂən˧ moˈ ti˧ faŋˇ i˧ niˇ?
　　一　年。　你　到　這　來　在　什　麼　地　方　肄　業?

b：tʂeˊ koˈ tsoŋˇ xuɔˇ tiˈ。
　　這　個　中華　底。

a：ɕian˧ tsai˧ niˈ təuˈ tɕiˇ n̦ianˇ tɕiˇ aˈ?
　　現　在　你　讀　幾　年　級　阿?

b：təuˇ iˇ n̦ianˇ tɕiˇ。
　　讀　一　年　級。

a：təuˇ iˇ n̦ianˇ tɕiˇ。tɔˈ kaiˇ tʂeˈ koˈ uai˧ mian˧ naiˇ，tʂeˊ
　　讀　一　年　級。　大　概　這　個　外　面　來，　這

　　koˈ pʰoŋˇ iəu˧ xənˇ toˇ tiˈ eˈ?
　　個　朋　友　很　多　的　誒?

b：e˩。
　　誒。

a：niˈ ɕian˧ tsai˧ tɕioˇ niˈ ʂïˇ xən˧ xau˧ tiˈ，tɕiaŋˇ naiˇ iˇ
　　你　現　在　家　裏　是　很　好　的，　將　來　一

　　tin˧ iəu˧ koˈ xən˧ xau˧ tiˈ tʂʻʅˇ nəuˇ tiˈ eˈ。niˈ tʂeˊ ʂïˇ
　　定　有　個　很　好　的　出　路　的　誒。　你　這　時

uaŋ˧ nɔ˧ ni˩˙ tɕʰi˩ a˩˙?
望　哪　裏　去　阿?

b：uaŋ˧ xan˦ iaŋ˦ mən˦ tɕʰi˦ a˩˙。
望　漢陽門　去　阿。

a：ni˧ tɕin˦ tʰian˦ iəu˦ ʂən˧ mo˩˙ sï˦ a˩˙?
你　今　天　有　什　麼　事　阿?

b：ko˦ tɕiaŋ˦ tɕʰi˦ a˩˙。
過　江　去　阿。

a：ko˦ tɕiaŋ˦ tɕʰi˦, xai˦ ʂï˦ ni˧ ko˦ ko˩˙ nɔ˧ ni˩˙, xai˦ ʂï˧ xuəi˦
過　江　去，　還　是　你　哥　哥　那　裏，　還　是　會

pʰoŋ˦ iəu˦, ʂï˧ tsən˦ mo˩˙ iaŋ˦ tsï˩˙ ne˩˙?
朋　友，　是　怎　麼　樣　子　呢?

b：ŋo˦ ko˦ ko˩˙ nɔ˧ ni˩˙ kʰan˦ kʰan˩˙。
我　哥　哥　那　裏　看　看。

a：ni˧ tɕio˦ ni˩˙ xai˦ ʂï˧ tsəu˦ sən˦ i˦ a˩˙, xai˦ ʂï˧ noŋ˦ e˩˙,
你　家　裏　還　是　做　生　意　阿，　還　是　農　誒，

xai˦ ʂï˧ koŋ˦ e˩˙?
還　是　工　誒?

b：mə(i)˦ iəu˦ tsəu˦ sən˦ i˦, tsai˦ tɕio˦ ni˩˙ noŋ˦ i˦ tian˦
沒　有　做　生　意，　在　家　裏　弄　一　點

tʰian˦。
田。

a：ni˦ tʂe˦ ko˩˙ faŋ˦ ʂʮ˦ tɕio˦ xuəi˦ pu˦ xuəi˦ tɕio˦ tɕʰi˦?
你　這　個　放　暑　假　回　不　回　家　去?

b：ni˦ fu˦ tɕʰin˩˙ tsai˦ tʂe˦ pian˦ iəu˦ mo˩˙ sï˦ tɕʰin˦ ne˩˙?
你　父　親　在　這　邊　有　麼　事　情　呢?

a：ŋo˦ fu˦ tɕʰin˩˙ tsai˦ tʂe˩˙ pian˦ mə(i)˦ iəu˦ tsəu˦ ʂən˧ mo˩˙
我　父　親　在　這　邊　沒　有　做　什　麼

sï˧ tɕʻin˩ e˩˨。
事　情　誒。

b：tɕiɔ˩ tʂʮ˧ tsai˧ mo˧ ti˧ faŋ˩˨ a˩˨?
　　家　　住　在　麼　地　方　阿?

a：ŋo˧ tɕiəu˧ tʂʮ˧ tsai˧ niaŋ˩ tau˧ kai˩，pən˧ ɕiau˧。ŋo˧ tʂʮ˧
　　我　　就　　住　在　糧　道　街，本　校。我　住

tʂoŋ˩ xuɔ˩ təu˩ ʂʮ˩，pu˩ ko˨ tɕiəu˧ tsai˧ pən˧ ɕiau˧ ti˩ mən˩
中　華　讀　書，不　過　就　在　本　校　對　門

pa˩˨。
吧。

b：ŋo˧ nɔ˧ xuəi˩ ko˨ tɕʻi˩ kʻan˩ tɕian˩ nɔ˧ ko˩˨ iəu˧ tɕin˩ tsï˧
　　我　那　回　過　去　看　見　那　個　有　金　字

ti˩˨ mən˩，sï˧ ni˧ u˩ pa˩˨?
的　門，是　你　屋　吧?

a：e˥, ʂï˧ ti˩˨。ni˧ tɕiɔ˧ sï˧ tsai˨ tɔ˧ ŋo˧ mən˩ tɕʻian˩ ko˨,
　　誒，是　的。你　假　使　再　打　我　門　前　過,

kʻo˧ i˧ tɕin˨ tɕʻi˩ uan˩ i˩ uan˩。
可　以　進　去　玩　一　玩。

b：e˥, xau˧。
　　誒，好。